John Wimber

FUNDAMENTE FÜR GEISTLICHES WACHSTUM

Grundwissen des christlichen Glaubens

John Wimber

Fundamente für geistliches Wachstum

Grundwissen des christlichen Glaubens

Projektion J Verlag GmbH • Mainz-Kastel

Titel der Originalausgabe: The Dynamics of Spiritual Growth

Published by Hodder and Stoughton, 47 Bedford Square, London WC1B 3DP, England

Projektion J Verlag GmbH, Wiesbadener Str. 89, D-6503 Mainz-Kastel
ISBN 3-925352-45-7

Bibelzitate sind der Lutherbibel 1984 entnommen, soweit nichts anderes angegeben wird.

Übersetzung und Satz: Victor Dewsbery, Berlin
Umschlaggestaltung: Büro für Kommunikationsdesign, Heidenreich, Mainz
Druck: Schönbach-Druck GmbH, Erzhausen

INHALT

TEIL V: SICH UNTER DIE HERRSCHAFT CHRISTI STELLEN

TEIL VI: DAS KREUZ AUF SICH NEHMEN

TEIL VII: SICH AUF DEN HEILIGEN GEIST VERLASSEN

TEIL VIII: DEN MISSIONSAUFTRAG ERFÜLLEN

DANK

Dieses Projekt dauerte ein Jahr länger, als wir erwartet hatten. Das lag zum Teil daran, daß wir unsere Ausführungen über geistliches Wachstum auf einer historischen, orthodoxen christlichen Theologie aufbauen wollten. Deshalb baten wir einige Kollegen, die Manuskriptteile zu lesen, die sich auf ihre theologischen und praktischen Kenntnisse und Erfahrungen bezogen. Ihre Kommentare und Einsichten waren uns eine große Hilfe. Zu diesen Kollegen gehörten Dr. Peter Davids, Professor für Neues Testament am Canadian Theological Seminary in Regina, Saskatchewan; Dr. Wayne A. Grudem, Außerordentlicher Professor für biblische und systematische Theologie am Trinity Evangelical Divinity School, Deerfield, Illinois; Dr. Don Williams, Pastor der Vineyard of the Coast Gemeinde, San Diego, Kalifornien; Dr. Jack Deere, Pastor in der Anaheim Vineyard Christian Fellowship, Anaheim, Kalifornien; Dr. Richard Nathan, Pastor der Vineyard Christian Fellowship in Columbus, Ohio; Dr. Richard J. Foster, Professor für Theologie an der Friends University, Wichita, Kansas; Dr. Alan Cole vom Trinity Theological College, Singapur; und Kevin Perrotta, Chefredakteur der Zeitschrift *Faith & Renewal*, Ann Arbor, Michigan.

John C. Blattner, Redakteur der Zeitschrift *Faith & Renewal*, las jede Seite unseres letzten Entwurfes und unterbreitete Änderungsvorschläge, die zu einer qualitativen Verbesserung des Buches führten.

Andere ermutigten uns, und in einigen Fällen erlaubten sie, daß wir Episoden aus ihrem Leben zur Unterstützung des Textes verwendeten. Unser besonderer Dank gilt unter anderen Lawrance »Gunner« Payne, Pacific City, Oregon; Michael und Rosemary Green, Vancouver, British Columbia; und Dr. C. Peter Wagner, Pasadena, Kalifornien.

Juli 1990
Yorba Linda, Kalifornien

John Wimber
Kevin Springer

VORWORT

John Wimber ist in der gesamten christlichen Welt – und darüber hinaus – bekannt. Er hat zwei Bücher geschrieben, die eine phänomenale Resonanz erlebten. Warum sollte gerade er jemanden brauchen, geschweige denn mich, um ein Vorwort zu schreiben? Die Antwort ist natürlich, daß er kein Vorwort braucht; aber er war so freundlich, mich um einige begleitende Worte zu bitten, und es ist mir eine außerordentliche Freude, dieser Bitte nachzukommen.

Eine Freude deshalb, weil ich glaube, daß John Wimber oft mißverstanden wird, obwohl es nicht nötig wäre. Er wird als »Mr. Zeichen und Wunder« betrachtet. Seine zwei Bücher, *Vollmächtige Evangelisation* und *Heilung in der Kraft des Geistes* werden oft als Bestätigung für diesen Ruf verstanden. Es geht ihm aber nicht darum, ein bestimmtes Thema zu einem System zu erheben – er ist einfach ein christlicher Leiter, der seine Geschütze bisher vor allem gegen eine der verhängnisvollsten Schwächen der westlichen Christenheit aufgefahren hat: unsere tiefsitzende Skepsis gegenüber allem Übernatürlichen. Er hat mit einigem Erfolg versucht, uns vor Augen zu führen, wie ernst diese lähmende Irrlehre ist. Deshalb hat er besonders darauf Wert gelegt, welche Zeichen das Eingreifen Gottes mit sich bringt, und welche Wunder wir erleben können, wenn wir ihm nur vertrauen und uns seinem Heiligen Geist öffnen.

Aber John Wimber ist vielseitiger. In den vergangenen zwei Jahren hat er manche begeisterte Anhänger dadurch überrascht, daß er Konferenzen über Themen wie Leiterschaft, Gebet und Heiligkeit geleitet hat. Und nun legt er ein Buch vor, das uns zeigt, wie ausgewogen dieser Mann ist. Es geht in diesem Buch darum, wie wir zur geistlichen Reife hinwachsen. Es ist ein positives, orthodoxes Buch, das von Offenheit geprägt ist und viele Themen berührt. Wimber ist betroffen über den Gegensatz zwischen der fortschreitenden, erschreckenden Aushöhlung des Christentums in der westlichen Gesellschaft und seinem gewaltigen Wachstum in den übrigen zwei Dritteln der Welt. Er spürt, daß harte Zeiten kommen, in denen der äußere Druck auf die Kirche alle oberflächlichen Formen des Christentums beiseite räumen wird. Um sich sieht er einerseits ein Gewirr gedankenloser Begeisterung, andererseits eine tote Orthodoxie. Beide Extreme sind nicht geeignet, uns in eine geistliche Reife zu führen, die uns befähigt, den negativen Tendenzen des ausklingenden zwanzigsten Jahrhunderts zu widerstehen. Noch weniger ermöglichen sie es uns, in einer solchen Umwelt effektiv zu evangelisieren.

Mit diesem Buch möchte er Christen helfen, aus ihrem zeitgemäßen Individualismus und Relativismus hinauszuwachsen und zur geistlichen Reife zu gelangen. Es ist bei weitem das fundamentalste seiner Bücher, denn es behandelt das wichtigste Grundwissen des christlichen Glaubens – die Natur des Gottes, den wir verehren; was dieser Gott für die Menschen getan hat; den Weg der Heiligkeit angesichts der modernen Welt; Opferbereitschaft, Dienstbereitschaft und Liebe.

Manche werden meinen, hier einen neuen Wimber zu entdecken, der ausgewogener, nachdenklicher und vorsichtiger als früher ist. Wer ihn aber gut kennt, wird dieses Buch anders sehen: als eine Frucht seiner inneren Zerbrochenheit vor Gott, seines inneren Wachstums, seiner Opferbereitschaft, seiner Demut.

Die alten Schwerpunkte sind noch da, aber sie werden in einem umfassenderen Zusammenhang dargestellt. Geistesgaben werden betont, und mit Recht; aber sie sind keine Spielsachen oder Trophäen, die nur den einzelnen beglücken, sondern Handwerkszeug, damit andere gesegnet werden. Sie sind keine Charaktermerkmale, sondern Zeichen dafür, welche übernatürliche Gnade Gott, der Heilige Geist, unter seinem Volk zeigt. Alle Christen haben Geistesgaben; alle Christen wurden bei ihrer Bekehrung mit dem Heiligen Geist getauft.

Die Evangelisation steht ebenfalls nach wie vor im Blickfeld sowie die Geistesgaben, die die gewaltigen Fortschritte der Evangelisation in den Ländern der »Zwei-Drittel-Welt« begleiten, die von der westlichen Skepsis über gute und böse geistliche Mächte noch nicht angesteckt wurden. Aber diese Betonung der Geistesgaben wird durch die Einsicht ausgeglichen, daß die Verkündigung und die Demonstration der Frohen Botschaft Hand in Hand gehen, daß der Geist Gottes nicht von seiner Offenbarung getrennt werden darf, und daß die Evangelisation durch soziales Engagement für die Nöte der leidenden Menschen ergänzt werden muß. Wimbers eigene Gemeinde in Anaheim, Kalifornien, bietet Pflegefamilien für die Babys von Frauen im Gefängnis, einen Besuchsdienst in vielen Gefängnissen und jährlich etwa eine Million Mahlzeiten für Obdachlose und Mittellose. Wer John Wimber eines geistlichen Sensationalismus bezichtigen möchte, sollte auch diese Fakten bedenken!

Die alten Schwerpunkte sind noch da, aber sie spielen in diesem Buch keine dominierende Rolle. *Fundamente für geistliches Wachstum* wurde geschrieben, um unwissende Christen in den Grundwahrheiten des Glaubens zu unterweisen; um orthodoxe Christen, deren Glauben

»ausgetrocknet« ist, herauszufordern, große Dinge von Gott zu erwarten; um oberflächlichen, gefühlsbetonten Christen ein Verständnis von der Vaterschaft Gottes und von der Wichtigkeit der Dreieinigkeit, der Offenbarung Gottes und unserer Versöhnung zu vermitteln; und um gleichgültige Durchschnittschristen anzuregen, nach Heiligkeit zu streben, in der Kraft des Geistes zu leben und das Evangelium in die bedürftige, gottferne Gesellschaft, die uns umgibt, hineinzutragen. Es ist ein Buch, das von Liebe überströmt. Wimber spricht mit erstaunlicher Offenheit über die Kämpfe und das Versagen, die er selbst erlebt hat. Das Buch ist durchtränkt von einer dienenden, opferbereiten Haltung. Es ist leicht zu lesen und richtet sich gewissenhaft nach der Bibel. Sein Thema ist der Gott der Bibel, der in moderner Sprache der heutigen Welt vermittelt werden soll.

Wer die Angewohnheit hat, überall nach theologischen Streitfragen zu suchen, wird auf jeder Seite Kleinigkeiten entdecken, die lang und breit diskutiert werden könnten. John Wimber ist kein akademischer Theologe. Wenn Sie das Buch aber so lesen, wie es der Autor empfiehlt, indem Sie immer wieder innehalten, um nachzusinnen, zu beten und das Gelesene in Ihrem persönlichen Leben anzuwenden, dann wird das Buch für Sie, wie für viele andere Leser, zu einem großen Segen werden. Dieses Buch wird eine lange Zukunft haben.

Juli 1990
Regent College, Vancouver — Michael Green

Teil I

Dynamik geistlichen Wachstums

Kapitel 1

»Power points«

Wir wissen alle, was es heißt, körperlich zu wachsen. Wie die meisten Eltern haben Carol und ich in regelmäßigen Abständen das Wachstum unserer vier Kinder gemessen. Jahr für Jahr markierten wir mit Bleistift in einer Ecke der Küche, säuberlich datiert, wie groß sie geworden waren. Wir waren erstaunt über die dramatischen Veränderungen, die mit jedem Wachstumsschub eintraten.

Geistliches Wachstum ist schwieriger zu definieren und zu beobachten als körperliches Wachstum. Ich glaube aber, daß wir den Kern des geistlichen Wachstums in einem Satz zusammenfassen können: *Geistliches Wachstum ist der Prozeß, den wir hier auf Erden durchlaufen, um Christus ähnlicher zu werden.*

Das Ziel des geistlichen Wachstums besteht nicht nur darin, daß unser Verhalten besser wird. Das wäre wie ein Selbsthilfeprogramm, das die Menschen höchstens *verbessern* kann; Gottes Wunsch ist es, uns zu *verwandeln,* damit wir so werden wie sein Sohn.[1] Wenn Reife nur eine Sache des besseren Verhaltens wäre, könnten wir dadurch wachsen, daß wir einige der vielen Selbsthilfebücher lesen, die heute auf dem Markt sind. Aber Gottes Ziel ist unsere Verwandlung; Männer und Frauen sollen zu einer neuen Schöpfung werden. Das unterscheidet sich grundsätzlich von jedem Selbsthilfeprogramm.

Der Weg, der zur Reife führt

Geistliches Wachstum ist ein *Prozeß*. Die Bibel sagt uns, daß wir verwandelt werden »in sein Bild von einer Herrlichkeit zur anderen« (2.Kor. 3,18). Geistliches Wachstum geschieht in Phasen. Sowohl Paulus als auch der Verfasser des Hebräerbriefes sprechen davon, daß Babychristen eine bestimmte Art der geistlichen Nahrung brauchen – Milch – und daß reife Christen eine andere Nahrung brauchen, nämlich feste Speisen (1.Kor. 3,2; Hebr. 5,12-13; s. auch 1.Petr. 2,2).

Dieser Prozeß wird nicht abgeschlossen sein, bevor Jesus wiederkommt (1.Kor. 15,35-58), auch wenn ein großer Teil des Prozesses bereits hier auf Erden geschieht. Daraus folgt, daß auch reife Christen *wachsende* Christen sind (2. Kor. 3,18; Phil. 3,12-15; Kol. 1,10). Hier stößt der Vergleich mit dem körperlichen Wachstum an seine Grenzen. Erwachsene erreichen einmal eine Körpergröße, über die sie nicht mehr hinauswachsen. Christen gelangen aber nie an einen Punkt, über den sie nicht mehr hinauswachsen können. Deshalb sind die Ausführungen in diesem Buch für *Sie* gedacht – ob Sie ein neuer Christ sind, der grundlegende Einsichten ins geistlche Wachstum braucht, ob Sie ein noch junger Christ sind, der sich nach geistlicher Reife ausstreckt, oder ob Sie ein langjähriger Christ sind, der noch mehr in die Tiefen des geistlichen Lebens eindringen möchte.

»Heureka-Augenblicke«

Im Prozeß des geistlichen Wachstums gibt es immer wieder besonders prägende Erlebnisse, die ich *»power points«* nenne. An diesen *»Power points«* sind wir aufgefordert, auf objektive Hinweisschilder der christlichen Botschaft zu reagieren, die uns zur Reife leiten. Wenn wir dieser Aufforderung in der rechten Weise nachkommen, wird die Richtung unseres Lebens verändert.

Das geschieht vor allem dadurch, daß *wir* verändert werden. *»Power points«* verändern unser Denken über Gott, über uns selbst und über die Menschen um uns herum. Sie verändern auch die Art, wie wir unser Leben gestalten. An jedem solchen Punkt werden wir Jesus ein Stück ähnlicher; in unserem Charakter und unseren Taten zeigen wir einen neuen Aspekt seines Wesens.

Die Bezeichnung *»power points«* verwende ich deshalb, weil es tatsächlich »Heureka-Augenblicke« gibt, in denen wir eine Schlüsselwahrheit des christlichen Lebens *wirklich* erkennen. Dies sind Zeitpunkte, an denen unsere Erkenntnis und unsere Erfahrung ineinanderfließen. »Heureka« ist »Ausruf einer triumphalen Errungenschaft«, gleichbedeutend mit »Ich hab's! Jetzt kann ich's! Ich habe es verstanden!« *Das meine ich mit dem Begriff »power points« – die Augenblicke in unserer Beziehung mit Gott, wo wir rufen »Ich hab's!«*

So betrachtet, sind *»power points«* mehr als objektive Hinweisschilder auf dem Weg des geistlichen Wachstums: Sie sind konkrete Erfahrungen der Wahrheit Gottes, die uns Auftrieb geben und uns zur Reife katapultieren. Unsere Erwartung wird gesteigert, unsere Berufung wird uns noch mehr bewußt. Diese gesteigerte Erwartung schafft eine spannungsvolle, motivierende Atmosphäre. Wer *»power points«* erlebt, der hat den inneren Wunsch, neue geistliche Wagnisse einzugehen – und folglich wächst er.

»Power points« sind gegründet in der objektiven Wahrheit über Gott, die uns auf dem Weg zur Reife begleitet. Sie sind wie Kletterhaken, auf

die ein Bergsteiger sich verläßt, wenn er einen steilen, felsigen Hang erklimmt.

Wenn Bergsteiger einen Berg hinaufsteigen, befestigen sie solche Haken in Abständen am Fels. Der führende Bergsteiger zieht ein Seil durch den Haken. An ihm und am nachfolgenden Bergsteiger wird das Seil festgebunden. Sollte der führende Bergsteiger von der Felswand fallen, ist er trotzdem durch den Haken und den nachfolgenden Bergsteiger gesichert, damit er nicht in den Tod stürzt. Durch dieses Sicherheitssystem wird der mögliche Absturz eines Bergsteigers durch den letzten Kletterhaken abgefangen.

Wenn wir Jesus kennen, dann befinden wir uns schon auf der Felswand – auf dem Weg, der zur Reife führt. Wenn wir wachsen wollen, müssen wir jedoch weiter hinaufsteigen und Kletterhaken am Felsen befestigen. Es ist immer gut zu wissen, daß der letzte Haken am richtigen Platz ist, falls wir fallen – und daß Jesus der zweite Bergsteiger ist.

Was glauben wir *über* Gott?

Zum geistlichen Wachstum und zur Verwandlung des Lebens ist auch ein Wachstum im Glauben notwendig. Jeder *»power point«* ist im Kern ein Ausdruck biblischer Wahrheit. Wenn unser Wissen *über* Gott nicht zunimmt, werden unsere Erfahrungen keine bleibende Wirkung haben. Hier geht es um die Inhalte des Glaubens – wer Gott ist, was er getan hat, was er heute tut, welchen Charakter und welchen Zweck die Menschheit hat, und vieles mehr.

Vor einigen Jahren wurde ich gebeten, einen Bibelkreis in einem Krankenhaus zu leiten. Nachdem ich mich vorgestellt und mein Thema bekanntgegeben hatte, unterbrach mich einer der Teilnehmer. »Ich möchte heute keine Lehrmeinungen vorgesetzt bekommen«, meinte er. »Bleiben Sie bitte ganz bei der biblischen Botschaft.« Er sah offensichtlich einen Gegensatz zwischen Lehre und der Botschaft der Bibel. »Lehre« bedeutete für ihn menschliches Denken, das mit der Bibel nichts zu tun hat; etwas Langweiliges, das sich dem Wort Gottes widersetzt. Christliche Lehre hat jedoch ihre Wurzeln in der Bibel.

Es ist ein grundlegendes Mißverständnis des Christentums, wenn Christen einen Gegensatz zwischen biblischer Wahrheit und rationalem Denken sehen. T. C. Hammond schreibt: »Es gibt keinen biblischen Gegensatz zwischen ›Glauben‹ und ›Erkenntnis‹ oder ›Wissen‹ . . .«[2] In Kolosser 1,10 schreibt Paulus, daß Gott an demjenigen Gefallen hat, der »in der Erkenntnis Gottes« wächst (s. auch 2. Petr. 1,5).

Unser Wachstum im Glauben und im Gehorsam ist gegründet in unserem Verständnis des christlichen Glaubens. Es reicht jedoch nicht aus, wenn wir nur etwas über die Wahrheit *wissen;* unser Leben muß sich der Wahrheit *unterordnen*. Eine fiktive Geschichte über den Präsidenten der USA wird dies vielleicht verdeutlichen. Der Präsident macht häufig Auslandsbesuche, um sich mit anderen Regierungsoberhäuptern zu besprechen. Aber auch während seiner Abwesenheit hat er die letzte Verantwortung für sein Land. Ich stelle mir vor, daß seine Mitarbeiter im Weißen Haus eine ständige Flut von Anweisungen erhalten – sie werden aufgefordert, Berichte anzufertigen, Personal einzustellen oder zu entlassen, Ministerien neu zu strukturieren, mit Kongreßabgeordneten über die verschiedensten Themen zu verhandeln. Wie wäre wohl die Reaktion des Präsidenten, wenn er nach einer Auslandsreise feststellen würde, daß auf seine Anweisungen hin nichts unternommen worden wäre? Was wäre, wenn seine Mitarbeiter ihm berichten würden: »Wir haben Ihre Memos gelesen. Wir haben Arbeitsgruppen eingesetzt, um sie zu besprechen. Wir haben sogar sprachliche Untersuchungen vorgenommen, um sicherzustellen, daß wir sie richtig verstanden haben. Wir sind zu dem Schluß gekommen, daß Ihre Memos vorzüglich waren, voller Weisheit.« Ich bin sicher, daß es dem Präsidenten eher darum gehen würde, daß seine Anweisungen *befolgt* werden. Auch unser Herr interessiert sich genauso für das, was wir tun, wie für das, was wir wissen. *Im Glauben geht es darum, was wir tun* (Jak. 2,18.26; 3,13).

Unser Glaube *an* Gott

Der Erlebnis-Aspekt des Glaubens ist unser Glaube *an* Gott. Wir haben eine persönliche Beziehung zu ihm, die gekennzeichnet ist von persönlicher Nähe; von Vertrauen, von Abhängigkeit, von unserer vollen Hingabe an Gott. Es geht darum, daß wir ihm *persönlich* begegnen (Joh. 17,3).

Der Glaube an Gott ist eine Sache des Herzens. In der Bibel ist das »Herz« nicht bloß das Organ, das unser Blut durch den Körper pumpt, sondern vielmehr der Kern des Ichs, das Zentrum unseres Wesens. Es ist möglich, den Glauben mit Worten auszudrücken, aber mit dem Herzen weit vom Herrn entfernt zu sein: »Dies Volk ehrt mich mit seinen Lippen, aber ihr Herz ist fern von mir« (Mt. 15,8). Unser Leben sagt oft mehr über unseren Glauben aus als unsere Worte.

Manche verstehen die Worte Jesu in Johannes 8,32 – »Ihr werdet die Wahrheit erkennen, und die Wahrheit wird euch frei machen« – in der Weise, daß die Wahrheit *für sich genommen* uns frei macht. Jesus wollte aber etwas anderes lehren. Wenn wir den vorangegangenen Vers lesen, können wir sehen, was er meinte: »Da sprach nun Jesus zu den Juden, die an ihn glaubten: ›Wenn ihr bleiben werdet in meinem Wort, so seid ihr wahrhaftig meine Jünger.‹« Jesus sagt, daß das »Erkennen« der Wahrheit nicht nur Glauben erfordert, sondern auch *Gehorsam*. William

Barclay formuliert das so: »Das Christentum ist Wahrheit – Wahrheit in Aktion.«[3] Das ist Glaube *an* Gott. Bevor ich errettet wurde, war die Wahrheit bereits zugänglich, ich wußte es nur nicht; deshalb hat sie mir nichts genutzt. Paulus sagte, daß David ein Mann nach Gottes Herzen war, von dem Gott sagen konnte: »Er wird meinen ganzen Willen *tun*« (Apg. 13,22). Es ist die Wahrheit, die wir *erkennen und tun,* die uns frei macht.

Kapitel 2

Wort und Geist

Im Laufe der Jahre habe ich festgestellt, daß man Christen in zwei Gruppen einteilen kann: in Subjektivisten und Rationalisten. Die Subjektivisten legen viel Wert auf die Erfahrung, wobei sie manchmal die Kenntnis der Bibel vernachlässigen. Die Rationalisten schauen auf ihrer ständigen Suche nach der »objektiven Wahrheit« mit Argwohn auf geistliche Erfahrungen. Ihre Angst vor der Erfahrung kann dazu führen, daß sie geistlich austrocknen. Beide Extreme sind falsch. Beide ziehen eine Trennlinie zwischen der Erfahrung und der Wahrheit, zwischen zwei Bereichen, die eigentlich zusammengehören. Subjektivisten können in eine Falle geraten, indem sie die Erfahrung um ihrer selbst willen suchen. Rationalisten können an eine tote Orthodoxie gebunden sein, indem sie die Bibel studieren, aber irgendwie an der Erkenntnis des Gottes der Bibel vorbeigehen (Joh. 5,39).

Martyn Lloyd-Jones sieht eine tote Orthodoxie als »die größte Gefahr, sowohl für den einzelnen Christen, der sich als evangelikal versteht, als auch für evangelikale Gemeinden oder Gemeindeverbände«.[1] Er weist auf zwei verhängnisvolle Merkmale toter Orthodoxie hin.

Zuerst produziert tote Orthodoxie eine falsche Selbstzufriedenheit. Die Menschen leben ihren Glauben mit einer defensiven Haltung und sind selten bereit, ein Risiko mit Gott einzugehen.

> »Es gibt kein Leben in der Religion und im Gottesdienst solcher Menschen. Sie erwarten nichts, sie erhalten nichts, nichts geschieht mit ihnen. Sie gehen in Gottes Haus, aber ohne daran zu denken, daß sie Gott begegnen oder mit seiner Gegenwart rechnen könnten. Es kommt ihnen nicht in den Sinn, daß etwas im Gottesdienst passieren könnte . . . Die Vorstellung, Gott könnte plötzlich bei seinem Volk Einzug halten und Segen auf sie herabgießen, die überwältigende Erfahrung der Gegenwart, der Nähe und der Kraft Gottes – all das ist ihren Gedanken fern.«[2]

Daraus entsteht das zweite verhängnisvolle Merkmal der toten Orthodoxie, »eine Abneigung gegen jede Form von Begeisterung . . ., [die] eine der größten Hindernisse für eine Erweckung sein kann«.[3] Lloyd-

Jones warnt zwar davor, daß wir uns in unserer Begeisterung vor der Verwirrung, vor einer aufgesetzten Freude, vor einem Überschwang der Gefühle hüten sollen. Aber die Angst vor einer Überbetonung der Gefühle führt leicht zu einer Überreaktion. Wenn Gemeinden sich zum Beispiel bemühen, daß alles »ehrbar und ordentlich« abläuft (1. Kor. 14,40), kann es dazu führen, daß alles formal und ritualisiert geschieht, ganz im Gegensatz zu den spontanen, lebhaften Versammlungen, die im Neuen Testament geschildert werden.

Gottes Offenbarung muß in unser Herz eindringen, damit sich unser Leben ändert. Diese dynamische Wechselwirkung kann an einem Vergleich mit Sauerstoff und einem Streichholz deutlich gemacht werden. Ein Streichholz brennt nur, wenn genug Sauerstoff vorhanden ist, um die Flamme zu nähren. Wenn wenig Sauerstoff vorhanden ist, wird die Flamme nicht lange brennen. Information über Gott ist wie das Streichholz; geistliche Erfahrung wie der Sauerstoff. Wir brauchen beides.

Wenn die Erfahrung mit Gott getrennt wird vom Wissen über Gott, fallen die Menschen in verschiedene Irrlehren: in östliche Mystik, in Pantheismus, sogar in Okkultismus. Wenn die Offenbarung jedoch zur bloßen Information abgestempelt wird, verbleibt nur eine tote Orthodoxie – das Christentum wird verstanden als die intellektuelle Zustimmung zu bestimmten zentralen Glaubensaussagen und Lehrmeinungen.

Die Merkmale der Reife

Wir brauchen ein klares Verständnis von der christlichen Reife, damit wir die Gefahren des Subjektivismus und des Rationalismus vermeiden können. Allzu oft sprechen wir mit vagen Floskeln über geistliche Reife. Wir reden von der »Liebe zueinander« oder von der »Heiligung«. Nur selten beschreiben wir im Detail, was das in der Praxis bedeutet. Aber wenn wir nur vage Vorstellungen über das Verhalten eines reifen Christen haben, führt das oft nicht zu einer erneuerten Haltung und einem erneuerten Verhalten, sondern lediglich zu einem dumpfen Gefühl der Unzulänglichkeit und des Schuldigseins.

Die Bibel zeigt uns ausdrücklich, was Gott sich dabei vorstellt. Im ersten Petrusbrief finden wir zum Beispiel ein allgemeines Gebot: »Als gehorsame Kinder gebt euch nicht den Begierden hin, denen ihr früher in der Zeit eurer Unwissenheit dientet; sondern wie der, der euch berufen hat, heilig ist, sollt auch ihr heilig sein in eurem ganzen Wandel, denn es steht geschrieben: ›Ihr sollt heilig sein, denn ich bin heilig‹« (1. Petr. 1,14-16). Zu diesem allgemeinen Grundsatz folgen dann die Durchführungsbestimmungen:

»Legt nun ab alle Bosheit und allen Betrug und Heuchelei und Neid und alle üble Nachrede . . . [Lebt] als die Knechte Gottes. Ehrt jedermann, habt die Brüder lieb, fürchtet Gott, ehrt den König! . . . Endlich aber seid allesamt gleichgesinnt, mitleidig, brüderlich, barmherzig, demütig. Vergeltet nicht Böses mit Bösem oder Scheltwort mit Scheltwort, sondern segnet vielmehr, weil ihr dazu berufen seid, daß ihr den Segen ererbt. Denn ›Wer das Leben lieben und gute Tage sehen will, der hüte seine Zunge, daß sie nichts Böses rede, und seine Lippen, daß sie nicht betrügen. Er wende sich ab vom Bösen und tue Gutes; er suche Frieden und jage ihm nach‹ . . . Seid allezeit bereit zur Verantwortung vor jedermann, der von euch Rechenschaft fordert über die Hoffnung, die in euch ist« (1.Petr. 2,1; 2,16-17; 3,8-11; 3,15-16).

Ich werde versuchen, einige der wichtigsten *»power points«* auf dem Weg zur geistlichen Reife zu beschreiben, für jeden *»power point«* aufzeigen, welche Merkmale der christlichen Reife damit zusammenhängen, und ich werde Vorschläge machen, wie diese Eigenschaften in uns wachsen können. Wenn wir bestimmte Verhaltensformen als Ziel aufstellen, besteht immer die Gefahr, daß wir versuchen, Gott aus eigener Kraft zu gehorchen, ohne unser Vertrauen auf Christus zu setzen, der uns dazu befähigt (Gal. 2,20) oder auf den Heiligen Geist, der uns verändert (Gal. 5,22-23). Deshalb möchte ich Sie ausdrücklich daran erinnern, daß christliche Reife eine Frucht des Heiligen Geistes ist. Die Frucht des Geistes erwächst daraus, daß der Heilige Geist in einem bußfertigen, wiedergeborenen Herzen wirken kann. Dieses innere Wirken des Heiligen Geistes hat Auswirkungen: Gedanken und Taten, die gottgewirkt und reif sind.

Diese Wahrheit wurde mir eindrücklich vermittelt, als ich erst zehn Jahre alt war. Damals lebte meine Familie in Illinois. Zum Haushalt gehörten meine Mutter, mein Stiefvater, meine Großmutter und ich. Es waren wirtschaftlich schwierige Zeiten und wir waren gezwungen, in einem wirtschaftlich schwachen Viertel zu wohnen.

Eines Tages kam eine Gebäudeabrißfirma und begann, die Häuser auf der anderen Straßenseite einzureißen. Ich ging hin und fragte einen Arbeiter, warum er alles zerstöre. Er erwiderte: »Wir reißen das Armenviertel ab, damit neue Häuser gebaut werden können.«

Armenviertel? Ich wohnte also im Armenviertel? Ich ging nach Hause, um meine Mutter zu informieren: »Wir sind arme Leute!«

»Nein«, sagte sie. »Wir sind nicht arm. Wir haben nicht viel Geld, das ist alles. Armut ist im Kopf. Es kommt darauf an, wie du dich selbst siehst. Und wir sind nicht arm!«

Mit der Zeit entstand eine neue Siedlung anstelle der alten Häuser, und die alten Familien aus der Nachbarschaft zogen wieder ein. Einige

Zeit später zogen wir weg, aber vorher konnte ich noch beobachten, wie die neuen Häuser verkamen und vernachlässigt wurden. Schon als kleiner Junge kam ich also zu dem Schluß, daß man zwar die Umgebung der Menschen verändern kann, aber wenn die Menschen nicht selbst verändert werden, wird die neue Umgebung bald ihren inneren Zustand widerspiegeln. Meine Mutter hatte recht. Eine Wurzel der Armut liegt im Herzen. Die Menschen müssen von innen heraus verändert werden.

Gerechtigkeit als Gewohnheit

Wie sieht also ein reifer Christ aus? Hier ist die Definition, von der ich in diesem Buch ausgehen werde: Ein reifer Christ ist ein Christ, der sich die Gerechtigkeit zur Gewohnheit in seiner Beziehung zu Gott, zu sich selbst und zu anderen Menschen gemacht hat. Dies geschieht auf dem Fundament des Wortes Gottes und durch die Kraft Christi und des Heiligen Geistes.

Bei diesen Gewohnheiten in der Beziehung zu Gott geht es zum Beispiel um Gehorsam, Buße, das Hören auf Gottes Stimme, Fürsorge für die Armen sowie die geistliche Disziplin des Gebets, der Meditation, des Fastens, des Bibelstudiums und der Ausdauer (vgl. Mt. 6,1-18).

Mit der Beziehung zu uns selbst meine ich unseren Charakter. Paulus faßt einige der grundlegenden christlichen Charaktereigenschaften in seiner Beschreibung der Frucht des Geistes zusammen: »Liebe, Freude, Friede, Geduld, Freundlichkeit, Güte, Treue, Sanftmut, Keuschheit« (Gal. 5,22-23).

Unsere geistliche Reife zeigt sich auch in unserer Beziehung zu anderen – durch Loyalität, durch gottgemäßes Reden, durch Friedfertigkeit und vieles mehr.

Diesen Bereich – unsere Beziehung zu anderen – muß ich noch etwas erweitern. Eines der bedauerlichsten Merkmale der westlichen Christenheit ist die verletzende Art, wie Christen sich manchmal behandeln. Mit fortschreitenden Jahren wird mir immer mehr bewußt, wieviel Schaden das Zeugnis Christi dadurch in der Welt erleidet, daß Uneinigkeit und bösartige Kritik in der Gemeinde so verbreitet sind. Auf deutsch gesagt, gibt es zu viele Christen, die nie gelernt haben, sich gegenseitig zu lieben. Barmherzigkeit, Vergebung und Selbstzucht müssen doch im Hause Gottes beginnen – und Gottes Haus ist viel größer als nur die Kammer, in der wir zufällig beheimatet sind!

Die Verfasser der Bibel sahen die geistliche Reife als etwas, was für alle Christen erreichbar ist. So formulierten sie Gottes Ruf an uns: »Ich rufe euch, weil ich weiß, daß ihr es mit meiner Hilfe schaffen könnt!« Das macht mir Hoffnung. Wenn ich über das biblische Bild reifen Verhaltens nachdenke, ist es nur allzu leicht, mutlos zu werden. Die Maßstäbe sind so hoch angesetzt. Ich neige dazu, schnell zu sagen: »Ich schaffe es nicht.« Wir sind jedoch zur Reife berufen, und mit Gottes Hilfe können wir dahin wachsen. Wir sollten keine Vollkommenheit erwarten – weder heute, noch morgen, noch in der kommenden Woche – aber wir sollten erwarten und erhoffen, daß wir Tag für Tag wachsen (Röm. 6,19).

Meine Hoffnung und mein Gebet für Sie, während Sie die *»power points«* in diesem Buch durcharbeiten, wird am besten von Paulus im Philipperbrief 3,12-17 formuliert:

> »Nicht, daß ich . . . schon vollkommen sei; ich jage ihm aber nach, ob ich's wohl ergreifen könnte, weil ich von Christus Jesus ergriffen bin. Meine Brüder, ich schätze mich selbst noch nicht so ein, daß ich's ergriffen habe. Eins aber sage ich: Ich vergesse, was dahinten ist, und strecke mich aus nach dem, was da vorne ist, und jage nach dem vorgestreckten Ziel, dem Siegespreis der himmlischen Berufung Gottes in Christus Jesus.
>
> Wie viele von uns nun vollkommen sind, die laßt uns so gesinnt sein. Und solltet ihr in einem Stück anders denken, so wird euch Gott auch das offenbaren. Nur, was wir schon erreicht haben, darin laßt uns auch leben.
>
> Folgt mir, liebe Brüder, und seht auf die, die so leben, wie ihr uns zum Vorbild habt.«

In diesem Kapitel habe ich das Wort Gottes als Grundlage für alle christliche Erfahrung und für das geistliche Wachstum bezeichnet. So wird es nicht verwundern, daß das Wort Gottes der erste *»power point«* ist, dem wir uns zuwenden.

Teil II

Auf Gottes Stimme hören

Kapitel 3

Gott in der Wüste

Las Vegas ist die Welthauptstadt des Glücksspiels. Die neonbeleuchteten Straßen sind übersät von Hochzeitskapellen, in denen Brautpaare – die sich manchmal erst seit einigen Stunden kennen – innerhalb von zehn Minuten heiraten können. Scheidungen sind fast ebenso leicht zu erhalten. Las Vegas ist nicht gerade der günstigste Wohnort für jemanden, dessen Ehe fast am Ende ist.

Und doch wohnte ich 1961 dort – zu der Zeit, als meine Frau, Carol, mich anrief und den Vorschlag machte, ich solle mich doch über die in Las Vegas mögliche sechzigtägige Scheidung ohne Schuldzuweisung erkundigen. Wir waren beide keine Christen. Einige Wochen vorher hatte sie mich gebeten, aus unserer gemeinsamen Wohnung in Westminster, Kalifornien, auszuziehen. Ich zog 400 Kilometer weit bis nach Las Vegas, wo ich als Musiker in einem Casino arbeitete. Unsere drei Söhne blieben bei ihr. Ich liebte Carol und die Kinder, aber ich wußte, daß unsere Beziehung sich sehr verschlechtert hatte.

Ein paar Tage später erzählte ich einem Musiker aus unserer Band von meinen Problemen. »Warum fährst du nicht mal in die Wüste, um den Sonnenaufgang zu sehen?« schlug er vor. »Es ist ein großartiges Erlebnis.« Ich hatte mich noch nie für den Sonnenaufgang interessiert, aber nun war ich so verzweifelt, daß ich beschloß, seinem Rat zu folgen. Ich setzte mich ins Auto und fuhr los.

Auf der Fahrt in die Wüste fing ich auf einmal an, hemmungslos zu weinen. Ich war überwältigt von Jemandem oder Etwas – ich hatte keine Ahnung, von was. Ich stellte den Wagen ab und stieg aus. In meinem Schmerz schaute ich in den Sternenhimmel hinauf und brüllte: »Wenn jemand da ist, dann hilf mir!«

Sofort wurde ich verlegen. Ich kam mir etwas dumm vor, obwohl niemand meinen Schrei mitgehört hatte. »Wie furchtbar«, dachte ich, »ich rede schon mit der Dunkelheit. Ich bin schon halb verrückt.«

Als ich aber wieder in meinem Hotel ankam, fand ich einen Zettel mit der Bitte, bei Carol zurückzurufen. »Komm und hole mich ab«, sagte sie. »Ich will ein letztes Mal versuchen, etwas aus unserer Ehe zu machen.« Ich war verblüfft. Erst einige Stunden vorher hatte ich in den Himmel hinausgeschrien – und dann passiert so etwas! Nicht ohne

Selbstgefälligkeit dachte ich: »Ich stehe in Verbindung mit der übernatürlichen Welt!«

Ich sprang in mein Auto und fuhr Richtung Westminster. Unterwegs redete ich mit diesem Jemand oder Etwas, mit dem ich in der Wüste gesprochen hatte. Carol war eigentlich fest entschlossen gewesen, sich scheiden zu lassen. Sie hatte sich sogar geweigert, mit mir zu reden. Ich wußte, daß irgendeine Macht, die größer war als ich, diese Änderung bewirkt hatte. Konnte diese Macht Gott sein? »Echt stark von dir!« sagte ich. »Du hast es geschafft, ihre Meinung zu ändern!« So begann mein Gebetsleben. Ich mußte noch viel über das Gebet lernen (und auch über die Ehe)!

Ich wußte nicht, daß Carol Gott zu der Zeit gefragt hatte, was die Ursache für unsere Ehekrise war. Am Tag meiner Erfahrung in der Wüste hatte auch sie ein Erlebnis – sie bekam eine biblische Einsicht in unsere Beziehung. Sie konnte nicht erklären wie, aber plötzlich war sie überzeugt, daß unsere Ehe unter einem Angriff stand. Sie hatte damals nur schemenhafte Kenntnisse über Gott, und sie wußte noch weniger über den Teufel. Aber irgendwie *wußte* sie, daß irgend etwas uns angriff. Diese Einsicht genügte, um sie zu überzeugen, es doch noch einmal mit unserer Ehe zu versuchen.

Viele Menschen – sowohl Christen als auch Nichtchristen – haben schon ähnliche Erlebnisse gehabt; eine plötzliche Überzeugung, daß »Etwas da draußen ist«, eine Ahnung, daß das Leben einen Sinn und darum auch einen Schöpfer hat, ein Gefühl von einem Kampf, der um sie herum tobte und der ewige Auswirkungen hat. Solche Erlebnisse kommen durch viele verschiedene Umstände zustande. Persönliche Krisen und die Herrlichkeit der Natur sind häufig Ursachen für diese Erfahrungen. Es sollte uns nicht überraschen, daß Gott sich auf diese Weise offenbart, denn die Bibel sagt uns sehr deutlich, daß Gott sich auch dann bekannt macht, wenn wir ihn leugnen (Röm. 1,18-23).

Um zu verstehen, was in der Wüste mit mir geschah, was Carol in Kalifornien erlebte, müssen wir verstehen, wie Gott mit Menschen spricht. Mit anderen Worten: Wir müssen uns mit dem biblischen Begriff der *Offenbarung* beschäftigen.

Offenbarung

Das Christentum ist eine Religion der Offenbarung. Der Begriff »Offenbarung« bezieht sich darauf, daß Gott sich selbst den Menschen zeigt. Es ist die Übersetzung eines griechischen Wortes, das die Bedeutung hat, einen Schleier beiseite zu ziehen, um verborgene Dinge zu enthüllen. Das ist es, was der Gott der Bibel macht: Er offenbart sich uns, damit wir ihn kennen, ihn lieben und ihm dienen.

Jemand hat Offenbarung so definiert: »Wissen, das von außen kommt, und das wir nicht imstande sind, selbst zu entdecken.« [1] Wie kann unser begrenzter Intellekt in das Wesen eines unendlichen Gottes eindringen? Wie kann der Tontopf die Gedanken des Töpfers verstehen? Es ist offensichtlich: Wir können nur dann etwas von Gott wissen, wenn er sich in seiner Gnade entschließt, sich uns zu offenbaren.

Manche haben versucht, Gottes Existenz durch philosophische Argumentationen zu beweisen. Sie postulieren zum Beispiel, da alles einen Anfang (bzw. eine Ursache) haben muß, und da die Schöpfung sich nicht selbst erschaffen kann, daß es zwangsläufig eine erste Ursache geben muß, nämlich Gott. Vielleicht macht diese Argumentation den Glauben etwas plausibler. Tatsache ist jedoch, daß wir durch menschliche Logik nichts über Gott »beweisen« können. Ohne seine Selbstoffenbarung, die allein durch seine Gnade geschieht, können wir sehr wenig über sein Wesen erfahren oder darüber, wie wir mit ihm in Verbindung treten können. Eine philosophische »Beweisführung« mag für manche eine Hilfe auf dem Weg zu Gott sein; Gottes Existenz wird dadurch nicht bewiesen. Das vermag nur die Offenbarung, die von Gott kommt.

Paulus schreibt: »Ich tue euch kund, liebe Brüder, daß das Evangelium, das von mir gepredigt ist, nicht von menschlicher Art ist. Denn ich habe es nicht von einem Menschen empfangen oder gelernt, sondern durch eine Offenbarung Jesu Christi« (Gal. 1,11-12). Das Evangelium, die Gute Nachricht – der Kern aller Informationen über Gott und darüber, was es heißt, ein Christ zu sein – wird empfangen (bzw. erfahren) durch Offenbarung; dadurch, daß ein heiliger Gott sich sündigen Menschen zugänglich macht.

Kapitel 4

Durst nach der Erkenntnis Gottes

Theologen reden im allgemeinen von zwei Arten der Offenbarung. Die erste Art ist die »allgemeine Offenbarung«, die auf dreierlei Weise geschieht.

Zunächst gibt schon die *Schöpfung* Zeugnis von Gottes Existenz: »Die Himmel erzählen die Ehre Gottes, und die Feste verkündigt seiner Hände Werk. Ein Tag sagt's dem andern, und eine Nacht tut's kund der andern« (Ps. 19,2-3; vgl. auch Ps. 97,6 und Röm. 1,18-20).

Zweitens ist uns ein *Gewissen* gegeben worden, dem Gott den Unterschied zwischen gut und böse eingeprägt hat:

> »Denn wenn Heiden, die das Gesetz nicht haben, doch von Natur tun, was das Gesetz fordert, so sind sie, obwohl sie das Gesetz nicht haben, sich selbst Gesetz. Sie beweisen damit, daß in ihr Herz geschrieben ist, was das Gesetz fordert, zumal ihr Gewissen es ihnen bezeugt, dazu auch die Gedanken, die einander anklagen oder auch entschuldigen« (Röm. 2,14-15).

Schließlich geschieht die allgemeine Offenbarung durch Gottes fortwährende *Fürsorge*. Die väterliche Überwachung, die »vom Himmel Regen, und fruchtbare Zeiten« gibt (Apg. 14,17), und die den Aufstieg und Fall der Nationen bestimmt (Apg. 17,26-28) bietet Zeichen, die auf ihn hinweisen.

Die Bibel sagt uns, daß alle Menschen allgemeine Offenbarungen empfangen und daß sie ausreichen, um uns von der Existenz Gottes zu überzeugen (Röm. 1,20). Wenn ich auf mein Erlebnis in der Wüste zurückblicke, ist mir jetzt klar, daß dieses Etwas, das ich dort spürte, Gott war. Ich spürte schon, daß er genauso Interesse hatte, mich zu kennen, wie auch ich an ihm Interesse hatte. Das war ein *»power point«* in meinem Leben, eine Erfahrung, die meine Einstellung zu Gott veränderte.

Die allgemeine Offenbarung ist zwar ein starker Hinweis auf Gottes Gegenwart, und sie zeigt uns etwas von seinem Charakter, sie kann uns jedoch nicht zeigen, wie unsere Sünden vergeben werden, wie wir errettet werden (Röm. 10,14-17). Wenn das Wüstenerlebnis die einzige Quelle meines Wissens über Gott wäre, würde ich noch im dunkeln herumtappen und nach »geistlichen Erfahrungen« suchen. Carol, der das Böse und der Teufel so eindrücklich klar wurden, würde nun ein Leben in der Angst führen. Ohne die Kenntnis davon, wie Jesus am Kreuz die Sünde und den Satan besiegte, hätten Carol und ich zwar eine Einsicht in die Notwendigkeit unserer Errettung – wir hätten aber keine Hoffnung, diese Errettung zu erlangen.

Allgemeine Offenbarung ist eine Art Mohrrübe, die Gott uns vor die Nase hängt, um uns auf dem Weg zu Jesus Christus voranzubringen. Als ich den Sonnenaufgang in der Wüste bei Las Vegas erlebte, entdeckte ich etwas, was größer war als ich. Ich hatte aber keine Ahnung, was dieses Etwas sein könnte. Der innere Drang, herauszufinden, wer oder was hinter dieser Erfahrung stand, wurde zu einem unstillbaren Durst nach einer tieferen Erkenntnis Gottes.

Fragen

Von diesem Zeitpunkt an redeten Carol und ich ständig über Gott. Wer war er? Wie handelte er? Konnte man ihn kennen? Wer solche Fragen stellt, merkt sehr bald, wie wichtig es ist, zuverlässige Antworten zu bekommen. Das war für uns ein Problem. Wir hatten beide keine kirchliche Bindung als Erwachsene. Meine Familie hatte nie etwas mit einer Kirche zu tun gehabt. Carols Familie war katholisch gewesen, und von den Religionserfahrungen ihrer Kindheit wußte sie noch, daß Menschen, die etwas über Gott lernen wollten, die Bibel lesen sollten. Sie kaufte ein Neues Testament und wir begannen zu lesen. Wir fanden es jedoch schwierig zu verstehen, was wir lasen.

Wir waren entschlossen, unsere Ehe wieder in Ordnung zu bringen. Es war uns klar, daß Las Vegas keine gute Umgebung für das Familienleben war. Deshalb zogen wir im Sommer 1961 wieder nach Orange County in Kalifornien.

Carol erfuhr bald, daß sie mit unserem vierten Kind schwanger war. Wie es so oft bei jungen Familien geschieht, beschlossen wir, daß wir eine Kirche und eine kirchliche Schule finden sollten, damit unsere Kinder moralische Werte lernten. Da Carols Kindheitserfahrungen in der katholischen Kirche unsere einzigen kirchlichen Bezugspunkte waren, knüpften wir dort an.

Ich begann, mich einer Unterweisung im katholischen Glauben zu unterziehen. Wir erneuerten unser Ehegelöbnis, da unsere Ehe von der katholischen Kirche nicht anerkannt wurde, und es für Carol wichtig war, daß unsere Ehe unter dem Segen der Kirche stand. Carol ging damals auch zur Beichte, was dazu führte, daß sie in einem wichtigen Lebensbereich Heilung erlebte. Bis heute versteht sie nicht vollständig, was bei dieser Beichte passierte, sie weiß aber, daß Gott ihr vergab, und daß er diese Beichte dazu gebrauchte, sie ihm näher zu bringen.

Meine Unterweisung im katholischen Glauben verlief allerdings nicht sehr erfolgreich. Zum Teil lag das daran, daß der Priester, mit dem ich mich damals traf, mit eigenen Problemen zu kämpfen hatte. Er hatte kurz vorher irgendeine Art von Zusammenbruch erlebt und war anscheinend in einer Krise des Glaubens. Mit meinen Fragen kam er nicht klar – obwohl sie nicht allzu kritisch oder tiefgründig waren. Unsere Diskussionen kamen an einen Punkt, an dem er darauf bestand, ich sollte meine Fragen einfach aufgeben und die Autorität der Kirche und der Bibel ohne jede Kritik anerkennen. (Ich verstand erst Jahre später, wie wichtig der Begriff »Autorität der Kirche« für ihn war.) Ich reagierte darauf mit einer weiteren Frage; er explodierte und warf mich aus seinem Büro hinaus. »So«, dachte ich, »nun ist meine Suche nach Gott beendet.«

Im November 1962 tauchten dann alte Bekannte wieder in unserem Leben auf. Wir kannten Dick und Lynn Heying schon viele Jahre. Dick und ich hatten schon in vielen Bands zusammengespielt – er spielte Schlagzeug. Als Ehepaare hatten wir auch viele Abende gemeinsam auf Partys verbracht. Aber jetzt waren sie irgendwie anders. Sie wollten nicht mehr solche Partys feiern, und sie schienen sehr glücklich zu sein. Wir ahnten nicht, daß Dick und Lynn Christen geworden waren und für uns beteten. Dick begann, mich jede Woche zu besuchen und mir von seiner neuen Beziehung zu Jesus zu erzählen. Lynn unterhielt sich sehr oft mit Carol am Telefon.

Dick erzählte mir von Lawrance »Gunner« Payne, einem Bibellehrer, der jede Woche in ihr Haus im nahe gelegenen Yorba Linda kam, um ihre Fragen über Gott zu beantworten. Im April 1963 hatten Carol und ich den Wunsch, eine Bibelstunde mit diesem »Gunner« zu besuchen. Wir waren beeindruckt durch die Art, wie Dick und Lynn sich verändert hatten. Und wir wollten jemanden finden, der auch *unsere* Fragen beantworten konnte.

Es gab aber ein Problem: Es war mir peinlich, den fünfundzwanzig regelmäßigen Mitgliedern dieser Gruppe zu zeigen, wie wenig ich über Gott und die Bibel wußte. Ich war nicht bereit, mich vor so vielen Leuten zu blamieren! Carol war schon etwas weiter auf ihrem geistlichen Pilgerweg. Sie suchte die Antwort auf eine bestimmte Frage: Wer ist Jesus Christus? Es war ihr egal, was andere über ihren geistlichen Zustand dachten. Die große Gruppe traf sich jeden Dienstag. Das war mein einziger freier Abend und ich kam zu dem Schluß, daß ich doch nicht die Bibel mit Gunner studieren konnte. Ich erklärte Dick, warum ich nicht teilnehmen konnte. Kurze Zeit später rief er zurück und sagte mir, daß das Treffen nun von Dienstag auf Montag verlegt worden war und daß wir – er, Gunner, Lynn, Carol und ich – uns nun am Dienstag abend treffen konnten. Wie konnten wir bei einer so kleinen Gruppe nein sagen?

Ich war kein idealer Bibelstundenteilnehmer. Am ersten Abend setzte ich mich bequem in einen Sessel in der Ecke des Wohnzimmers und zündete eine Zigarette an. Dann verkündete ich: »Ich habe einige Fragen, bevor wir anfangen.« Ich stellte Gunner all die Fragen, die ich schon so oft gestellt hatte: »Woher weißt du, daß die Bibel wahr ist? Woher weißt du, daß es einen Gott gibt? Warum bist du hier? Was hast du davon? Wirst du von der Gemeinde dafür bezahlt?«

Gunner beantwortete geduldig jede Frage und fügte hinzu: »Mann, hast du einen Hunger!« Ich sagte: »Nein, ich habe keinen Hunger. Ich habe schon vorher gegessen.« Ich verstand nicht, daß er von geistlichem Hunger sprach. Dann bedrängte ich ihn mit weiteren Fragen. Die Neugierde über Gott ließ mich nicht los. Gunner zeigte eine beachtliche Geduld, und nach jenem ersten Abend habe ich seine Motive nie mehr in Frage gestellt.

Dieses wöchentliche Treffen, das oft bis lange nach Mitternacht andauerte, fand drei Monate lang statt. Woche für Woche stellten wir Fragen, und Gunner schlug mit uns die Bibel auf, auf der Suche nach Antworten. Carol und ich begannen auch, die Bibel selbst zu lesen, und zum ersten Mal konnten wir einiges verstehen.

Von Anfang an wußte ich, daß an Gunner Payne etwas Besonderes war. Er war ein guter Lehrer – intelligent, geduldig und mit Durchblick. Aber mich faszinierte etwas anderes. Ich war beeindruckt von den Qualitäten dieses Mannes, von seinem Charakter: Er war anscheinend aufrichtig, unverdorben, rundum vollkommen. Ihm war nur das Eine wichtig – für Gott zu leben. Er war offenbar durchdrungen vom Frieden Jesu.

Gunners Charakter war mir wichtiger als seine Bibelkenntnisse. Ich brauchte einen zuverlässigen Zeugen, der auf Christus hinwies, und genau das war Gunner. Sein *Leben* war eine Offenbarung. Seine Lebensweise verkörperte das Evangelium. Eine Zeitlang war er Gottes wichtigstes Mittel, um zu mir zu sprechen. Ich wollte wissen, was diesen Frieden in ihm bewirkte, deshalb hörte ich sorgfältig auf das, was er sagte.

Nachdem wir einige Wochen lang in dieser Bibelgruppe waren, kam ich eines morgens in unsere Küche und Carol teilte mir mit, daß sie die Antwort auf ihre Frage erfahren hatte. »John«, sagte sie, »Jesus ist der Sohn Gottes. Hörst du? Ich verstehe es jetzt, Jesus ist der Sohn Gottes.« »Na klar«, dachte ich, »und Chicago ist im Bundesstaat Illinois. Was ist da so wichtig daran?« Ich verstand immer noch nicht die Bedeutung von Jesus Christus.

»Aber das macht alles anders«, sagte sie. »Das bedeutet, daß wir etwas tun müssen!« Sie verstand noch nicht, *was* sie auf diese neue Information hin tun sollte, aber sie war überzeugt, daß sie *etwas* tun mußte – und daß sie bald wissen würde was.

Wir gingen weiterhin in die Bibelstunde; manchmal fuhren wir einige Stunden zu früh nach Yorba Linda, weil wir dachten, daß Gott persönlich dort wohnte. Wir fuhren auch manchmal zu früh hin, um Gunner in seiner Schweißerwerkstatt aufzusuchen und ihm noch mehr Fragen zu stellen. An einem Punkt sagten wir ihm, daß wir bereit seien, alles zu tun, um das zu bekommen, was er hatte. Darauf antwortete er: »Es ist noch zu früh. Ihr seid noch nicht so weit. Frühgeburten sind keine gesunden Kinder. Die Äpfel fallen erst dann vom Baum, wenn sie reif sind.«

Kapitel 5

Besondere Offenbarungen

Durch die allgemeine Offenbarung wurden Carol und ich auf eine umfassendere Offenbarung vorbereitet, die in der Bibel verwurzelt ist und durch den Heiligen Geist vermittelt wird, eine Offenbarung, durch die *Gott uns mitteilt, wer er ist, und wie wir mit ihm Gemeinschaft haben können.* Es ist eine ernüchternde Einsicht, daß ich Gott nur dann kennenlernen kann, wenn er sich entschließt, sich mir bekanntzumachen! Die Tatsache, daß er mich erwählt, sich mir offenbart und meine Beziehung zu ihm in Gang setzt, erstaunt mich immer wieder.

Gott offenbart sich durch seine *Taten.* Der Gott der Bibel ist Herr über die Weltgeschichte. Er handelte an Israel und an den Nachbarstaaten im Mittleren Osten. Er wirkte Wunder und tat mächtige Zeichen, um Israel seine Gerechtigkeit und Gnade zu offenbaren. Er befreite die Israeliten aus der Sklaverei in Ägypten, führte sie während ihrer vierzigjährigen Wüstenwanderung und brachte sie nach Kanaan, ins verheißene Land. Er gab ihnen das mosaische Gesetz und ihre Gottesdienstordnung, liebte sie, züchtigte sie – kurz: Er offenbarte sich ihnen (5. Mose 29,28).

Aber die Offenbarung Gottes besteht aus mehr als Taten. Zur Offenbarung gehört ebenfalls die *Interpretation* dieser Taten. Ich sehe es als mathematische Formel: T + I = O. Taten plus Interpretation gleich Offenbarung. Diejenigen, die befähigt und beauftragt sind, Gottes Taten zu interpretieren und seine Gedanken kundzutun, nennen wir Propheten. Die Bibel sagt uns: »Gott der Herr tut nichts, er offenbare denn seinen Ratschluß den Propheten, seinen Knechten« (Amos 3,7).

Wir brauchen die prophetische Auslegung der biblischen Ereignisse, damit wir ihre volle Bedeutung verstehen können. Der Auszug aus Ägypten bedeutete den Israeliten mehr als nur die Befreiung von der Sklaverei. Am Anfang der Zehn Gebote wird das Volk Israel daran erinnert, daß Gott es war, der sie aus Ägypten herausholte. Immer wieder berichtet das Alte Testament von Gottes Taten der Erlösung: »Den Herrn, der euch aus Ägyptenland geführt hat mit großer Kraft und ausgestrecktem Arm, den fürchtet, den betet an« (2. Kön. 17,36). Die Ereignisse der Geschichte offenbarten Gottes Charakter und erzeugten Glauben im Volk Israel. Gott sagte dem Volk durch die Propheten, daß die Ereignisse auf eine zukünftige Errettung hinwiesen, auf einen Messias, der sie erlösen und das Reich Gottes in seiner Fülle aufrichten würde.

Dieser Messias kam – das war Gottes größte Offenbarungstat in der Weltgeschichte: Jesus Christus wurde geboren, der Sohn Gottes (Gal. 4,4). Im Johannesevangelium steht: »Das Wort [Jesus] ward Fleisch und wohnte unter uns« (Joh. 1,14). Der Verfasser des Hebräerbriefes schreibt:

> »Nachdem Gott vorzeiten vielfach und auf vielerlei Weise geredet hat zu den Vätern durch die Propheten, hat er in diesen letzten Tagen zu uns geredet durch den Sohn, den er eingesetzt hat zum Erben über alles, durch den er auch die Welt gemacht hat. Er ist der Abglanz seiner Herrlichkeit und das Ebenbild seines Wesens und trägt alle Dinge mit seinem kräftigen Wort« (Hebr. 1,1-3).

Der Apostel Johannes spricht von Jesus als dem Wort Gottes:

> »Im Anfang war das Wort, und das Wort war bei Gott, und Gott war das Wort . . . Das Wort ward Fleisch und wohnte unter uns, und wir sahen seine Herrlichkeit, eine Herrlichkeit als des eingeborenen Sohnes vom Vater, voller Gnade und Wahrheit . . . Niemand hat Gott je gesehen; der Eingeborene, der Gott ist und in des Vaters Schoß ist, der hat ihn uns verkündigt« (Joh. 1,1; 14; 18).

Die Botschaft des Johannes ist einfach: Die Person Jesu ist der Höhepunkt der Offenbarung Gottes. Jesus war eine echte, historische Person und tat viele Zeichen und Wunder, die seine Selbstaussagen bestätigten. Unter anderem behauptete er, daß er vom Vater kam. Damit nahm er in Anspruch, selbst göttlich zu sein (Joh. 20,30-31; Mt. 11,2-6). Jesus ist die einzige vollkommene Offenbarung des Vaters, die Erlösung ist nur in ihm zu finden. Nur diejenigen, die ihr Vertrauen auf den auferstandenen Herrn setzen, sind errettet (Röm. 10,9); nur die, die bekennen, daß Jesus im Fleisch erschienen ist, sind von Gott (1. Joh. 4,2).

Möchten Sie den himmlischen Vater kennenlernen? Dann schauen Sie auf seinen Sohn, Jesus Christus, denn er kam, um uns das Wesen seines Vaters zu offenbaren. Wie Jesus zu Philippus sagte: »Wer mich sieht, der sieht den Vater!« (Joh. 14,9). Wenn wir sagen: »Herr, zeige uns den Vater«, dann gibt Gott uns die gleiche Antwort, wie damals dem Philippus: Schaue auf Jesus.

Offenbarung und die Bibel

Die meisten Christen verbinden das Wort Gottes mit der Bibel, dem Alten und dem Neuen Testament. Das ist gut so, denn die geschriebene Botschaft offenbart das fleischgewordene Wort Gottes. Um alle Menschen zu erreichen, hat Gott seine großen Taten in schriftlicher Form dokumentieren lassen. Wie sonst könnten die nachfolgenden Generationen über seinen Sohn, Jesus Christus Bescheid wissen? Er wollte sicherstellen, daß eine historisch genaue Aufzeichnung und eine authentische Interpretation seiner Taten überliefert wird, damit kein Mißverständnis über seinen Charakter entsteht oder darüber, wie man ihn erkennen kann. Zu diesem Zweck entstand die Bibel, durch die alle Menschen von seinen Taten an Israel und vom Leben Jesu lernen können.

Die Bibel ist eine besondere Offenbarung. Wenn wir wissen wollen, wie Gott über etwas denkt, müssen wir erfahren, was die Bibel dazu aussagt. Als ich überzeugt wurde, daß die Bibel Gottes Wort ist, als ich mich ihr unterordnete, wurde mein Leben verändert. Bis dahin hatte ich über die Bibel gerichtet, indem ich nur den Inhalten folgte, die zu *meiner* Vorstellung von der Wahrheit paßten, und alles ablehnte, was *ich* nicht akzeptieren konnte. Das war nun vorbei. Ich erkannte, daß die Bibel so zusammengestellt war, daß ich entweder alles akzeptieren oder alles ablehnen mußte. Das war ein *»power point«*, eine Entdeckung, die mich auf den engen Pfad der Erlösung lenkte.

Vielleicht denken Sie besonders über eine Frage nach, die ich Gunner Payne stellte: »Woher wissen wir, daß die Bibel wahr ist?« Im dritten Teil dieses Buches werde ich versuchen, diese Frage – und weitere Fragen über die Bibel – zu beantworten.

Teil III

Gottes Wort glauben

Kapitel 6

Warum der Bibel glauben?

Vielleicht finden Sie es schwer zu glauben, wie wenig ich in der Zeit vor meiner Bekehrung von der Bibel wußte. Ich wuchs aber in einer Umgebung auf, die Gemeindestrategen als heidnisches Milieu bezeichnen – ohne Anbindung an eine Kirche, ohne Gespräche über Gott, ohne jedes Interesse an geistlichen Dingen. Es ging nicht nur mir so. Viele Erwachsene gehen nie, oder so gut wie nie, in irgendeinen Gottesdienst. In meiner Familie hatte seit vier Generationen fast keiner irgendeine Verbindung zu einer Kirche.

Als ich also zum ersten Mal in der Bibel las, hatte ich keine Möglichkeit, ihren Wert einzuschätzen oder ihren Inhalt zu verstehen. Vielleicht sind Sie in einer Familie großgeworden, wo es selbstverständlich war, daß die Bibel wahr ist, daß sie verständlich ist und Lebenshilfe spendet. Sie sind durch Ihre Erziehung von diesen Dingen überzeugt. Aber vielleicht wissen Sie nicht, *warum* das alles so ist. Es ist eine wichtige Voraussetzung für geistliches Wachstum, daß wir diese Grundwahrheiten über die Bibel verstehen und akzeptieren, denn die besondere Offenbarung kommt aus der Bibel und durch die Führung des Heiligen Geistes.

In Kapitel 5 schrieb ich, daß die besondere Offenbarung in der Bibel, dem Wort Gottes, verkörpert wird. Die Schrift zeugt von Gottes prophetischem Wort, von seinen Taten in der Geschichte und von der Interpretation seiner Taten. Wenn die Bibel nicht vollständig wahr ist, dann versinkt unser Glaube in einem düsteren Sumpf des Subjektivismus. Wenn es keine objektive Dokumentation von Gottes Wesen und seinen Werken gibt, wer kann dann sagen, ob die christliche Erfahrung mit Gott, das christliche Verständnis von Gott, zuverlässiger ist als die Erfahrungen von Hindus oder Moslems? Die Bibel ist unsere primäre Quelle für die Erkenntnis von Gott, der Leitfaden für unseren Glauben und für die Praxis des christlichen Lebens.

Die Autorität der Schrift

Die Bibel besitzt eine einmalige Autorität, die von Gott selbst stammt. Dies wird durch zwei Zeugnisse belegt. Zunächst vermittelt die Bibel wie kein anderes Buch eine Atmosphäre der Autorität. Zweitens bestätigt Gott durch den Heiligen Geist im Herzen des Lesers, daß sie seine Wahrheit ist.

Die Bibel besteht aus dem Alten und dem Neuen Testament. Das Alte Testament, bestehend aus neununddreißig einzelnen Büchern, wurde in Hebräisch und Aramäisch verfaßt. Das letzte Buch, Maleachi, wurde ca. 433 vor Christus geschrieben. Das Neue Testament, zwischen 50 und 100 nach Christus in Griechisch verfaßt, enthält siebenundzwanzig Bücher. Seit dem ersten Jahrhundert wurden diese Bücher nach und nach gesammelt und in den Gemeinden vorgelesen, je nachdem, welche Bücher die jeweilige Gemeinde besaß. Später untersuchten leitende Persönlichkeiten aus den Gemeinden diese Bücher und verglichen sie mit anderen Schriften, die im Umlauf waren, die manche für gottgewirkt hielten.

Bis zum Ende des vierten Jahrhunderts waren die Christen zu einer Übereinstimmung gekommen, welche Bücher zum *Kanon,* zur Liste der biblischen Bücher gehören sollten. »Kanon« kommt von einem griechischen Wort mit der Bedeutung »Meßlatte« bzw. »Lineal«. Wenn wir diesen Begriff auf die Bibel anwenden, beschreiben wir damit eine Sammlung von Büchern, die einer Überprüfung standhielten, bei denen der göttliche Ursprung anerkannt wird. Der Begriff *Kanon* beinhaltet auch, daß diese Bücher selbst die »Meßlatte des Glaubens« sind, die objektive Wahrheit, an der jede Lehre geprüft werden soll.

Es ist wichtig zu wissen, daß die Bücher des Neuen Testamentes schon als maßgebend anerkannt wurden, bevor sie offiziell im Kanon aufgenommen wurden. Sie wurden nicht dadurch zuverlässiger, daß sie in einer Liste aufgenommen wurden, denn der Charakter der Bücher selbst und die Autorität der Verfasser waren Empfehlung genug. Das wurde einmal so formuliert, daß die Bibel nicht eine autorisierte Sammlung von Büchern ist, sondern eine Sammlung von autorisierten Büchern. Bemerkenswert ist auch die Feststellung von J. I. Packer: »Die Meinung, die Kirche hätte uns den Kanon des Neuen Testamentes gegeben, ist genauso logisch wie die Behauptung, Isaac Newton hätte uns die Schwerkraft gegeben. Gott schenkte uns die Schwerkraft als Teil seiner Schöpfung. Er schenkte uns ebenfalls den Kanon des Neuen Testamentes, denn er inspirierte die einzelnen Bücher, aus denen dieser Kanon besteht.«[1] Obwohl die Anerkennung des Kanons in der Kirchengeschichte nicht die Grundlage für die Autorität ist, zeugt sie dennoch von der Kraft und Autorität, die in der Bibel liegen. Seit neunzehnhundert Jahren gibt es einen ständigen Strom von Menschen, die dadurch zu Christus bekehrt werden, daß sie das biblische Wort hören oder selbst in der Bibel lesen.

Einer der Hauptgründe für den Glauben, daß die Bibel das Wort Gottes ist, liegt darin, daß Jesus selbst sie so betrachtete. Denken wir einmal über Jesus' Haltung zur Bibel nach. Zunächst *sah Jesus die*

Schrift als seine letzte Autorität in Fragen der Wahrheit und der Ethik. Im Laufe einer Auseinandersetzung mit den jüdischen Behörden sagte er: »Die Schrift kann doch nicht gebrochen werden« (Joh. 10,35). Er wies Satan mit den Worten zurecht: »Es steht geschrieben . . . « (Mt. 4,1-11). Wenn er Aussagen der Pharisäer und Schriftgelehrten widerlegte, gebrauchte Jesus die Schrift als Grundlage der Autorität, und seine eigene Lehre war immer auf der Schrift gegründet (Mk. 7,6-13).

Zweitens hatte Jesus *eine sehr hohe Meinung von der Schrift, die er auch anderen lehrte.* In den Worten der Schrift vernahm er Gottes Stimme. In Matthäus 5,17-19 sagte er:

> »Ihr sollt nicht meinen, daß ich gekommen bin, das Gesetz oder die Propheten aufzulösen; ich bin nicht gekommen aufzulösen, sondern zu erfüllen. Denn wahrlich, ich sage euch: Bis Himmel und Erde vergehen, wird nicht vergehen der kleinste Buchstabe noch ein Tüpfelchen vom Gesetz, bis es alles geschieht. Wer nun eines von diesen kleinsten Geboten auflöst und lehrt die Leute so, der wird der Kleinste heißen im Himmelreich; wer es aber tut und lehrt, der wird groß heißen im Himmelreich.«

Für Jesus bildete die gesamte Schrift eine Einheit, und jeder Teil davon war das Wort Gottes. Wenn Jesus die Schrift so betrachtete, sollten wir sie nicht auch so sehen? Die Jünger, die bei Jesus gewesen waren, hatten die gleiche Haltung zu den Büchern des Neuen Testamentes (2. Petr. 3,15-16). Ferner war ihnen bewußt, daß sie selbst nicht nur eine menschliche Meinung niederschrieben, sondern eine göttliche Offenbarung.

Die Offenbarung Jesu

Das führt uns zum wichtigsten Grund für den Glauben an die Bibel als Wort Gottes: der Heilige Geist gibt in unserem Herzen das Zeugnis, daß Jesus, der Mittelpunkt der Bibel, uns Gott offenbart. Durch das Wirken des Heiligen Geistes wird das geschriebene Wort umgesetzt in das dynamische Wort Gottes, und die Schrift wird für uns bedeutungsvoll, weil der Heilige Geist unsere Gedanken erleuchtet. Das Zeugnis des Heiligen Geistes in uns ist eine Handlung Gottes, die er aus Gnade vollbringt. Nicht alle Menschen lassen die Autorität der Bibel gelten. Das mag daran liegen, daß sie die Erleuchtung des Heiligen Geistes nicht erlebt haben – oder vielleicht waren sie nicht bereit, diese Erleuchtung anzunehmen. Paulus schreibt: »Der natürliche Mensch vernimmt nichts vom Geist Gottes; es ist ihm eine Torheit, und er kann es nicht erkennen; denn es muß geistlich beurteilt werden« (1.Kor. 2,14).

Beim Abendmahl sagte Jesus seinen Jüngern: »Wenn aber jener, der Geist der Wahrheit, kommen wird, wird er euch in alle Wahrheit leiten« (Joh. 16,13). Der Heilige Geist hilft uns, die Wahrheit Gottes in unserem Leben aufzunehmen. Er belebt unser Herz, damit wir die Inhalte unseres Glaubens verstehen, und Gott gebraucht diese Inhalte, um unser Vertrauen auf ihn zu stärken. Clark Pinnock schreibt: »Der Heilige Geist schafft eine Sicherheit im Herzen, die sich auf gute, schlüssige Beweise gründet . . . Der Glaube . . . ist die Erwiderung des Menschen auf das Wort Gottes, auf die Gute Nachricht, denn der Geist bezeugt das vergangene Christus-Ereignis und die aktuelle Christus-Gegenwart.«[2]

Der Brief eines Vaters

Kürzlich las ich einen Bericht über einen amerikanischen Soldaten, der von seiner Tochter getrennt wurde, die er im Vietnamkrieg gezeugt hatte. Die Mutter, eine Vietnamesin, war gestorben, und der Vater hatte das Land fluchtartig verlassen, als der Viet Cong in Saigon einmarschierte. Er hatte alle Hoffnung aufgegeben, seine Tochter jemals wiederzusehen. Aber dann, zu seinem großen Erstaunen, sah er ein Foto von ihr, zusammen mit anderen vietnamesischen Kindern, in einer großen Zeitschrift. Das Mädchen war nun ein Teenager und sah genauso aus wie er. Er schrieb ihr, und nach zwei Jahre andauernden diplomatischen Verhandlungen kamen sie wieder zusammen.

Ich stellte mir vor, wie sich das Mädchen wohl fühlte, als sie den ersten Brief von ihrem Vater erhielt. Wie viel Liebe, Zuneigung und Ermutigung wird er in diesen Brief und in die nachfolgenden Briefe investiert haben! Und was wird sie dabei gedacht haben? Von seiner Existenz wußte sie seit vielen Jahren, aber nun begann sie zu erfahren, was er für ein Mensch war. Mit jedem neuen Brief aus den Vereinigten Staaten lernte sie etwas mehr über ihren Vater.

Wahrscheinlich hat sie die Informationen über ihren Vater auswendig gelernt (»Ein Meter achtzig groß, blaue Augen, Ingenieur«), und wenn man sie gefragt hätte, hätte sie wohl jede Einzelheit aus den Briefen aufsagen können. Seine Liebe und Fürsorge für sie hat sie schon durch seine Worte erfahren, und so hat sie ihn – zumindest aus der Ferne – kennengelernt.

Um die Liebe des Vaters jedoch persönlich zu erleben, mußte sie ihm natürlich selbst begegnen. Die Briefe haben sie durch die Wartezeit hindurchgetragen, bis sie in die Vereinigten Staaten ausreisen konnte. Was die Briefe ihr gaben war aber nicht zu vergleichen mit dem, was sie in der persönlichen Begegnung mit ihrem Vater erlebte.

Die Bibel ist wie die Briefe jenes Vaters. Sie ist wie eine Reihe Briefe von einem himmlischen Vater an seine Kinder, in denen er uns schreibt, wie sehr er uns liebt und sich wünscht, daß wir ihn persönlich durch seinen Sohn Jesus Christus kennenlernen. Wir sind wie Waisenkinder, die in einem fernen Land leben, von allen verstoßen und ohne Hoffnung – bis auf die schwache Chance, daß unser Vater mit uns Kontakt aufnimmt und uns aus der Gefangenschaft befreit. Von uns aus können wir jedoch nichts tun, um mit ihm Kontakt aufzunehmen; *er* muß *uns* finden, den Kontakt aufnehmen und uns befreien. Wir sind vollständig auf ihn angewiesen.

Wenn die Bibel ein Brief Gottes ist, dann ist der Heilige Geist der Bote, der uns diesen Brief überbringt. Deshalb ist der Dienst des Heiligen Geistes so wichtig. Er ist der Schlüssel dazu, daß wir bei der Lektüre der Bibel eine persönliche Beziehung zu Gott erleben, daß die Worte der Bibel verständlich werden, und daß wir Kontakt mit dem Urheber der Bibel bekommen.

Eine solche Inspiration durch den Heiligen Geist ist auch der Schlüssel dazu, wie die Bibel entstand. Dieser Frage wollen wir uns als nächstes zuwenden.

Kapitel 7

Das eingegebene Wort

Paulus schreibt in 2. Timotheus 3,16-17: »Alle Schrift, von Gott eingegeben, ist nütze zur Lehre, zur Zurechtweisung, zur Besserung, zur Erziehung in der Gerechtigkeit, daß der Mensch Gottes vollkommen sei, zu allem guten Werk geschickt.«[1] Wenn Theologen von der Inspiration der Bibel reden, meinen sie, daß sie von Gott eingegeben (wörtlich: »eingehaucht«) ist.

Die Bibel ist nicht bloß ein inspirierendes literarisches Dokument (wie die Werke von Dante, Goethe oder Shakespeare), sie ist von Gott selbst inspiriert. Schon die Worte des Alten und Neuen Testamentes sind das Produkt göttlichen Handelns. Gott wirkte durch Menschen, die bereit waren, seine Mitarbeiter zu sein. Petrus schreibt: »Das sollt ihr vor allem wissen, daß keine Weissagung in der Schrift eine Sache eigener Auslegung ist. Denn es ist noch nie eine Weissagung aus menschlichem Willen hervorgebracht worden, sondern getrieben von dem heiligen Geist haben Menschen im Namen Gottes geredet« (2. Petr. 1,20-21).

Die Natur der Eingebung

Wenn Paulus schreibt, daß die ganze Schrift »von Gott eingegeben« ist, meint er damit nicht, daß Gott jedes Wort dem jeweiligen Verfasser hörbar diktiert hätte. Der Begriff »Eingebung« (bzw. »Inspiration«) sagt eigentlich gar nichts aus über die *Art,* wie Gott die Worte der Heiligen Schrift »eingab«. Gott sprach auf verschiedene Weise zu den Propheten und den Verfassern der Bibel (Hebr. 1,1). Er sprach durch vernehmbare Stimmen, durch unhörbare Stimmen in ihrer Gedankenwelt, durch Träume und Visionen und vieles mehr. Sie trieben historische Recherchen beim Verfassen der Schrift (Lk. 1,1-4). Bei Paulus führte der Geist Gottes einmal dazu, daß er Wahrheiten aus der zeitgenössischen Dichtkunst verwendete (Apg. 17,28).[2]

Die biblische Lehre der Eingebung der Schrift lehrt uns, daß die Bibel aus Worten besteht, die »Gott geredet hat« (Röm. 3,2), aber ohne festzulegen, *wie* diese Worte den einzelnen Verfassern gegeben wurden. Ich mag besonders die Definition der göttlichen Eingebung, die Charles

C. Ryrie formulierte: »Gott überwachte die menschlichen Autoren der Bibel, so daß sie die Botschaft Gottes an die Menschen in den Worten ihrer ursprünglichen Texte ohne Fehler formulierten und festhielten.«[3]

Weil Gott Menschen gebrauchte, um seine Worte niederzuschreiben, ist jedes Buch geprägt von der Persönlichkeit sowohl des göttlichen wie auch des menschlichen Autors. Sowohl der Heilige Geist wie auch die Menschen waren beteiligt am Verfassen der Heiligen Schrift. Das entscheidende Element war jedoch der Heilige Geist; seine Gegenwart führte dazu, daß das Geschriebene vollständig der Wahrheit entsprach – eine Wahrheit, wie sie Gott gefällt, auch wenn die Kriterien der Wahrheit nicht immer in das Denkschema der heutigen Menschen passen.

Viele Menschen haben Schwierigkeiten, die ganze Bibel als das Wort Gottes anzuerkennen. Manche glauben, daß Teile der Bibel mit Fehlern behaftet sind; sie behalten sich das Recht vor, nur die Bibeltexte anzuerkennen, die sie selbst für wahr halten. Andere glauben, daß die Bibel das Wort Gottes »enthält«, und daß sie nur in dem Maße Wort Gottes ist, wie wir bei der Lektüre Gott erleben. Aber wenn wir die göttliche Eingebung der Schrift ablehnen, verpassen wir die primäre Quelle von Gottes Offenbarung. Die Bibel hört auf, *»power point«* zu sein und wird statt dessen zu einem Gegenstand des Zweifelns, bei dem die einzelnen Textstellen nach literarischen, historischen oder philosophischen Kriterien anerkannt oder abgelehnt werden.

Seit vielen Jahrhunderten haben Theologen eine Reihe von Begriffen verwendet, um diese Lehre über die göttliche Eingebung der Bibel zu erläutern. Manche Begriffe wurden im Streit mit falschen Lehrern entwickelt, die die Autorität der Bibel untergraben wollten. Andere kamen direkt aus der Bibel. Obwohl nicht alle Begriffe in der Bibel zu finden sind, umfaßt jeder Begriff eine zentrale Eigenschaft der Bibel. Es ist wichtig, daß wir die Wahrheit hinter jedem Begriff verstehen, denn diese Begriffe motivieren uns, uns der Bibel, Gottes Wort, unterzuordnen.[5]

1. *Zuverlässig*. Das bedeutet, daß die Bibel uns nie verführen, nie in die Irre führen kann. Sie ist vollständig vertrauenswürdig und vollkommen zuverlässig. Sie enthält keine Fehler und kann sich nicht irren. Gott lügt nicht (Tit. 1,2), also wird sein Wort uns nicht irreführen.

Es ist wichtig zu merken, daß die Zuverlässigkeit der Bibel in dem besteht, was sie aussagen will. Wenn sie zum Beispiel erzählt, daß Mose das Rote Meer teilte, können wir daraus schließen, daß dies auch wirklich ein historisches Ereignis war. Wenn sie sagt, daß Gott uns liebt, dann ist das tatsächlich das, was Gott uns sagen möchte. Wenn wir auf die Aussage achten, die Gott durch den Text mitteilen will, dann lösen sich vermeintliche Probleme. Jesus bezeichnete das Senfkorn als kleinsten aller Samen (Mt. 13,31-32). Wir wissen, daß das

Senfkorn nicht der kleinste Samen ist. Aber die *Aussage*, die Jesus in diesem Gleichnis lehren wollte, war nicht, Botanik zu unterrichten. Das Senfkorn war aber der kleinste Same, der in der damaligen Landwirtschaft bekannt war – und mehr sollte durch die Worte Jesu nicht ausgesagt werden.

Ähnliche sprachliche Mittel werden heute von Meteorologen verwendet, wenn sie zum Beispiel sagen: »Der Sonnenaufgang wird genau um 6.15 Uhr sein.« Wir wissen aber, daß die Sonne nicht »aufgeht«; die Rotation der Erde schafft die Illusion, daß die Sonne aufgeht. Wenn Meteorologen vom »Sonnenaufgang« reden, wollen sie uns eigentlich nur mitteilen, wann wir die Sonne zuerst sehen können. Was sie sagen, ist wissenschaftlich ungenau, aber sprachlich ist es trotzdem korrekt.

2. *Unfehlbar*. Die Bibel ist auch vollständig wahr. Was die Bibel sagt, sagt auch Gott. Der Gedanke der Unfehlbarkeit stammt zum einen von der Haltung, die Jesus zur Schrift hatte, nämlich vollständiges Vertrauen. Dieser Begriff steht auch ausdrücklich in der Bibel (Jes. 45,19; Spr. 30,5-6). Das bedeutet nicht, daß ein Fehler in der Bibel auch den Glauben an Jesu göttliche Natur, an die Auferstehung oder an irgendeine andere zentrale Wahrheit des Glaubens zerstören würde. Er würde aber unser *Vertrauen* auf die volle Wahrheit der Bibel schwächen, die doch unsere zuverlässige Autorität und unser Maßstab in allen Fragen des Glaubens und des Lebens ist.

In den letzten Jahren ist der Begriff der Unfehlbarkeit der Bibel sehr kontrovers diskutiert worden. Ich will hier nicht die Meinung vertreten, daß der Glaube an die Unfehlbarkeit der Bibel eine Voraussetzung für unsere Erlösung wäre. Dieser Glaube ist auch keine Bedingung für die Mitgliedschaft in einer Gemeinde oder für die Aufnahme in einer Gemeinschaft. Aber die Unfehlbarkeit der Bibel beseitigt allen Zweifel über ihre Zuverlässigkeit, über ihre Autorität in allen Fragen des Glaubens und des Lebens. Wenn Jesus Christus unser Herr ist, dann sollten wir die gleiche hohe Meinung von der Schrift haben wie er. Er gebot uns, der Bibel zu glauben und ihr zu gehorchen und so seine treuen, gehorsamen Jünger zu sein.

3. *Vollständig*. Vollständige Inspiration bedeutet, daß alle Teile der Bibel vollständig von Gott eingegeben sind. In Römer 15,4 schreibt Paulus: »Denn was zuvor geschrieben ist, das ist uns zur Lehre geschrieben, damit wir durch Geduld und den Trost der Schrift Hoffnung haben.« Hier wird keine Ausnahme gemacht – die ganze Schrift ist von Gott eingegeben. Für Carol und mich war das eine wichtige Frage, als wir anfingen, in der Bibel zu lesen. In der ersten Zeit hatten wir Angst, auf eine unglaubwürdige Stelle zu stoßen, auf etwas, was offensichtlich gefälscht oder voll von Fehlern wäre. Unsere Überlegung war folgende: Falls ein Teil fehlerhaft wäre, würde das gesamte Dokument dadurch in Frage gestellt.

4. *Wörtlich.* Die göttliche Eingebung bezieht sich auf die Worte der Schrift, nicht nur auf die gedanklichen Inhalte. Clark Pinnock meint: »Wenn die Inspiration nicht wörtlich ist, dann ist sie bedeutungslos«, denn die Botschaft kann ja nur durch Worte vermittelt werden. Deshalb muß Gott auch über die Worte Kontrolle haben. Natürlich ist es so, daß die ursprünglichen Worte in Griechisch, Hebräisch oder Aramäisch waren, und wir lesen den Text auf deutsch. Aber weil die Bedeutung der Worte sich richtig übersetzen läßt, kann eine sorgfältige Übersetzung die gleiche Wahrheit vermitteln.

5. *Zusammenfließend.* Damit meinen wir, daß die Bibel gleichzeitig aus Worten von Menschen und Worten von Gott besteht. Sie hat eine doppelte Autorenschaft. Zuvor habe ich diesen Punkt zwar schon erläutert, aber eine Wiederholung kann hilfreich sein: Gott hat die Bibel nicht an Schreibkräfte diktiert, als ob die menschlichen Autoren keinen weiteren Einfluß auf den Inhalt hätten als der Computer, mit dem der Text dieses Buches erfaßt wurde. Die Bibel ist das Wort Gottes, das durch menschliche Verfasser vermittelt wird, deshalb hat sie alle Eigenschaften eines menschlichen Buches. Gottes Wahrheit wird mit dem einmaligen sprachlichen Stil und der einmaligen Kultur der jeweiligen Autoren ausgedrückt. In 2. Samuel 23,2 wird diese Dynamik deutlich: »Der Geist des Herrn hat durch mich geredet, und sein Wort ist auf meiner Zunge« (vgl. auch 1. Kor. 2,6-11; 2. Petr. 1,19-21).

Wir können die menschlichen und die göttlichen Elemente der Schrift nicht voneinander trennen. Wir haben kein Recht, über die Schrift zu richten, zwischen angeblich menschlichen »Mythen« und der göttlichen »Wahrheit« zu unterscheiden. (Dabei müssen wir jedoch sorgfältig beachten, welche Aussage der Text machen will.) Gott hat durch die menschlichen Autoren gesprochen, ihre einmalige Persönlichkeit gebraucht; ihre Worte sind die Worte Gottes.

6. *Verständlich.* Die Bibel ist verständlich genug, daß wir sie lesen und ihren Sinn verstehen können. In Psalm 119,105 steht: »Dein Wort ist meines Fußes Leuchte und ein Licht auf meinem Wege.« Das bedeutet nicht, daß *jede* Bibelstelle leicht zu verstehen ist (2. Petr. 3,16), aber was verständlich ist, genügt uns, daß wir danach leben können.[6] Die Bibel ist für normale Christen gedacht, nicht nur für die »Experten«. Im vierten Jahrhundert drückte es Augustinus so aus: »In den klar verständlichen Teilen der Bibel ist alles enthalten, was für unseren Glauben und unser Leben wichtig ist.«

7. *Ausreichend.* Clark Pinnock schreibt: »Wer die Bibel für verständlich und ausreichend hält, bekennt damit nur, daß die Schrift *genug Licht* enthält, um Sünder zu erretten und die Gemeinde zu leiten.« Im 2. Timotheusbrief 3,15 erinnert Paulus Timotheus daran, daß die Schrift »dich unterweisen kann zur Seligkeit durch den Glauben an Christus Jesus«. Damit ist nicht gemeint, daß es keine

Offenbarung außerhalb der Bibel gibt oder geben kann (Joh. 21,25), oder daß sie uns alles offenbart, was über Gott gesagt werden kann (1. Kor. 13,12). Es bedeutet aber, daß heutige Offenbarungen von Gott nicht die gleiche Autorität haben können, wie die Bibel. Mit anderen Worten, jede Quelle der »Offenbarung«, die der Bibel widerspricht oder sich über sie erhebt, muß zurückgewiesen werden (5. Mose 13,1-5; Gal. 1,8-9).

Wenn die Bibel unverständlich wäre oder zu wenig Information enthielte, bräuchten wir andere zuverlässige Quellen der Offenbarung, um die Bibel zu ergänzen und beleuchten. Eine Quelle der außerbiblischen »Offenbarung« ist die *Ideologie*. In den zwanziger und dreißiger Jahren versuchten viele »deutsche Christen«, die Botschaft des Glaubens an die Werte und Ideale der modernen Kultur anzupassen – damals speziell an die Ideologie des Nationalsozialismus. Der Nationalsozialismus baute auf die Philosophie der Evolution und den Glauben, die arische Rasse sei die stärkste. Ausgehend von dieser verdorbenen Ideologie, bezichtigte der Theologe Alfred Rosenberg den Apostel Paulus der Verfälschung der Lehre Jesu: »Unsere paulinischen Gemeinden sind nicht christlich, sondern, ob bewußt oder unbewußt, eine ungeheure Verfälschung der Botschaft Jesu.«[7] Rosenberg war nicht bereit, die »jüdischen« Evangelien Matthäus und Lukas oder die Briefe des Paulus anzuerkennen. Manche »deutsche Christen« verwarfen nicht nur Teile der Bibel; sie änderten die Bibel, um sie an die Nazi-Ideologie anzupassen.[8] Diese »deutschen Christen« gerieten in die Falle, eine Ideologie über die Bibel zu erheben. Die Folgen waren verheerend. (Natürlich weiß ich, daß nicht alle Christen in Deutschland bei dieser Irrlehre mitmachten.)

Eine andere Quelle der außerbiblischen »Offenbarung« ist die *Tradition*. Der Gebrauch von Traditionen, besonders aus den Schriften großer Theologen und kirchlicher Führer aus der frühen Gemeinde, scheint, oberflächlich betrachtet, ein gutes Mittel, um strittige Fragen über die Auslegung der Bibel zu entscheiden. Aber die »Tradition« enthält einen riesigen Fundus an Literatur; *wer* soll entscheiden, welche Tradition die größte Autorität besitzt? Das Problem der Bibelauslegung wird nur noch verschärft, wenn die Tradition den gleichen Rang der Autorität einnimmt wie die Bibel. Die Tradition kann jedoch hilfreich sein, um die Botschaft der Bibel zu *bestätigen* oder zu *erläutern*. Der größte Anteil der Tradition, besonders die Glaubensbekenntnisse aus den großen ökumenischen Konzilen der ersten fünf Jahrhunderte, sind zusammenfassende Aussagen, die grundlegende biblische Wahrheiten wiedergeben.

Schließlich glauben manche Menschen, daß *mystische Erfahrungen* oder *persönliche Offenbarung* der Bibel gleichwertig oder gar überlegen sind. Das ist gefährlich, denn eine »Wahrheit«, die von einer inneren Offenbarung bestimmt ist, unterliegt keiner objektiven Korrektur, keinem Maßstab. So gibt sich reine Subjektivität als Christentum aus. Persönliche Erfahrungen und private Offenbarungen brauchen eine Ausrichtung und Korrektur, die nur die Bibel geben kann. Wenn eine persönliche Offenbarung grundlegende Fragen der christlichen Lehre und Ethik berührt, hat sie nur Gültigkeit, wenn sie sich nach biblischen Werten orientiert. 1977 führte mich Gott dazu, für die Kranken zu beten. In den folgenden zehn Monaten sah ich keine einzige Heilung; während dieser Zeit kam ich oft an den Punkt, daß ich aufgeben wollte. Aber jedes Mal züchtigte mich der Heilige Geist – durch eine persönliche Offenbarung, bei der ich seine Stimme spürte – und gebot, daß ich weiterbeten sollte. Ich war zuversichtlich, daß dieses Erlebnis von Gott kam, denn in der Bibel beteten der Herr und seine Jünger auch für die Kranken. Vor langer Zeit wählte ich Jesus als mein Vorbild für das christliche Leben. Als ich für Kranke betete, wollte ich nur erfüllen, was in der Bibel steht; ich wollte nichts hinzufügen.

Wenn wir sagen, daß eine persönliche Offenbarung sich nicht über die Bibel erheben darf, dann heißt das nicht, daß jede persönliche Offenbarung falsch wäre. »Wenn wir die Möglichkeit der persönlichen Offenbarung leugnen«, schreibt Clark Pinnock, »dann sagen wir damit, daß Gott heute schweigt.«[9] Das Ziel der Schrift besteht darin, uns in eine Einheit mit Jesus und in eine Beziehung mit seinem Vater zu führen. Wenn wir, aus Angst den Wert der Bibel zu schmälern, einen Schatten über jede christliche Erfahrung werfen, dann entwerten wir das Christentum – es wird zu einer Sammlung von Richtlinien und Regeln, und wir verlieren die Freude, den lebendigen Gott zu kennen. (In Kapitel 10 sage ich etwas mehr darüber, wie Gott zu uns redet.)

8. *Wirksamkeit.* Schließlich ist die Schrift wirksam, denn sie bringt Menschen in eine persönliche Beziehung zu Christus. Das Wort Gottes bewirkt ewiges Leben. Petrus schreibt: »Ihr seid wiedergeboren nicht aus vergänglichem, sondern aus unvergänglichem Samen, nämlich aus dem lebendigen Wort Gottes, das da bleibt« (1. Petr. 1,23). Durch die Kraft des Heiligen Geistes erzeugt das Wort Gottes einen Glauben, der zum Heil führt. Es überwindet den Unglauben und bringt Erlösung (Röm. 10,17). Es richtet auch unser Herz. »Denn das Wort Gottes ist lebendig und kräftig und schärfer als jedes zweischneidige Schwert, und dringt durch, bis es scheidet Seele und Geist, auch Mark und Bein, und ist ein Richter der Gedanken und Sinne des Herzens« (Hebr. 4,12). Diese Bibelstelle verdeutlicht das dynamische Wort Gottes, eine lebendige Kraft, die mit immer wachem Auge richtet, die das geheimste Innenleben des Menschen durchdringt.

Mit unserem Wissen über die Bibel ist noch nicht der Punkt erreicht, daß wir die Bibel *kennen.* Das soll für den Rest des dritten Teiles in diesem Buch unser Thema sein.

Kapitel 8

Leidenschaft für Gottes Wort

Ich habe viel Raum dafür gegeben, die Inspiration und Autorität der Bibel zu beschreiben, und zwar aus einem bestimmten Grund: Wir brauchen die Bibel, denn sie ist Gottes zuverlässige, vollmächtige Stimme, die seinen Herrschaftsanspruch über alle Menschen zum Ausdruck bringt. Diese Wahrheit sollte einen unstillbaren Durst nach Gottes Wort in unserem Herz und in unseren Gedanken auslösen.

Und doch betrachten wir die Bibel oft so, wie wir *Medikamente* sehen, wenn wir krank sind. Wir haben ein Bedürfnis, wenn wir verwundet oder verletzt sind – also gehen wir zur Bibel und suchen Trost, Rat und Hoffnung. Wir wissen, daß sie gut für uns ist, also lesen wir sie; aber oft ist das eine freudlose Pflichtübung. Wie die meisten Medikamente, schmeckt sie nicht immer gut. Sie ist schließlich ein Spiegel, der uns die Sünden vorhält, die noch in uns sind. Darum ist es allzu leicht, die tägliche Dosis zu vergessen, besonders wenn unsere Not nicht sehr dringlich ist.

Wir lesen die Schrift auch als *Nahrung* und suchen die Weisheit und die Perspektive, die uns geistlich leben und wachsen lassen. Dadurch erfahren wir, wer wir sind und wohin wir gehen. Wir kommen immer wieder, mehr aus Gewohnheit als aus Überzeugung, und lassen nur selten eine »Mahlzeit« ausfallen. Ich glaube, daß die meisten Christen, die eine disziplinierte Andacht entwickelt haben, die Bibel deshalb lesen, weil sie Nahrung suchen. Sie wissen, daß die Bibel gut ist für sie.

Bitte verstehen Sie mich nicht falsch. Was wir auch für Motive für das Bibellesen haben, es ist immer gewinnbringend, wenn wir Zeit mit Gott in seinem Wort verbringen. Das Nachsinnen über Gottes Wort, um Heilung und Nahrung zu erhalten, ist ausreichender (und biblischer) Grund für das Bibellesen. Aber Gott hat einen besseren Weg für uns, angetrieben von reineren Motiven. Er möchte, daß wir eine *Leidenschaft* für die Bibel entwickeln, die unsere Wünsche nach saftigen Steaks oder zarten Hummern in den Schatten stellt.

Vor einiger Zeit untersuchte ich mein eigenes Herz und mußte zugeben, daß ich nicht so sehr einen tiefen und freudigen Hunger auf die Bibel hatte, sondern sie eher als meine Medizin sah, die ich schlucken mußte. Also bat ich Gott, in mir einen neuen Hunger nach seinem Wort zu entfachen. »Herr«, betete ich (und bete weiterhin), »gib mir ein Verlangen nach dir und nach deinem Wort. Gib mir einen Hunger, den nur du stillen kannst.«

Mein Gebet zahlte sich aus. Meine Andachtszeiten wurden wieder lebendig; das Wort Gottes wurde wieder meine Freude, wie in der Zeit, als ich Christ wurde. Jetzt kann ich die Bibel am Ende meiner Stillen Zeit kaum aus der Hand legen. Bibelstudium und Gebet sind die höchsten Prioritäten in meinem Leben. In den seltenen Fällen, wo ich meine Stille Zeit ausfallen lasse, habe ich nachher keine Probleme mit einem schlechten Gewissen, dafür habe ich einen ungesättigten geistlichen Hunger.

Falsche Einstellungen

Ich habe zwei Einstellungen zur Bibel beobachtet, die viele Christen davon abhalten, der Bibel die volle Autorität in ihrem Leben einzuräumen.

Die erste ist die Einstellung, daß man die Bibel lieber den Experten überläßt. So weichen viele Christen der persönlichen Verantwortung aus, Gott in der Schrift kennenzulernen. Moderne Theologen und Pastoren haben unbewußt zu diesem Problem beigetragen. Ausgestattet mit den neuesten Erkenntnissen der Linguistik, der Anthropologie, der Psychologie, der Soziologie und der Geschichtswissenschaft hinterlassen sie bei vielen Laien den Eindruck, daß die Bibelauslegung zu komplex ist, als daß normale Menschen sich damit befassen könnten.

Die zweite Einstellung ist das genaue Gegenteil. Manche Christen nehmen eine subjektive, gefühlsbetonte Haltung ein: »Ich und meine Bibel«, und widerstehen allen Einsichten, die von anderen Personen stammen. Vielfach benutzen Christen diese Haltung, um ihr Leben von jeder Autorität abzuschirmen, besonders von Pastoren und reiferen Christen. Aber die Bibel lehrt uns, daß wir einander brauchen, und die Weisheit und Erkenntnis von Pastoren und Leitern sind wichtige Elemente im christlichen Leben.

Richtige Einstellungen

Wie können wir diese Spannung lösen? Wie können wir es vermeiden, uns einerseits zu sehr auf Experten zu verlassen und andererseits zu sehr auf uns selbst?

Wenn ich mich an folgende Grundsätze halte, erlebe ich meistens eine Begegnung mit Gott beim Bibellesen:

1. *Lesen Sie, um von Gott zu lernen.* Dies gilt für den Gebrauch der Bibel sowohl in der stillen Zeit als auch beim Bibelstudium. Das Bibel-

lesen in der Stillen Zeit enthält auch das Nachsinnen und Beten über der Schrift. Überlegen Sie. Denken Sie nach. Halten Sie inne und fragen Sie Gott, was er *Ihnen* sagen will. Denken Sie an die Worte Jesu: »Nehmt auf euch mein Joch und lernt von mir« (Mt. 11,29). Ich habe den Eindruck, daß die meisten Christen nicht genug Zeit damit verbringen, die Bibel auf diese Weise zu lesen. Wenn wir das Bibellesen vernachlässigen und die Bibel nur studieren, verpassen wir den persönlichen Segen aus dem Wort Gottes.

2. *Lesen Sie, um zu gehorchen.* Wenn wir Dinge über Gott lernen, aber nie danach handeln, riskieren wir, unter das gleiche Urteil zu fallen wie die Pharisäer. Jesus sagte: »Sie sagen's zwar, tun's aber nicht« (Mt. 23,3). Jakobus nennt die Sache beim Namen, wenn er an Christen schreibt:

> »Seid aber Täter des Wortes und nicht Hörer allein; sonst betrügt ihr euch selbst. Denn wenn jemand ein Hörer des Wortes ist und nicht ein Täter, der gleicht einem Mann, der sein leibliches Angesicht im Spiegel beschaut; denn nachdem er sich beschaut hat, geht er davon und vergißt von Stund an, wie er aussah. Wer aber durchschaut in das vollkommene Gesetz der Freiheit und dabei beharrt und ist nicht ein vergeßlicher Hörer, sondern ein Täter, der wird selig sein in seiner Tat« (Jak. 1,22-25).

Die Bibel ist ein Spiegel der Wirklichkeit. Sie zeigt uns Masken, mit denen wir unser wahres Gesicht verbergen, und sie sagt uns, wie wir diese Masken absetzen können. Wie können wir wissen, was Gott von uns möchte, wenn wir seinen Willen nicht kennen? Und was nützt uns Gottes Wille, wenn wir ihn nicht tun?

3. *Lesen Sie, um mit anderen zu teilen.* Wenn wir die Bibel nur für uns selber lesen, verpassen wir einen dynamischen Schlüssel zum Wort Gottes. Der Herr gibt uns sein Licht, damit wir anderen den Weg zeigen können. Oft habe ich einen unerwarteten Segen erfahren, nachdem ich mit anderen Menschen Gottes Wort teilte. Meine Erkenntnis wird dadurch vertieft, und das Wort Gottes wird noch lebendiger.

Psalm 119, eine Andacht über das Wort Gottes, gebraucht einige Analogien, um die Vorzüge der Bibel zu beschreiben. In Vers 98 steht: »Du machst mich mit deinem Gebot weiser, als meine Feinde sind.« Wir brauchen keinen theologischen Doktortitel, um an der Weisheit der Bibel teilzuhaben.

»Dein Wort ist meinem Munde süßer als Honig«, steht in Vers 103. Wir müssen keine Ernährungsspezialisten sein, um den Geschmack des Honigs zu genießen! Der süße Geschmack der Bibel schmeckt noch besser, wenn wir uns nur die Zeit nehmen, sie zu lesen und ihr zu gehorchen.

In Vers 127 heißt es: »Darum liebe ich deine Gebote mehr als Gold und feines Gold.« Wir müssen keine Experten für Edelmetall sein, um den Wert von Gottes Wort schätzen zu können.

In Vers 130 steht: »Die Eröffnung deiner Worte leuchtet, sie gibt Einsicht den Einfältigen.« Wir müssen nicht Physiker oder Elektriker sein, um vom Leuchten eines Lichtes zu profitieren. Wenn wir einfach unter der Schrift leben, sie lesen und uns ihr unterstellen, ist es wie ein Lichtschalter. Die Dunkelheit ist auf einmal weg.

Die richtigen Einstellungen werden uns motivieren, in der Bibel zu lesen. Um sie jedoch richtig zu interpretieren, brauchen wir weitere Erkenntnisse. Darum soll es im nächsten Kapitel gehen.

Kapitel 9

Gottes Wort auslegen

Wir legen alle die Bibel aus – das heißt, wir machen uns Gedanken über die Bedeutung eines Bibeltextes und darüber, wie wir den Text in unserem eigenen Leben anwenden können. Gordon Ree und Douglas Stuart schreiben dazu: »Die wichtigste Ausrüstung, die wir für diese Aufgabe (Bibelauslegung) brauchen, ist ein erleuchteter klarer Verstand. Das Kriterium für eine gute Auslegung ist schlicht und einfach, ob der Text einen klaren Sinn ergibt.«[1]

Grundlagen der Bibelauslegung

Ich habe oft den Spruch gehört: »Das Offensichtliche ist das Wichtigste; das Wichtigste ist das Offensichtliche.« Das Ziel der Bibelauslegung liegt darin, die offensichtliche Bedeutung eines Textes zu erkennen. Was im Text klar und offensichtlich ausgedrückt wird, ist das, worauf es für den Leser ankommt. Mit einigen Fertigkeiten, mit einer Grundausstattung an Arbeitsmitteln und mit der Bereitschaft, Fragen an den Text zu stellen, kann jeder die Bibel studieren und mit ziemlicher Zuverlässigkeit auslegen. Die folgenden Schritte sind eine Hilfe für alle, die die Bibel selbst studieren möchten:

1. Bereiten Sie sich vor. Wir müssen zwar keine Gelehrten sein, um die Bibel zu studieren, aber Gelehrte haben Werkzeuge bereitgestellt, mit denen unsere Aufgabe viel leichter wird. Ich empfehle, zwei oder drei verschiedene Bibelübersetzungen zur Hand zu haben, dazu noch ein Bibelhandbuch und eine gute Konkordanz. Studienbibeln finde ich ebenfalls hilfreich. Und ein Werkzeug, das oft übersehen wird, sollten Sie auch nicht vergessen: ein gutes Bibellexikon. Alle diese Hilfsmittel können Sie im christlichen Buchhandel oder am Gemeindebüchertisch erwerben.

2. Sammeln Sie Eindrücke. Wenn ich mich entschieden habe, eine bestimmte Bibelstelle zu studieren, lese ich sowohl diese Bibelstelle als auch die vorangegangenen und folgenden Texte, damit ich die Hauptaussage im Zusammenhang verstehen kann. Wenn ich die Bibelstelle zwei- oder dreimal laut vorlese, bekomme ich ein besseres Gefühl für

den Inhalt. Wenn mir ein besonderes Thema auffällt, mache ich eine schriftliche Notiz. Die Lektüre des Textes in verschiedenen Bibelübersetzungen läßt manches in einem neuen Licht erscheinen. Dann frage ich mich: »Was sind die hauptsächlichen Aussagen, die der Verfasser hier machen will?« Ich versuche, diese Aussagen mit eigenen Worten zu formulieren.

Die offensichtliche Bedeutung eines Textes ist die ursprüngliche Bedeutung, die vom Verfasser gemeint war. Unser Bemühen geht dahin, den Text so zu verstehen, wie der ursprüngliche Verfasser ihn gemeint hat. Das ist nicht immer einfach. Wir haben gesehen, daß die Bibel zugleich göttliches Wort und menschliches Wort ist; sie wurde in einem bestimmten historischen Zusammenhang geschrieben, den wir verstehen müssen, wenn wir die ursprüngliche Absicht des Autors begreifen wollen. Die Autoren schrieben in einer anderen Kultur, in anderen Sprachen und vor Tausenden von Jahren. Wenn wir verstehen wollen, was die Autoren ihren damaligen Lesern mitteilen wollten, müssen wir sorgfältig lesen – und manchmal Hilfe von außen in Anspruch nehmen.

Ein wichtiges Prinzip, das wir dabei nicht aus den Augen verlieren sollten, ist folgendes: Das wichtigste Hilfsmittel bei der Bibelauslegung ist die Bibel selber. Bei schwierigen Versen und Bibeltexten habe ich oft eine einfache Maxime als Hilfe erlebt: »Immer weiterlesen.« Jede Schriftstelle sollten wir im Licht anderer Schriftstellen begreifen.

3. Suchen Sie nach Fakten. Beantworten Sie diese fünf Fragen über den Text:

* Wer? (Die Personen) Wer ist der Verfasser? Wem schreibt er? Über wen schreibt er? Was wissen Sie über diese Personen?
* Was? (Der Zusammenhang) Um welches Thema geht es? Welche Umstände haben den Verfasser beeinflußt? Was meint der Verfasser genau mit bestimmten Aussagen?
* Wo? (Der Ort) Wo war der Verfasser, als er diesen Text schrieb? Für welchen Teil der Welt wurde er geschrieben? Wie kann man die religiösen, politischen und wirtschaftlichen Umstände dieser Stadt oder Region kennzeichnen?
* Wann? (Die Zeit) Wurde der Text vor Christus geschrieben? Oder kurz nach seinem Tod? Oder gegen Ende des ersten Jahrhunderts?
* Warum? (Die Motive) Warum schreibt der Verfasser über gerade dieses Thema? Warum möchte er, daß wir gewisse Dinge glauben?

Mit einer guten Studienbibel oder einem Bibelhandbuch lassen sich diese Fragen leicht beantworten.

4. Legen Sie die Bedeutung aus. Als nächstes gehe ich durch den Text und notiere oder markiere Worte oder Wortfolgen, die wiederholt vorkommen. Meistens sehe ich dann eine Struktur, die einen groben Umriß des Textes entstehen läßt.

Wenn ich auf ein Schlüsselwort stoße, studiere ich es etwas genauer. Wenn mir die Bedeutung nicht ganz klar ist, schlage ich in einem Wörterbuch nach. Dann schlage ich mit Hilfe einer Konkordanz nach, wie dieses Wort in anderen Bibelstellen gebraucht wird, die sogenannten Querverweise. Als letztes schaue ich das Wort in einem Nachschlagewerk zur Bibel nach.

Dadurch kann ich Prinzipien, allgemeine Wahrheiten, verstehen, die in einem Bibeltext zum Ausdruck kommen. Diese Prinzipien waren in biblischen Zeiten genauso wahr wie heute. Sie sind die Juwelen, die mein Bibelstudium wertvoll machen.

5. Wenden Sie an, was Sie in der Bibel lernen. Das Studium der Bibel ist nur dann sinnvoll, wenn wir das in die Tat umsetzen, was Gott uns zeigt. Während der verschiedenen Arbeitsschritte meines Bibelstudiums bete ich immer wieder: »Herr, zeige mir deine Wahrheit, zeige mir, wie ich sie ausleben kann, zeige mir, wie ich sie anderen schenken kann.« Das heißt, daß wir eine Haltung des Hörens auf Gott entwickeln müssen, eine Bereitschaft zu tun, was er uns sagt.

Von John White stammt die Anregung, daß wir bei der Anwendung der Bibel auf unser Leben eine Reihe von Fragen vor Augen haben sollten, zum Beispiel:

- Gibt es hier eine Warnung für mich?
- Gibt es eine Verheißung, die ich in Anspruch nehmen kann?
- Ist hier ein Beispiel, dem ich folgen kann?
- Gibt es Befehle, denen ich gehorchen sollte?
- Wird eine Sünde genannt, die ich vermeiden oder bekennen sollte?
- Kann ich hier Ermutigung finden?
- Lerne ich etwas Neues über Gott, wofür ich ihm danken kann?
- Sind hier Worte des Lobes, in die ich einstimmen kann?
- Wird eine Erfahrung beschrieben, die ich auch erlebt habe? [2]

Es ist fast ausnahmslos so, wenn Gott mir eine allgemeine Wahrheit gezeigt hat, daß er mir auch die Gelegenheit gibt, sie in meinem Leben umzusetzen, und sie auch anderen mitzuteilen. Das finde ich am Bibelstudium so wunderbar!

Bewahren

In Kapitel 6 verglich ich die Bibel mit dem Brief eines amerikanischen Soldaten an seine lang verschollene vietnamesische Tochter (s.S. 34-35). Zwei Jahre lang erhielt sie seine Briefe, während er sich um ihre Ausreisegenehmigung kümmerte. Ich stelle mir vor, daß sie jeden Brief sorgfältig aufbewahrte. Sie waren bestimmt ihr wertvollster Besitz. Wir sind aufgerufen, die Bibel in ähnlicher Weise aufzubewahren, denn so halten wir die Wahrheit Gottes fest und bleiben in der Beziehung mit ihm.

Die großen Kirchenführer waren schon immer Bewahrer des Wortes Gottes. Augustinus schrieb zum Beispiel: »Folge meinen Schriften nicht in gleicher Weise wie der Heiligen Schrift. Wenn du in der Heiligen Schrift etwas findest, was du zuvor nicht glaubtest, dann glaube es ohne jeden Zweifel; aber in meinen Schriften sollst du nichts für erwiesen halten.«[3] Der große Reformator, Luther, sagte:

> »Wir müssen einen großen Unterschied machen zwischen dem Wort Gottes und dem Wort von Menschen. Eines Menschen Wort ist ein leiser Klang, der in die Luft fliegt und schnell vergeht; aber das Wort Gottes ist größer als Himmel und Erde, ja, größer als Tod und Hölle, denn es ist ein Teil von der Kraft Gottes, und es währt ewig.«[4]

Mitteilen

Vermutlich hat das vietnamesische Mädchen – verständlicherweise – jedem von ihrem Vater erzählt. Ich stelle mir vor, wie sie ihren Freundinnen, und auch fremden Menschen, Auszüge aus seinen Briefen vorliest, wie sie sein Foto vorzeigt, wie sie in allen Einzelheiten erzählt, was sie über seine Heimat und seinen Beruf weiß. Niemand konnte ihr begegnen, ohne etwas über ihren Vater zu erfahren, denn die Briefe waren für sie der Ausdruck einer lebendigen Beziehung.

Wieder ist hier ein anschaulicher Vergleich zum Umgang eines Christen mit der Bibel. Wir sind nämlich aufgerufen, Gottes Wort nicht nur zu bewahren, sondern auch mitzuteilen. Ich verkündige das Evangelium, lehre, bete an, speise die Armen, nehme die Heimatlosen auf, bete für die Kranken, prophezeie und so weiter, weil die Bibel mir sagt, daß die, die Gott lieben, solches tun werden.

Wenn ich weniger tue, wenn ich das Wort Gottes nicht mit den Werken des Geistes verbinde, dann habe ich kein volles Vertrauen auf die Schrift. Jesus sagte: »Wer mich liebt, der wird mein Wort halten; und mein Vater wird ihn lieben, und wir werden zu ihm kommen und Wohnung bei ihm nehmen. Wer aber mich nicht liebt, der hält meine Worte nicht« (Joh. 14,23-24).

Die Bibel ist wie kein anderes Buch. Sie ist eine Sammlung unglaublicher Liebesbriefe von Gott, die uns über unsere Beziehung zu ihm aufklären. Kein Wunder, daß wir berufen sind, Männer und Frauen »des Buches« zu sein, die täglich über Gottes Wort nachsinnen und zulassen, daß es unsere Gedanken, unser Herz, unser Gefühlsleben und unsere Taten verändert.

Die Bibel lehrt, daß Gott sich uns in vielerlei Weise mitteilt. Im nächsten Kapitel werden wir etwas näher untersuchen, wie wir seine Stimme hören können.

Kapitel 10

Gottes Wort hören

In seinem hervorragenden Buch *Jüngerschaft* schreibt David Watson: »Wenn jedes Wort, das Gott spricht, für uns lebenswichtig ist, wie spricht Gott dann heute? Wie können wir sein Wort hören und recht verstehen?«[1] Wir haben schon gesehen, daß Gott sich uns durch seinen Sohn, Jesus Christus, offenbart, der in der Schrift als Wort Gottes bezeichnet wird (Joh. 1,1; 14; 18). In ihm sehen wir den Vater:

> »Nachdem Gott vorzeiten vielfach und auf vielerlei Weise geredet hat zu den Vätern durch die Propheten, hat er in diesen letzten Tagen zu uns geredet durch den Sohn, den er eingesetzt hat zum Erben über alles, durch den er auch die Welt gemacht hat. Er ist der Abglanz seiner Herrlichkeit und das Ebenbild seines Wesens« (Hebr. 1,1-3).[2]

Unsere Kenntnis Gottes ist also am vollkommensten, wenn wir seinen Sohn erkennen. Jesus ist die höchste und vollkommenste Offenbarung von Gott.

Die Schrift

Wir haben gesehen, daß die Bibel auch »Wort Gottes« heißt, denn sie ist die schriftliche Aufzeichnung, die Jesus offenbart, der selbst das fleischgewordene Wort Gottes ist. In ihr haben wir eine zuverlässige historische Dokumentation und eine zutreffende Interpretation der Taten Jesu, damit keine Unklarheit darüber besteht, wer er ist. Die Bibel ist die primäre Quelle, aus der wir etwas über Gott lernen.

Das Alte und das Neue Testament sind unsere letzte Autorität in allen Fragen des Glaubens und des christlichen Lebens. Sie sind aber nicht die einzigen Mittel, mit denen Gott zu uns redet. Die Bibel lehrt uns, daß er viele Wege hat, sich mitzuteilen. Wenn wir die anderen Wege verwerfen, verschließen wir ihm wichtige Kommunikationswege. Dadurch verpassen wir Gelegenheiten zum geistlichen Wachstum und zum geistlichen Dienst.

Gott spricht zu allen Menschen durch die Schöpfung, durch unser Gewissen und durch seine anhaltende Fürsorge. Sein Reden geht aber weiter. Im Alten und Neuen Testament sehen wir, wie Gott auf dramatische, oft verblüffende Weise mit seinen Kindern spricht: Durch Träume und Visionen, durch innere Eindrücke, durch Engel, durch Zungenrede und Zungenauslegung, durch Worte der Weisheit, Worte der Erkenntnis, Unterscheidung der Geister, Verkündigung, Lehre, Zeugnis, Prophezeiungen, und auch dadurch, daß er selbst den Menschen erscheint.

Auch nach Jesu Himmelfahrt sprach Gott weiter zu den Christen durch Träume, Visionen, prophetische Aussagen und so weiter. Stephanus, Philippus, Hananias, Kornelius, Agabus, Judas und Silas und die vier Töchter des Philippus erlebten Besuch durch Engel, Träume und Visionen (Apg. 7,54-60; 8,26-40; 9,10-16; 10,3-8; 11,28; 21,10-11; 15,32; 21,9). Das Erlebnis des Philippus mit dem äthiopischen Eunuchen in Apostelgeschichte 8 ist bemerkenswert. Ein Engel sucht Philippus auf, der Heilige Geist spricht ihn direkt an, und der Geist versetzt ihn sogar von einem Ort zum anderen, nach Aschdod.

Gefahr

Die Vorstellung, daß Gott uns auch auf solche Weise ansprechen könnte, verursacht in manchen Christen Angst, denn es geht hier um subjektive Erfahrungen. Sie sind sofort bereit, Verkündigung, Lehre und Zeugnis als authentische Mittel gelten zu lassen, wie Gott zu uns spricht, denn sie sind klar auf die Bibel zurückzuführen. Andere Kommunikationsmittel sind jedoch nicht so leicht zu überprüfen. Wie zuverlässig ist zum Beispiel die Führung durch einen Engelbesuch oder eine Prophezeiung?

Manche Christen glauben, daß solche subjektiven Kommunikationsformen die Türen öffnen für eine gefühlsmäßige – oder, noch schlimmer, eine satanische – Verführung. Aus Angst vor solchen schlimmen Folgen ziehen sie sich zurück auf die Meinung, die Bibel sei heute die *einzige* Quelle der Offenbarung. (Sie sagen damit nicht, daß Gott nicht anders sprechen *könnte,* sondern daß er beschlossen hat, dies nicht zu tun.)

Das ist jedoch eine unbiblische Meinung! Die Bibel lehrt uns ganz klar, daß wir erwarten sollen, daß Gott auf vielfältige Weise zu uns spricht. Zwei Stellen aus dem Lukasevangelium ermutigen uns sehr direkt, Offenbarung vom Heiligen Geist zu erwarten:

> Jesus sagte: »Wenn sie euch aber führen werden in die Synagogen und vor die Machthaber und die Obrigkeit, so sorgt nicht, wie oder womit ihr euch verantworten oder was ihr sagen sollt; denn der heilige Geist wird euch in dieser Stunde lehren, was ihr sagen sollt« (Lk. 12,11-12).

Jesus sagte: »So nehmt nun zu Herzen, daß ihr euch nicht vorher sorgt, wie ihr euch verantworten sollt. Denn ich will euch Mund und Weisheit geben, der alle eure Gegner nicht widerstehen noch widersprechen können« (Lk. 21,14-15).

Richtlinien

Es ist jedoch angebracht, biblische Richtlinien zu suchen, die solche persönlichen Offenbarungen regeln. Welchen Schutz bietet die Schrift, damit wir nicht verführt werden, besonders durch »prophetische« Worte?

1. *Persönliche Worte sollen das Wort Gottes, Jesus Christus, verherrlichen.* Das höchste Ziel des Heiligen Geistes ist, den Sohn zu verherrlichen (Joh. 16,14), also sollte uns jede Prophezeiung, jeder Traum und jede Vision auf Jesus hinweisen.

2. *Sie sollen mit dem Wort Gottes, der Bibel, im Einklang sein.* Paulus schreibt, daß die Ältesten die Aufgabe haben, »zu ermahnen mit der heilsamen Lehre und zurechtzuweisen, die widersprechen« (Tit. 1,9). Der Inhalt jeder außerbiblischen Offenbarung muß immer mit der Schrift vereinbar sein und sich ihr unterwerfen.

3. *Wenn jemand eine Prophetie ausspricht, sollte er oder sie moralisch integer sein und sich der Herrschaft Jesu unterordnen (Mt. 7,15-20).* Ein guter Prüfstein für den reifen Charakter des Boten ist die Frage, ob er oder sie sich einer geistlichen Leiterschaft unterordnet. Unabhängige, unbelehrbare und selbsternannte »Propheten« sind gefährlich.[3]

4. *Wer ein prophetisches Wort ausspricht, sollte bereit sein, daß dieses Wort geprüft wird (1. Kor. 14,29-32).* Die geistliche Leiterschaft prüft den prophetischen Dienst und hilft den Zuhörern, in der richtigen Weise auf das Wort zu reagieren. Klagen oder Fragen, die sich auf einen bestimmten prophetischen Dienst beziehen, sollten von verantwortlichen Pastoren sorgfältig untersucht und in einer klaren, ehrlichen Weise gelöst werden.

5. *Prophetische Worte sollen im Geist der Liebe ausgesprochen werden (Jak. 3,17).* Auch ein Wort der Zurechtweisung soll im Geist der Liebe ausgesprochen werden. Informationen über einzelne, die negativ oder peinlich sein können, sollten nie öffentlich ausgesprochen werden, wenn der einzelne nicht vorher im persönlichen Gespräch mit dem Wort konfrontiert wurde. Die prophetische Gabe sollte im allgemeinen nicht dazu gebraucht werden, um Kontrolle über andere auszuüben, und es sollte sichergestellt sein, daß weder die persönliche Verantwortung und Autorität der einzelnen Christen für ihr eigenes Leben noch die Autorität der Leiterschaft für die Gemeinde unterlaufen wird.

6. *Prophetie darf nicht dazu verwendet werden, Lehre oder Praktiken aufzustellen, die keine klare biblische Grundlage haben (1.Tim. 6,3-4).* Manche Erfahrungen und »Offenbarungen« gehen über die Schrift und über die Alltagserfahrung hinaus. Sie dürfen deshalb nicht als autoritative Wahrheit angesehen werden.

7. *Niemand soll wichtige Entscheidungen nur auf der Grundlage von persönlichen prophetischen Worten treffen (1. Kor. 14,29-32).* Persönliche prophetische Worte sollten nicht nur von demjenigen geprüft werden, der sie erhält, sondern auch von Ältesten, Pastoren und anderen, die prophetische Gaben haben. Persönliche Worte sollten in einer Weise ausgesprochen werden, die das ermöglichen. Zum Beispiel warnte der Prophet Agabus den Apostel Paulus, daß er verhaftet werden würde, wenn er nach Jerusalem reist. Die anderen Jünger bestürmten Paulus, nicht hinzufahren. Paulus akzeptierte das prophetische Wort, ging aber trotzdem nach Jerusalem, wo er tatsächlich verhaftet wurde. Er nahm die Offenbarung seiner späteren Leiden an, akzeptierte aber nicht die Schlußfolgerung der Jünger, daß er deshalb nicht hinfahren sollte (Apg. 21,10-14).

8. *Wenn ein prophetisches Wort künftige Ereignisse voraussagt, sollten sie auch eintreffen.* Wenn Gott wirklich gesprochen hat, dann werden die Ereignisse tatsächlich geschehen. Wenn dies nicht passiert, dann hat entweder Gott nicht gesprochen (5. Mose 18,21-22), oder die Prophezeiung hatte unausgesprochene Bedingungen, die nicht erfüllt wurden (Jona; Jer. 18,7-10).

9. *Die meisten prophetischen Worte, die heute ausgesprochen werden, sind mit Bedingungen verbunden. Sie sind als Einladung zu verstehen, nicht als sichere Aussagen (Jer. 18,7-10).* Wir müssen weiterhin Gott suchen, um den Segen zu erlangen, den er verheißen hat.

Der Schlüssel zum Hören von Gottes Wort liegt darin, seine Stimme zu erkennen (Joh. 10,3). Dazu müssen wir den Vater kennen. Darum geht es im vierten Teil.

Teil IV

Den Vater suchen

Kapitel 11

Das Angesicht des Vaters suchen

Im August 1987 hatte ich ein Erlebnis, das mein Leben veränderte. Dabei begann es ganz harmlos. Ich war mit Michael und Rosemary Green in einem Restaurant in der Nähe des Fuller Seminary in Pasadena, Kalifornien. Michael ist Professor am Regent College in Vancouver und war als Gastdozent für einen zweiwöchigen Kurs über persönliche Evangelisation zu uns ans Fuller Seminary gekommen. Bis dahin kannten wir uns nur sehr wenig, und nun nutzten wir die Gelegenheit, uns besser kennenzulernen.

Nach dem Essen redeten wir über meine Vergangenheit. Michael und Rosemary wollten mehr über mich erfahren. Ich erzählte von meiner Kindheit und von meinem früheren Leben als Erwachsener. Normalerweise vermeide ich es, allzu Persönliches aus meinem Leben zu erzählen, aber zu Michael und Rosemary faßte ich irgendwie Vertrauen und konnte mich bei ihnen entspannen. Ich entspannte mich so sehr, daß sie mir über eine Stunde lang zuhören mußten!

Damals war ich in melancholischer Stimmung. Ich stand persönlich und in meinem Dienst vor mancher Herausforderung. Ich spürte noch die Folgen einer Angina pectoris, die ich schon im Juni 1986 hatte. Ich brauchte dringend Kraft, um mich um die wachsende Arbeit der Vineyard-Gemeinden zu kümmern. Und am Fuller Seminary war eine Kontroverse um ein Seminar entbrannt, das ich mitgestaltete. Das hatte zu persönlicher Kritik geführt, die mich überrascht und enttäuscht hatte.

Während ich noch redete, lehnte sich Rosmary nach vorne und sagte: »Ich habe den Eindruck, daß du von vielen männlichen Autoritätspersonen verletzt und enttäuscht wurdest, angefangen mit deinem Vater. Stimmt das?« Ihre Worte waren nicht nur aus der Beobachtung meiner Stimmung entstanden. Ich hatte das Gefühl, daß Gott sie mit übernatürlicher Weisheit, Erkenntnis und Kraft gesalbt hatte. Rosemary sagte dann, sie hätte den Verdacht, daß ich diese Enttäuschungen nicht gründlich genug ausgeräumt hätte, und daß sie meine Gefühlswelt und mein geistliches Leben beeinträchtigten.

In wenigen Sekunden war ein lockeres Mittagessen unter Freunden zu einer Begegnung mit dem lebendigen Gott geworden. Auf Vorschlag von Michael und Rosemary gingen wir in ihre Wohnung, um zu beten.

Bei diesem Gespräch in der Wohnung erkannte ich, daß ich seit meiner Kindheit von einer Reihe von Vater- und Autoritätspersonen abgelehnt oder verlassen wurde. Die bedeutendste Ablehnung geschah am 25. Februar 1934 – dem Tag meiner Geburt. Kaum war ich geboren, da verließ mein Vater sowohl meine Mutter als auch mich. Diese Erfahrung und die Tatsache, daß ich ohne Geschwister aufwuchs, führten dazu, daß ich als Kind sehr schüchtern war, und daß ich viele Stunden allein verbrachte und an meinen Musikinstrumenten übte. Schließlich heiratete meine Mutter wieder, aber obwohl mein Stiefvater ein guter Mann war, konnte er die Lücke nicht füllen, die mein Vater in mir zurückgelassen hatte.

Die Verletzung und das Gefühl der Ablehnung, die durch die Abwesenheit meines Vaters verursacht wurden, blieben tief in meinem Herzen, wie eine entzündete Wunde. Es brachte auch keine Linderung, als ich meinen Vater tatsächlich kennenlernte. Ich war Anfang Zwanzig und hoffte auf eine positive Begegnung, die ersetzen würde, was ich während meiner Kindheit vermißt hatte – eine herzliche Beziehung zu meinem Vater. Ich wurde wieder enttäuscht. Nach kurzer Zeit zeigte er sein wahres Gesicht mit der Frage: »Verträgst du so viel Schnaps wie dein Vater?« Diese Begegnung brachte nur weiteren Schmerz.

Als ich Christ wurde, gewann ich einen wahren Freund – einen, mit dem ich über alles reden konnte, und von dem ich in jeder Situation Hilfe bekam. Ich bekam auch einen Mittler, der mir die Beziehung zu meinem himmlischen Vater ermöglichte. Die brüderliche Beziehung zu Jesus fiel mir leicht, aber die Beziehung zum Vater gestaltete sich nicht so einfach. Durch meine Erfahrungen mit meinem leiblichen Vater hatte ich eine Hemmschwelle, die mir nicht erlaubte, zu meinem himmlischen Vater Vertrauen zu fassen. Wie konnte ich sicher sein, daß er mich nicht auch verlassen würde? Für weite Strecken meines christlichen Lebens vermied ich es unbewußt, Gott als meinen Vater anzusehen.

Dazu kam, daß viele meiner *christlichen* Vorbilder – Pastoren, Professoren, Tutoren – mich dann verließen, als ich sie am meisten brauchte. Jedenfalls *empfand* ich, daß sie mich verließen. Das war jedoch nicht überraschend. Ich hatte so eine hohe Erwartung an unsere Beziehungen, daß sie mich enttäuschen *mußten.* Keiner von ihnen war Gott; keiner konnte den Vater ersetzen, den ich nie hatte. Nur mein himmlischer Vater konnte meine Erwartungen erfüllen, und mit ihm hatte ich ein problematisches Verhältnis! (Zumindest *empfand* ich das Verhältnis als problematisch.)

Nun half mir Rosemary mit viel Einfühlungsvermögen (und mit deutlicher Führung durch den Heiligen Geist), diese Verletzungen zu begreifen und innere Heilung zu erfahren. Michael hörte nur zu und betete still. Ich konnte mich ihnen wirklich öffnen. Ich war schon fünfundzwanzig Jahre Christ gewesen, davon achtzehn Jahre als Pastor. Aber in dieser kurzen Zeit des Gebets erlebte ich die väterliche Liebe Gottes mehr, als in den vorangegangenen Jahren meines christlichen Lebens.

Ich bekannte vor Gott, daß mein Vater und andere, die mich enttäuscht hatten, viel Schmerz und Verwirrung in meinem Leben verursacht hatten. (Dies war in den meisten Fällen ohne Absicht geschehen, aber ich hatte die Verletzungen trotzdem empfunden.) Ich mußte alle diese Enttäuschungen loslassen, besonders die Enttäuschung, meinen leiblichen Vater nicht gekannt zu haben, und ich mußte um Vergebung bitten für jeden Zorn und jede Bitterkeit, die ich gegen Gott gehegt hatte. Dann erlebte ich seine Vergebung und seine Liebe, und ich konnte meine Beziehung zu ihm als meinem Vater neu annehmen.

Nun sehe ich, daß ich ohne die Hilfe des Heiligen Geistes unfähig war zu verstehen, wie tief diese Verletzungen in mir verwurzelt waren. Ich war unfähig, meinem leiblichen Vater Vergebung zuzusprechen und die Liebe des himmlischen Vaters in vollem Maße zu erfahren. Ich wußte *verstandesgemäß* einiges über den Vater – er war die erste Person der Dreieinigkeit; Jesus kam, um ihn zu offenbaren; ich hatte Zugang zu ihm. In gewisser Weise hatte ich ihn auch *geistlich* kennengelernt. Aber nach der Gebetszeit mit Michael und Rosemary hatte meine Beziehung zu ihm eine größere Tiefe und Nähe. Seit der Zeit habe ich eine neue Freiheit vor Gott, ein neues Zutrauen zu ihm – in einer Weise, wie ich es vorher nie erlebt hatte.

Kapitel 12

Ein Gott, drei Personen

Woher kommt dieser Gedanke, daß wir Gott als unseren Vater bezeichnen? Ich habe viel vom Vater, von Jesus und vom Heiligen Geist geredet. Bevor wir fortfahren, sollten wir versuchen zu verstehen, was die Bibel über diese drei Personen aussagt, und wie sie als eine Gottheit zusammenhängen.

Eine klare Erkenntnis der Dreieinigkeit kommt nur aus der christlichen Offenbarung. Der Begriff »Dreieinigkeit« ist schwer zu verstehen – wir werden ihn nie vollständig begreifen. Unser Verstand ist begrenzt, und wir brauchen eine gehörige Portion Demut, wenn wir über den allmächtigen, unendlichen Gott der Bibel nachdenken. Das bedeutet nicht, daß wir *nichts* über Gott wissen. Er hat genug von seinem Wesen offenbart, damit wir ihn erkennen können. Unser Verständnis von ihm wird jedoch nie vollständig sein.

Den Begriff »Dreieinigkeit« finden wir nicht in der Bibel, es wird aber sehr wohl vom dreieinigen Gott berichtet. Die Bibel lehrt uns, daß der Vater Gott ist (Mt. 11,25), daß der Sohn Gott ist (Röm. 9,5), und daß der Heilige Geist Gott ist (Apg. 5,3-4).

Es geht hier um eine echte »Drei-Einigkeit«: Drei Personen in einem Gott. Der christliche Glaube an den einen Gott, der sogenannte Monotheismus, ist verwurzelt im hebräischen Alten Testament. In 5.Mose 6,4 steht: »Höre, Israel, der Herr ist unser Gott, der Herr allein.« Dieser Satz war schon immer das große Glaubensbekenntnis Israels. Er hatte besondere Bedeutung für die Israeliten zu den Zeiten des Alten Testaments, die von vielen einzelnen »Göttern« umgeben waren. Im Laufe ihrer Geschichte haben die Juden sich manchmal verleiten lassen, diese falschen Götter zu verehren. Im Alten Testament sehen wir, wie Gott sie mehrmals wegen dieser Sünde züchtigte.[1] Das israelitische Glaubensbekenntnis wurde von Jesus ausdrücklich bestätigt (Mk. 12,29).

Ein Gott

Wenn wir sagen, daß Gott der eine, einzige Gott ist, meinen wir damit, daß er in seinem Wesen, in seiner Natur eine Einheit ist. Alle drei Personen – Vater, Sohn und Heiliger Geist – haben teil am gleichen unendlichen, unerschaffenen Wesen. Sie sind nicht drei *gleichartige* Wesen – sie sind gemeinsam ein Wesen. Es gibt keine Trennungen in Gott, keine Bestandteile. Es gibt nicht drei Götter, denn die drei Personen haben Anteil am gleichen *Wesen.*[2]

Wenn Gott eine Einheit ist, bedeutet das, daß die drei Personen immer in vollkommener Übereinstimmung, in vollkommener Harmonie miteinander sind. In allen Dingen besteht Einheit des Sinnes, des Willens und des Charakters. Jesus sagt: »Ich tue nichts von mir selber, sondern, wie mich der Vater gelehrt hat, so rede ich« (Joh. 8,28).

Drei Personen

Die Lehre von der Dreieinigkeit wird im Alten Testament nicht ausdrücklich entfaltet, aber sie wirft von Anfang an ihre Schatten voraus. In 1. Mose 1,1-3 steht schon: »Am Anfang schuf Gott Himmel und Erde. Und die Erde war wüst und leer, und es war finster auf der Tiefe; und der Geist Gottes schwebte auf dem Wasser. Und Gott sprach: Es werde Licht! Und es ward Licht.« Schon in Vers 2 wird der Heilige Geist erwähnt, und den dritten Vers kann man auch als Anspielung auf Christus verstehen, der ja am Anfang des Johannesevangeliums als »Wort Gottes« bezeichnet wird. Ferner wird in 1. Mose 1,26 die Pluralform in bezug auf Gott verwendet: »Lasset *uns* Menschen machen, ein Bild, das *uns* gleich sei.«[3]

Manche sagen, daß es in der Dreieinigkeit nicht drei Personen gibt, sondern einen Gott, der zu verschiedenen Zeiten und an verschiedenen Orten in drei verschiedenen Erscheinungsformen erscheint. Manchmal, so sagen sie, zeigt er sich als Vater, manchmal als Sohn und manchmal als Heiliger Geist. Und doch stehen in der Bibel Gespräche und Gebete, wo die drei Personen miteinander kommunizieren. Daraus können wir schließen, daß es tatsächlich die drei Personen gibt. Zum Beispiel berichtet Johannes 17 vom hohepriesterlichen Gebet, das der Sohn zum Vater betet, und bei dem der Vater zuhört. In Römer 8,26 und 8,34 wird geschildert, daß sowohl der Geist als auch der Sohn gegenwärtig vor dem Vater für die Heiligen eintreten.

Den klarsten Hinweis auf die Dreieinigkeit finden wir im Missionsbefehl, den uns Jesus hinterließ: »Taufet sie auf den Namen des Vaters und des Sohnes und des heiligen Geistes« (Mt. 28,19). Den zweiten Korintherbrief schließt Paulus mit den Worten: »Die Gnade unseres Herrn Jesus Christus und die Liebe Gottes und die Gemeinschaft des heiligen Geistes sei mit euch allen« (2. Kor. 13,13).[4]

Die Bibel beschreibt eine innere Ordnung in der Dreieinigkeit. Innerhalb der Gottheit gibt es Unterordnung und Autorität. Der Sohn ordnet sich dem Vater unter (Joh. 5,19), und der Geist wird ausgesandt, um den Sohn zu verherrlichen (Joh. 15,26; 16,13-14). Die Art, wie Jesus sich seinem Vater unterordnet, zeigt uns, daß nicht einmal Gott eigenmächtig handelt. Wenn Gott uns aufruft, uns ihm unterzuordnen, dann sollen wir nur das tun, was er schon vorgemacht hat!

In der Dreieinigkeit ist auch die Funktion der Personen wichtig. Alle Werke Gottes werden zwar von allen drei Personen vollbracht, aber es bestehen Schwerpunkte: Die Schöpfung wird vor allem dem Vater zugeschrieben, die Erlösung dem Sohn, unsere Heiligung dem Heiligen Geist.

Kapitel 13

Den Segen des Vaters erleben

Weil ich meinen himmlischen Vater durch die Brille meiner – oft so schmerzhaften – irdischen Erlebnisse sah, hatte ich ein verzerrtes Bild von seinem Wesen als Vater. Als ich die Worte hörte: »Gott ist mein Vater«, kamen mir viele Gefühle und Bilder, von denen manche positiv, aber viele negativ waren. Zwischen den biblischen Bildern der Vergebung, des Schutzes, der Annahme und der Liebe befanden sich auch Gefühle der Verlassenheit, des Versagens und der Abwesenheit. Folglich hatte ich eine unbefriedigende Beziehung zum Vater. Jesus war mein Bruder; der Heilige Geist war mein Ratgeber; aber der Vater war eine entfernte, schwer faßbare Größe, die am besten zu meiden war. Je weniger Kontakt ich mit ihm habe, desto geringer ist die Enttäuschung, wenn er sich doch nicht zeigt. Ich war nicht fähig, meinen himmlischen Vater so zu lieben, ihm so zu vertrauen, wie er es für mich wollte. Dadurch entging mir, was jeder Mensch braucht: die zutiefst persönliche Liebe, der Schutz und die Fürsorge des Vaters.

Irdische Väter versagen auf vielerlei Weise. Dadurch entstehen Hindernisse, die einer liebevollen Beziehung zu unserem himmlischen Vater im Wege stehen. Ich könnte den Rest dieses Kapitels – oder sogar ganze Bücher – mit Untersuchungen darüber füllen, wie Väter sich an ihren Kindern versündigen. Ich glaube jedoch, daß die Erfahrung der Liebe unseres himmlischen Vaters das beste Mittel ist, um die Schmerzen der Vergangenheit zu überwinden, denn durch seine Liebe *wissen* wir tief in unserem Geist, daß wir seine Söhne und Töchter sind. Es gibt drei Aspekte der Liebe des Vaters, die, wenn wir sie zu Herzen nehmen, auch die extremsten Formen des gebrochenen Herzens und des verzagten Geistes heilen können. [1]

1. *Treue*. Jeder Mensch braucht jemanden, der an ihn glaubt, jemanden, der treu ist, auf den Verlaß ist. Gottes Absicht war, daß Väter diese Rolle einnehmen. Einen treuen Vater zeichnen zwei Merkmale aus. Erstens ist er jemand, der zu seinem Wort steht: er merkt sich, was er versprochen hat, und er tut sein Bestes, um sein Versprechen einzulösen. Zweitens ist ein treuer Vater immer dann zur Stelle, wenn er am meisten gebraucht wird. Treue Väter vermitteln ihren Kindern Sicherheit und Selbstvertrauen. Wenn die Kinder dann Christen werden, finden sie es

leicht, Gott zu vertrauen und seinem Wort zu glauben, denn sie sind bereits gewohnt, einen Vater zu haben, der ehrlich und zuverlässig ist, und der sie ermutigt.[2]

Aber auch die besten Väter können nicht vollständig treu sein. Sie haben nur beschränkte Möglichkeiten und Fähigkeiten. Aber unser himmlischer Vater ist nicht begrenzt! Paulus schrieb: »Gott ist treu, durch den ihr berufen seid zur Gemeinschaft seines Sohnes Jesus Christus, unseres Herrn« (1. Kor. 1,9). Wir können uns darauf verlassen, daß der Vater hält, was er versprochen hat. Dazu gehört auch, daß er uns hilft, im Wettlauf des christlichen Lebens durchzuhalten (Phil. 1,6; 1. Thess. 5,23-24).

Wir können uns auf ihn verlassen, mehr noch, er ist jederzeit für uns zugänglich, denn er ist allgegenwärtig, überall zu jeder Zeit anwesend. Paulus drückte es auf dem Areopag so aus: »Er ist nicht fern von einem jeden unter uns« (Apg. 17,27).

2. *Liebevolle Autorität.* Paulus warnte die Väter, ihre Kinder nicht zu reizen oder zu erbittern, »damit sie [die Kinder] nicht scheu werden« (Kol. 3,21). Wenn ich für Menschen bete, die ernsthafte geistliche, emotionale oder körperliche Probleme haben, stelle ich oft fest, daß diese Menschen in ihrer Kindheit von ihren Vätern mißhandelt wurden. Uns sind durch die Medien die offensichtlichen Kennzeichen der Kindesmißhandlung bekannt. Ich vermute jedoch, daß ein anderes Problem viel weiter verbreitet ist: Ein Zerbrechen des kindlichen Geistes durch Kritik, Vorwürfe, Nörgelei und durch grausame disziplinarische Maßnahmen.

Solchen Mißbrauch verhindert man nicht dadurch, daß man die Autorität selbst beseitigt, sondern durch eine liebevolle Disziplin. Der Verfasser des Hebräerbriefes sieht die Disziplin und Züchtigung Gottes als ein Zeichen seiner Liebe: »Mein Sohn, achte nicht gering die Erziehung des Herrn und verzage nicht, wenn du von ihm gestraft wirst. Denn wen der Herr liebhat, den züchtigt er, und er schlägt jeden Sohn, den er annimmt« (Hebr. 12,5-6, zitiert aus Spr. 3,11-12). Das griechische Wort für »Erziehung« findet sich auch in Paulus' Ermahnung an die Väter, ihre Kinder zu erziehen (Eph. 6,4). Wenn wir durch unsere Väter eine liebevolle Disziplin erfahren haben, fällt es uns leichter, die Erziehung durch unseren himmlischen Vater anzunehmen; wenn wir wegen schlechter Kindheitserlebnisse vor Gottes Disziplin und Züchtigung fliehen, verpassen wir auch den Segen der Disziplin, denn »sie bringt als Frucht denen, die dadurch geübt sind, Frieden und Gerechtigkeit«.

3. *Reicher Segen.* Gary Smalley und John Trent vertreten in ihrem Buch *The Blessing (Der Segen)* die These, daß der Segen der Eltern einen tiefgreifenden Einfluß auf gegenwärtige und zukünftige Beziehungen zu anderen Menschen hat. Diesen elterlichen Segen definieren sie als »echtes Angenommensein«, und sie schreiben, daß dort, wo die-

ses Angenommensein fehlt, die Menschen krampfhaft danach suchen – oft mit katastrophalen Folgen:

> »Manche Menschen werden arbeitssüchtig auf ihrer Suche nach dem Segen, den sie zu Hause nie fanden. Sie streben immer danach, angenommen zu werden; sie können sich nie mit dem Geleisteten zufrieden geben. Andere versinken in Zurückgezogenheit und Passivität und geben die Hoffnung auf, jemals den gesuchten Segen zu finden . . . Für fast alle Kinder, die den Segen von ihren Eltern nicht erhalten, führt dieser Mangel in irgendeinem Bereich zu einer lebenslangen Suche.«[3]

Die Wurzel des Gefühls, angenommen zu sein, liegt in einer bedingungslosen Liebe. Die bedingungslose Liebe kommt aus der Liebe eines Vaters zu seinen Kindern, nicht aus dem, was sie leisten, um ihm zu gefallen. Paulus schreibt: »Gott, der reich ist an Barmherzigkeit, hat in seiner großen Liebe, mit der er uns geliebt hat, auch uns, die wir tot waren in den Sünden, mit Christus lebendig gemacht – aus Gnade seid ihr selig geworden« (Eph. 2,4-5).

Smalley und Trent nennen fünf grundlegende Elemente dieses Segens, die jeweils mit einem wichtigen Aspekt der Liebe eines Vaters zu seinen Kindern verbunden sind. Das erste Element ist eine *bedeutungsvolle Berührung* – der Arm, der einem Kind liebevoll um die Schultern gelegt wird, die segnende Hand auf dem Herzen, das aufmunternde Tätscheln am Arm. Eine herzliche Berührung ist eine Geste, die mehr ausdrückt als Worte. Es ist ein Zeichen der Liebe eines Vaters und es zeigt, wie sehr er uns liebt und für uns da ist. Unser himmlischer Vater bietet uns dieses Element des Segens; er bietet uns im Überfluß die Berührung durch seine Liebe, die uns anrührt und verändert (1. Sam. 10,26). Unser Teil besteht darin, seine Berührungen zu empfangen, die Liebe seines Geistes, der in unserem Herzen wohnt, anzunehmen und zu erfahren.

Zweitens muß ein Segen, wenn er Sinn haben soll, *ausgesprochen* werden. Ein liebender Vater sagt seinen Kindern, daß er sie liebt, daß er sie unterstützt, daß er an sie glaubt. Unser himmlischer Vater liebt uns so sehr, daß er seinen Sohn sandte, um die Kommunikation mit uns herzustellen. Er bezeichnete Jesus sogar als »das Wort Gottes« (Joh. 1,18).

Das dritte Element des väterlichen Segens ist der *hohe Wert,* den der Vater dem Gesegneten beimißt. In der Bergpredigt sagte Jesus, daß unser himmlischer Vater uns einen sehr hohen Wert einräumt: »Seht die Vögel unter dem Himmel an: sie säen nicht, sie ernten nicht, sie sammeln nicht in die Scheunen; und euer himmlischer Vater ernährt sie doch. Seid ihr denn nicht viel mehr als sie?« (Mt. 6,26). Petrus sagt uns, daß wir als lebendige Steine erbaut werden sollen »zum geistlichen

Haus und zur heiligen Priesterschaft . . .« (1.Petr. 2,5). Gott geht es nicht um Trödel, sondern um Qualität, und das möchte er uns hier sagen. Aber noch mehr möchte er, daß wir an den Segen seiner Zuwendung und Anerkennung glauben und ihn erfahren.

Viele Menschen spüren, daß ihr Leben eine besondere Bedeutung hat, weil ihre Eltern ein *besonderes Bild von ihrer Zukunft* haben. Dies definieren Smalley und Trent als viertes Element des Segens. Jesus segnete Simon Petrus so, als er Petrus in die Nachfolge rief: »Fürchte dich nicht! Von nun an wirst du Menschen fangen« (Lk. 5,10). Paulus schreibt: »Wir sind sein Werk, geschaffen in Christus Jesus *zu guten Werken, die Gott zuvor bereitet hat, daß wir darin wandeln sollen*« (Eph. 2,10). Jeder von uns hat eine besondere Zukunft; es gibt Taten und Segnungen, die von unserem himmlischen Vater vor der Erschaffung der Welt speziell für uns vorbereitet wurden. Nicht zwei von uns haben die gleiche Zukunft, denn wir sind alle verschieden. Und keiner wird ausgelassen. Jesus sagte: »In meines Vaters Hause sind viele Wohungen. Wenn's nicht so wäre, hätte ich dann zu euch gesagt: Ich gehe hin, euch die Stätte zu bereiten?« (Joh. 14,2).

Das fünfte Element des väterlichen Segens ist eine *aktive Entschlossenheit, den Segen zu erfüllen*. Das Wichtigste am Kreuz war die Bereitschaft unseres himmlischen Vaters, seinen eigenen Sohn zu opfern, um das ewige Leben für uns zu erwerben. Alles, was Gott tut, entspringt seiner Großzügigkeit: Seine Schöpfung ist reich an Schönheit, Farbe und Vielfalt, er kümmert sich auch um die Kleinigkeiten in unserem Leben, er gibt uns seine Gnade in Fülle (Eph. 1,7-8). Sein Segen wird zu einem *»power point«* in unserem Leben, wenn wir ihn aus Glauben erfahren. Es genügt nicht, nur vom Segen des Vaters zu reden; vielmehr müssen wir unser Herz öffnen und den Segen empfangen, wenn wir seine Liebe, die uns verwandelt, kennenlernen wollen.

Kapitel 14

Das Gleichnis von der Liebe des Vaters

Im Gleichnis vom verlorenen Sohn offenbarte Jesus die Einstellung seines Vaters zu uns. Für dieses Gleichnis gefällt mir ein anderer Titel besser: »Das Gleichnis von der Liebe des Vaters«[1], denn es erinnert mich daran, wie der himmlische Vater uns empfängt, wenn wir uns an ihn wenden:

> »Ein Mensch hatte zwei Söhne. Und der jüngere von ihnen sprach zu dem Vater: Gib mir, Vater, das Erbteil, das mir zusteht. Und er teilte Hab und Gut unter sie.
>
> Und nicht lange danach sammelte der jüngere Sohn alles zusammen und zog in ein fernes Land; und dort brachte er sein Erbteil durch mit Prassen. Als er nun all das Seine verbraucht hatte, kam eine große Hungersnot über jenes Land, und er fing an zu darben und ging hin und hängte sich an einen Bürger jenes Landes; der schickte ihn auf seinen Acker, um Schweine zu hüten. Und er begehrte, seinen Bauch zu füllen mit den Schoten, die die Säue fraßen; und niemand gab sie ihm.
>
> Da ging er in sich und sprach: Wie viele Tagelöhner hat mein Vater, die Brot in Fülle haben, und ich verderbe hier im Hunger! Ich will mich aufmachen und zu meinem Vater gehen und zu ihm sagen: Vater, ich habe gesündigt gegen den Himmel und vor dir. Ich bin hinfort nicht mehr wert, daß ich dein Sohn heiße; mache mich zu einem deiner Tagelöhner! Und er machte sich auf und ging zu seinem Vater.
>
> Als er aber nicht weit entfernt war, sah ihn sein Vater, und es jammerte ihn; er lief und fiel ihm um den Hals und küßte ihn. Der Sohn aber sprach zu ihm: Vater, ich habe gesündigt gegen den Himmel und vor dir; ich bin hinfort nicht mehr wert, daß ich dein Sohn heiße.
>
> Aber der Vater sprach zu seinen Knechten: Bringt schnell das beste Gewand her und zieht es ihm an und gebt ihm einen Ring an seine Hand und Schuhe an seine Füße und bringt das gemästete Kalb und schlachtet's; laßt uns essen und fröhlich

> sein! Denn dieser mein Sohn war tot und ist wieder lebendig geworden; er war verloren und ist gefunden worden. Und sie fingen an, fröhlich zu sein« (Lk. 15,11-24).

Die Forderung des treulosen Sohnes, sein Erbteil vorzeitig zu erhalten, war nach dem jüdischen Gesetz äußerst ungewöhnlich (vgl. 5. Mose 21,17). Es gab damals zwei Möglichkeiten, wie das Eigentum vom Vater auf den Sohn übertragen werden konnte: Entweder durch ein Testament oder durch eine Schenkung, während der Vater noch lebte. Im letztgenannten Fall erhielt der Vater jedoch Zinsen auf das Erbvermögen. Das bedeutete, daß der Sohn das Vermögen nicht nach Gutdünken veräußern durfte, er hatte immer noch eine Verantwortung vor seinem Vater.

Im Gleichnis ging der Vater über das gesetzliche Minimum hinaus; er gestattete dem Sohn, nach Gutdünken über das Vermögen zu verfügen. Der Vater wußte, daß das den Verzicht auf seinen Sohn bedeuten konnte, denn im damaligen Palästina gab es häufig Hungersnöte, und die Lebensumstände waren in anderen Teilen der Welt besser. Dies lehrt uns, *daß unser himmlischer Vater uns nie zwingt, in eine Beziehung zu ihm zu treten.* Floyd McClung schreibt: ». . . er [der Vater] wollte eher eine Beziehung zu seinem Sohn als einen erzwungenen Gehorsam, aber er mußte abwarten, bis der Sohn dafür bereit war.«[2]

Der Sohn verließ seinen Vater und stürzte sich in einen wilden Lebensstil. Männer und Frauen, die die Liebe eines Vaters nicht kennen, fallen oft in ein unmoralisches Leben. Teilweise haben sie die Hoffnung, die väterliche Zuwendung und Liebe zu finden, die sie zu Hause nie erlebten (bzw. erleben wollten). Doch ein unmoralisches Leben führt nie zur Zufriedenheit und oft in den Ruin – und so kam es auch bei diesem Sohn. Er verlor alles und mußte Schweine hüten (für einen Juden der Gipfel der Erniedrigung), und schließlich sogar bei den Schweinen leben, was ein Zeichen totaler Armut war. Als er in sich ging – im hebräischen und aramäischen Denken, das der Schilderung des Lukas zugrunde lag, war das ein Ausdruck der Buße – beschloß der Sohn, heimzukehren und sich der Gnade seines Vaters auszuliefern, indem er um eine Arbeitsstelle bettelte. Wie überrascht mag der Sohn bei seiner Heimkehr gewesen sein, als sein Vater ihm entgegenrannte, um ihn zu begrüßen, die Arme um ihn legte und ihn küßte – ein Zeichen der Vergebung (2. Sam. 14,33). Daraus lernen wir, daß *unser himmlischer Vater den großen Wunsch hat, in Beziehung mit uns zu treten.* Er will uns unsere Sünden vergeben, wenn wir umkehren und zu ihm zurückkehren, und er möchte, daß wir seine Zuwendung und seine Liebe erfahren.

Die einstudierte Bußrede des Sohnes unterbrach der Vater, dann gab er eine Feier und behandelte den Jungen als seinen Sohn, nicht als Tagelöhner. Mit anderen Worten, *wenn wir uns zu ihm wenden, rechnet unser himmlischer Vater unsere Sünden und unser Versagen nicht an.* Der Vater bereitete dem heimgekehrten Sohn sogar einen königlichen Empfang! Zuerst brachte er das beste Gewand, was eine hohe Auszeichnung war und eine neue Ära einläutete. Dann kamen ein Ring und Sandalen. In der östlichen Welt war der Ring ein Symbol der Autorität (vgl. 1.Makk. 6,15). Sandalen waren ein Luxusgegenstand, die nur freie Männer anzogen. Hier haben sie die Bedeutung, daß der Vater seinen Sohn nicht als Sklave ansah. Schließlich zeigt das Fest, daß unser himmlischer Vater sich über die Heimkehr eines verirrten Sohnes, einer verirrten Tochter freut, daß er diese Heimkehr als besonderes Ereignis betrachtet.

In diesem Gleichnis liegt aber noch etwas mehr. Jesus sagte:

> »Aber der ältere Sohn war auf dem Feld. Und als er nahe zum Hause kam, hörte er Singen und Tanzen und rief zu sich einen der Knechte, und fragte, was das wäre. Der aber sagte ihm: Dein Bruder ist gekommen, und dein Vater hat das gemästete Kalb geschlachtet, weil er ihn gesund wiederhat.
> Da wurde er zornig und wollte nicht hineingehen. Da ging sein Vater heraus und bat ihn. Er antwortete aber und sprach zu seinem Vater: Siehe, so viele Jahre diene ich dir und habe dein Gebot noch nie übertreten, und du hast mir nie einen Bock gegeben, daß ich mit meinen Freunden fröhlich gewesen wäre. Nun aber, da dieser dein Sohn gekommen ist, der dein Hab und Gut mit Huren verpraßt hat, hast du ihm das gemästete Kalb geschlachtet.
> Er aber sprach zu ihm: Mein Sohn, du bist allezeit bei mir, und alles, was mein ist, das ist dein. Du solltest aber fröhlich und guten Mutes sein; denn dieser dein Bruder war tot und ist wieder lebendig geworden, er war verloren und ist wiedergefunden« (Lk. 15,25-32).

Die Verbitterung des älteren Bruders war wie die Haltung der Pharisäer und Gesetzeslehrer, die sich gegen Jesus stellten (Lk. 15,2). Der jüngere Bruder zog weg und suchte Liebe durch ein zügelloses Leben, der ältere Bruder blieb zu Hause und suchte Anerkennung durch seine Arbeit. Aber je mehr er sich auf der Suche nach Liebe anstrengte, desto zorniger wurde er. Als der jüngere Bruder heimkehrte, mit einem Fest empfangen wurde und die Annahme des Vaters erfuhr, war es mehr, als der ältere Bruder ertragen konnte. Seine Bitterkeit kochte über, und das Ausmaß seiner Entfremdung von seinem Vater wurde deutlich. Der Vater reagierte mit Anerkennung (»Mein Sohn . . .«) und erinnerte ihn daran: »alles, was mein ist, ist dein« (Vers 31).

Ich kenne viele Christen, die so sind, wie der ältere Bruder. Sie streben unaufhörlich nach der Liebe ihres himmlischen Vaters, erreichen aber nie die Nähe zu Gott, die ihnen Frieden und das Bewußtsein seiner

Anerkennung bringen würde. Mit der Zeit werden sie verbittert oder verausgaben sich, sie entfernen sich allmählich von Gott oder sie werden zornig und dogmatisch. Sie haben keine Freude in ihrem Herzen, weil sie alle ihre Energien darauf konzentrieren, die Liebe des Vaters zu verdienen. Sie werden immer ausgelaugt bleiben, bis sie von neuem den Geist der Annahme erfahren, der sie zu Söhnen und Töchtern Gottes macht. Denn unser himmlischer Vater sagt uns: »Meine Söhne und Töchter, alles, was ich habe, gehört euch. Frieden. Freude. Liebe. Alles ist euer. Nehmt nur davon!«

Dieses Gleichnis beschreibt unseren himmlischen Vater in einer bemerkenswert einfachen Weise. Er ist voll Güte, Gnade, Barmherzigkeit und grenzenloser Liebe. Er freut sich über die Heimkehr derer, die verloren waren, und er hält viel Gutes und viel Segen für uns bereit, wenn wir uns nur im Vertrauen an ihn wenden. Das ist das wahre Bild unseres himmlischen Vaters. Er lädt uns ein, eine solche Beziehung zu ihm zu genießen.

Kapitel 15

Das Herz des Vaters anrühren

Jesus offenbarte, daß die Vaterschaft zum Wesen Gottes gehört. Eines der wichtigsten Ziele, die er auf Erden erfüllen wollte, lag darin, uns eine volle Offenbarung seines himmlischen Vaters zu vermitteln. Der Apostel Johannes schreibt: »Niemand hat Gott je gesehen; der Eingeborene, der Gott ist und in des Vaters Schoß ist, der hat ihn uns verkündigt« (Joh. 1,18).

Mit seiner Botschaft von der Vaterschaft Gottes verknüpft Jesus zwei Einschränkungen. Erstens, wenn er davon spricht, daß Gott der Vater auch von anderen Menschen ist, beziehen sich seine Worte fast immer auf seine Jünger. Er lehrt, daß die Sünde eine Veränderung in den Menschen verursacht hat, die eine Neugeburt und eine Versöhnung notwendig macht (Joh. 3,3; 8,42; 14,6). In Übereinstimmung mit diesen Aussagen lehrten auch die Apostel, daß wir erst durch Christus zu Gottes Kindern werden und die Freiheit haben, Gott unseren Vater zu nennen (Gal. 4,6). Wir sind *adoptierte* Söhne und Töchter aus Gnade: »Denn ihr habt nicht einen knechtischen Geist empfangen, daß ihr euch abermals fürchten müßtet; sondern ihr habt einen kindlichen Geist [durch Adoption] empfangen, durch den wir rufen: Abba, lieber Vater!« (Röm. 8,15; vgl. auch Gal. 3,25-26; Eph. 1,5).

Adoption kam unter den Griechen und Römern häufig vor. Durch sie bekam ein Junge alle Rechte eines leiblichen Sohnes, einschließlich des Erbrechts. Aber die himmlische Adoption geht noch weiter als die menschliche Adoption. Sie geht über das Rechtsverständnis der griechischen und römischen Adoption hinaus, denn sie verspricht, daß wir in dem Maße, in dem wir in Christus wachsen, verwandelt werden, damit wir dem Vater ähnlicher werden; daß wir seine Eigenschaften der Liebe, der Barmherzigkeit, des Mitgefühls und der Heiligkeit annehmen (Röm. 8,29). Geistliche Adoption ermöglicht ferner eine enge persönliche Beziehung zum Vater, bei der wir seine Liebe und Anerkennung erleben, und in der wir mit vollem Vertrauen im Namen Jesu zu ihm beten können (Joh. 14,14).

Die zweite Einschränkung gibt uns einen Schlüssel, um die wahre Natur der Vaterschaft zu verstehen: Jesus hat eine einmalige Beziehung zu seinem Vater, denn – anders als wir – ist er selbst Gott. Jesus behauptet nie, daß die Beziehung der Jünger zum Vater der gleichen *Art* ist, wie seine Beziehung. Er sagt von sich selbst, daß er der ewige, vorher existierende Sohn ist, der dem Vater in seinem Wesen gleicht (Joh. 1,14; 5,17-26; 8,54). Der Vater sandte ihn, um uns zu erretten (Joh. 3,36).

Um das Herz der Vaterschaft zu erfassen, müssen wir nur auf die Beziehung des Vaters zu seinem Sohn Jesus schauen (Joh. 14,9-10). Alle irdischen Erscheinungsformen der Vaterbeziehung sind nur eine schwache Nachbildung der ursprünglichen Vaterbeziehung zwischen der ersten Person der Dreieinigkeit und seinem Sohn. Ihre Beziehung ist das Ideal, das Musterbild, die *Grundlage* für unsere Erfahrungen mit dem Vater. Auf Jesu Worte »Niemand kommt zum Vater denn durch mich«, erwiderte Philippus: »Herr, zeige uns den Vater, und es genügt uns.« Darauf antwortete Jesus:

> »So lange bin ich bei euch, und du kennst mich nicht, Philippus? Wer mich sieht, der sieht den Vater! Wie sprichst du dann: Zeige uns den Vater? Glaubst du nicht, daß ich im Vater bin und der Vater in mir? Die Worte, die ich zu euch rede, die rede ich nicht von mir selbst aus. Und der Vater, der in mir wohnt, der tut seine Werke« (Joh. 14,6-10).

Jesus betont hier die enge Verbindung zwischen sich selbst und dem Vater. »Schaut auf mich«, sagt er, »und ihr kennt den Vater. Ich bringe euch eine umfassende Offenbarung des Vaters.«

Sein Gebetsleben war eine ununterbrochene Gemeinschaft mit dem Vater (Mt. 14,23; Mk. 1,35; Lk. 5,16), und er lehrte seine Jünger, daß auch sie dieses Vorrecht erleben dürften. »Wenn du aber betest«, sagte er, »so geh in dein Kämmerlein und schließ die Tür zu und bete zu deinem Vater, der im Verborgenen ist; und dein Vater, der in das Verborgene sieht, wird dir's vergelten.« Dann gab er das Vaterunser als Vorlage für das effektive Gebet: »Darum sollt ihr so beten: Unser Vater im Himmel! Dein Name werde geheiligt . . .« (Mt. 6,6.9). Jesus sagt den Jüngern nicht, daß sie Gott »eine höhere Macht«, »den Grund allen Seins« oder »den hoch Erhobenen« nennen sollen. Statt dessen bittet er sie, Gott einfach als Vater anzureden.

Diese Botschaft, daß wir zu unserem »himmlischen Vater« beten sollen, zeigt uns Aspekte von Gottes Wesen, die uns erstaunen sollten. Erstens möchte er Gemeinschaft mit uns haben und er hält sich bereit, um sofort die Verbindung mit uns aufzunehmen. Er ist der perfekte Papa, der für seine Kinder immer da ist. Er ist so nahe, so zugänglich, daß man eigentlich sagen könnte, daß er uns verfolgt, daß er uns dauernd zu sich hinzieht. Die Schrift zeigt sehr klar unsere Verpflichtung zu beten, denn wir sind in Christus dazu erschaffen, den Vater zu erkennen und von ihm erkannt zu werden (Lk. 18,1; Eph. 6,18; Phil. 4,6; 1. Thess. 5,17).

Wenn wir zu unserem himmlischen Vater beten, haben wir die Sicherheit, daß wir keine Ablehnung zu befürchten haben, wenn wir zu Gott kommen. Er ist immer da, und wenn wir uns von unseren Sünden abwenden, wird er uns immer vergeben und aufnehmen (Ps. 130,3-4). Vielleicht muß er uns, wie jeder liebevolle Vater, zurechtweisen und züchtigen, aber auch seine Züchtigung ist motiviert von der Liebe und von dem Ziel, daß wir zur Reife gelangen: »Denn jene [unsere leiblichen Väter] haben uns gezüchtigt für wenige Tage nach ihrem Gutdünken, dieser [der geistliche Vater] aber tut es zu unserem Besten, damit wir an seiner Heiligkeit Anteil erlangen« (Hebr. 12,10).

Das Bewußtsein, daß Gott auch der Vater von Jesus ist, und daß er Jesus von Herzen liebt, hilft uns zu wissen, worüber wir beten sollen. Jesus möchte, daß wir dafür beten, daß die Liebe Gottes zu ihm auch in unserem Herzen spürbar wird, daß die Liebe zu Jesus unsere größte Motivation wird (Joh. 17,26). Hier ist ein Gebet, das ich zur täglichen Anwendung empfehlen möchte: »Vater, bewirke in meinem Herzen die gleiche Liebe für Jesus, die du für Jesus hast. Oh mein Vater, das ist mein tiefster Wunsch.«

Schließlich hat es zur Folge, wenn wir zu unserem himmlischen Vater beten, daß kein Thema und kein Anliegen zu unbedeutend ist für das Gespräch mit Gott – so groß ist sein Interesse an uns. Denken Sie einmal darüber nach. Ihm sind die großen Anliegen in unserem Leben wichtig – unsere Ehe, unsere Arbeit, unsere Beziehungen. Er interessiert sich aber auch für die kleineren Anliegen – für die Reifenpanne, die Prüfung, den Kauf neuer Kleider. Ein liebevoller Vater weiß, daß die »kleinen« Anliegen für seine Kinder gar nicht unbedeutend sind. Unser himmlischer Vater hört sehr aufmerksam auf *alles,* was wir zu ihm bringen. Er weiß, daß diese Anliegen für uns wichtig sind, denn sonst hätten wir sie nicht zu ihm gebracht.

Gehorsam

Die Beziehung Jesu zu seinem Vater offenbart auch, was Gott von seinen Kindern erwartet. Wir können es in einem einzigen Wort zusammenfassen: *Gehorsam.*

Ein kurzer Durchgang durch das Johannesevangelium zeigt, wie Jesus die Beziehung zum Vater gestaltete. Jesus sagte oft, daß er von seinem Vater abhängig sei, und daß er gekommen sei, »daß ich tue den

Willen dessen, der mich gesandt hat, und vollende sein Werk« (Joh. 4,34; vgl. auch 6,38). »Ich suche nicht meinen Willen«, sagte er, »sondern den Willen dessen, der mich gesandt hat« (Joh. 5,30). Er hörte auf den Vater und verkündigte das, was er gehört hatte (Joh. 8,26; 12,49-50). Er arbeitete fleißig, um die Aufgabe zu erfüllen, die Gott ihm gegeben hatte (Joh. 9,4), und so verherrlichte er den Vater. Seine Werke, sagte er, waren die Werke des Vaters – auch die Wunder (Joh. 10,37-38). Er liebte den Vater und tat das, was der Vater geboten hatte (Joh. 14,31). Jesus sah eine sehr enge Verbindung zwischen Liebe und Gehorsam: »Wie mich mein Vater liebt, so liebe ich euch auch. Bleibt in meiner Liebe! Wenn ihr meine Gebote haltet, so bleibt ihr in meiner Liebe, wie ich meines Vaters Gebote halte und bleibe in seiner Liebe« (Joh. 15,9-10).

Der Schlüssel dazu, daß wir in der Liebe Jesu bleiben, ist der Gehorsam, und Jesus gab uns ein Vorbild dafür in der Art, wie er sich zu seinem Vater verhielt. In Johannes 14,21 sagte er ferner: »Wer mich aber liebt, der wird von meinem Vater geliebt werden.« Der Apostel Johannes wiederholt diesen Gedanken im 1. Johannesbrief 5,3: »Das ist die Liebe zu Gott, daß wir seine Gebote halten.« Damit seine Leser dies nicht als eine unmögliche Aufgabe ansehen, fügt er hinzu: »Und seine Gebote sind nicht schwer. Denn alles, was von Gott geboren ist, überwindet die Welt.« Wenn wir also die Liebe unseres himmlischen Vaters kennenlernen möchten, dann müssen wir gehorsame Söhne und Töchter sein.

Wie wichtig ist der Gehorsam für das christliche Leben? Petrus sagt, daß Gott, der Vater, uns »ausersehen hat durch die Heiligung des Geistes *zum Gehorsam* und zur Besprengung mit dem Blut Jesu Christi« (1. Petr. 1,2). In diesem bemerkenswerten Vers werden alle drei Personen der Dreieinigkeit erwähnt. Vater, Sohn und Heiliger Geist haben unsere Erlösung gemeinsam bewirkt, damit wir im Gehorsam Christi leben können.

In das Reich Gottes treten wir dadurch ein, daß wir uns ihm unterordnen. Diese Unterordnung geschieht dadurch, daß wir den Willen des Vaters tun (Mt. 7,21), daß wir seine Gebote halten (Mt. 5,19) und daß wir die demütige Haltung eines kleinen Kindes einnehmen (Mt. 18,3). Der Erfolg, den wir im Leben erlangen und unsere zunehmende geistliche Reife sind Nebenprodukte unserer Hauptaufgabe – daß wir Gottes Willen auf dieser Erde tun. Gottes Wille besteht darin, daß wir Jesus die Herrschaft über uns einräumen. Darum geht es im fünften Teil.

Teil V

Sich unter die Herrschaft Christi stellen

Kapitel 16

Für wen haltet ihr mich?

Die zwei wichtigsten Fragen im Leben sind: »Wer ist Gott?« und »Was möchte er, daß ich tue?« Unsere Antworten auf diese Fragen können nur so zuverlässig sein, wie die Quellen, aus denen wir unsere Information beziehen. Wir haben bereits gesehen, daß die Bibel letztlich die einzigen zuverlässigen Aussagen liefert. Also müssen unsere Antworten aus der Bibel stammen.

Ein paar Jahre, nachdem ich Christ geworden war, traf ich jemanden aus meiner Zeit im Musikgeschäft wieder. Irgend jemand hatte ihm erzählt, daß ich ein eigenartiges religiöses Erlebnis gehabt hätte, und er war interessiert, mehr darüber zu hören.

»Ich bin Christ geworden«, sagte ich. Dann begann ich, ihm zu erzählen, wer Jesus ist und wie wir ihn kennenlernen können.

Er unterbrach mich: »Entschuldige, ich habe gerade ein Buch gelesen, *The Passover Plot*. Der Autor behauptet, daß Jesus überhaupt nicht am Kreuz starb. Er sagt, daß Jesus die eigene Verhaftung inszenierte und daß die Kreuzigung und Auferstehung Betrug waren. Jesus soll Drogen genommen haben, bevor er ans Kreuz ging. Demnach ist er gar nicht gestorben – daher die ›Erscheinungen‹ nach der Auferstehung. Nach diesem Buch war Jesus kein Gott, sondern ein Betrüger.«[1]

Mein Freund wußte etwas Wichtiges: Wenn Jesus nicht der war, für den er sich ausgab, dann verliert das Christentum seine Kraft. Wenn Jesus aber tatsächlich als auferstandener Sohn Gottes anerkannt werden muß, dann gibt es keinen Grund mehr, sich ihm nicht zu unterwerfen. Das ist kein intellektuelles Spiel. Unser ewiges Schicksal entscheidet sich daran, wie wir auf den historischen Jesus reagieren.

Nachdem er seine Argumente zu Ende geführt hatte, zeigte ich auf den nahe gelegenen Strand. »Siehst du den Strand?« fragte ich.

»Ja.«

»Siehst du den Pazifischen Ozean?« Ich wußte, daß er ihn nicht sehen konnte, denn wir standen an einer Stelle, wo das Meer nicht zu sehen war.

»Nein«, antwortete er.

»Na gut, nehmen wir mal an, du besuchst diese Stelle zum allerersten Mal. Könntest du glauben, daß hinter dem Horizont der Pazifische Ozean ist, obwohl du ihn nicht siehst?«

»Ja, natürlich.«

»Weißt du, warum du das glauben könntest?« fragte ich, gab ihm aber keine Zeit für eine Antwort. »Du wüßtest, daß der Ozean da ist, weil du ihn hörst, und weil du Menschen siehst, die aus dieser Richtung kommen, die nasse Badesachen anhaben und Surfbretter tragen. Und wenn du sie fragen würdest, wieso sie naß sind, würden sie dir vom Ozean erzählen.

Mit Jesus ist es ähnlich. Du kannst in der Bibel von ihm hören, du kannst Menschen sehen, deren Leben dadurch verändert wurden, daß sie ihn kennenlernten – das ist es ja, was mich verändert hat – und du kannst verläßliche Zeugen finden, die bestätigen, daß er echt ist. In einer Gerichtsverhandlung würde die Bibel als zuverlässiges Dokument anerkannt werden, und ich kann dir aus der Erfahrung sagen, daß Jesus heute lebt. Wir stehen hier, und du willst mir sagen, daß Jesus nicht Gott ist. Aber ich war gerade im ›Ozean‹, ich war bei ihm!«

Zu der Zeit wurde mein Freund von diesem Argument nicht überzeugt, er gab aber zu, daß er viel darüber nachdenken mußte. Später wurde er Christ und berichtete, daß er dieses Bild nie hatte vergessen können.

Seit den sechziger Jahren ist dieses Buch *The Passover Plot,* wie so viele Bücher, nur noch verstaubt auf den Regalen von antiquarischen Buchläden zu finden. Aber die Verwirrung über die Person und das Werk Christi hält an, auch unter Christen.

Die zentrale Frage

Auch zu Jesu Lebzeiten gab es Diskussionen über die Frage, wer er ist. Einmal fragte er die Jünger: »Wer sagen die Leute, daß ich sei?« (Mk. 8,27-30).

Die Leute hatten viele verschiedene Meinungen. Eigentlich waren die Aussagen schmeichelhaft. »Johannes der Täufer«, meinten einige. Andere sagten »Elia«. »Einer von den Propheten«, sagten noch andere. Jesu Zeitgenossen verglichen ihn mit den größten Helden des Volkes, stellten ihn in ihre »Heldengalerie«. Die meisten meinten, wie auch viele unserer Zeitgenossen, daß Jesus ein großartiger Mann war, vielleicht einer der wichtigsten Männer in der Geschichte der Welt. Ihre Antworten, wie so viele heutige Antworten, waren jedoch falsch.

Vor einiger Zeit demonstrierten viele Christen vor Kinos in vielen Ländern gegen den Film *Die letzte Versuchung Christi.* Der Film, eine Version des bekannten Romans von Nikos Kazantzakis aus dem Jahre 1955, ist der Versuch einer Antwort auf Jesu Frage: »Wer sagt ihr, daß ich sei?« Jesus wird hier als schwacher Kollaborateur der römischen Besatzungsmacht gezeigt, der unsicher ist über seine Botschaft und seine Berufung.

In einem Artikel in der Zeitschrift *Time* schrieb Richard N. Ostling, daß die Jesus-Frage »nicht nur im Mittelpunkt der jüngsten Hollywood-Kontroverse ist, sondern auch im Mittelpunkt von ebenso bitteren, wenn auch weniger bekannten Kontroversen zwischen Gelehrten über das Leben Jesu . . .«[2]

Ostling schildert einige zeitgenössische Ansichten über Jesus, die in irgendeiner Weise Eingang ins populäre Denken gefunden haben. Zum Beispiel gibt es das Bild des umherreisenden Weisen, ein wandernder Moralist, etwa wie Gandhi. Oder das Bild vom genialen Rabbi Jesus, »einem rabbinischen Genie, dessen Lehren sich sehr an den liberalen jüdischen Gelehrten seiner Zeit orientierten«. Alle paar Jahre treten Theologen auf, die große Teile der Evangelien ablehnen, und einen neuen »Jesus« postulieren. Es gibt eine Gruppe von Professoren, das sogenannte »Jesus-Seminar«, die sich zweimal jährlich treffen, um über die Echtheit der Worte Jesu im Neuen Testament abzustimmen. Sie haben zum Beispiel entschieden, daß Jesus tatsächlich sagte: »Selig sind die Armen«, nicht aber: »Selig sind die Sanftmütigen«.

Jesus war bedrückt darüber, daß die Menge so wenig Einsicht in seine wahre Identität hatte. In seiner Enttäuschung war es nur verständlich, daß er sich an seine Jünger wandte: »Wer sagt denn ihr, daß ich sei?« (Mt. 16,15).

Simon Petrus erwiderte: »Du bist Christus, des lebendigen Gottes Sohn!« (Mt. 16,16). »Christus« war eine offizielle Bezeichnung für den »Gesalbten«. Der Gesalbte sollte die Herrschaft Gottes auf die Erde bringen; er sollte den Heiligen Geist haben (1.Sam. 24,11; 2.Sam. 7; Jes. 61,1; Sach. 4,1-6). »Des lebendigen Gottes Sohn« war ein Titel des Messias, eines himmlischen Königs, der kommen sollte, um sein Reich auf Erden aufzubauen (2. Sam. 7,14; Ps. 89,28). Mit anderen Worten drückte Petrus mit seinem Bekenntnis folgendes aus: »Jesus ist Gott.«

»Selig bist du«, sagte ihm Jesus, ». . . denn Fleisch und Blut haben dir das nicht offenbart, sondern mein Vater im Himmel« (Mt. 16,17). Dieser Kommentar Jesu zeigt uns zwei Dinge. Erstens sind wir gesegnet, wenn wir wissen, wer Jesus wirklich ist. Zweitens können wir nur durch Offenbarung erfahren, wer Jesus ist. Jetzt wollen wir untersuchen, was Gott uns über Jesus offenbart hat.

Kapitel 17

Wahrer Gott

Was sagt Gottes Wort darüber aus, wer Jesus ist?

Zunächst einmal macht es die wichtige Feststellung, daß er wahrer Gott ist. Dies wird an vielen Stellen deutlich. Johannes schreibt zu Beginn seines Evangeliums (Joh. 1,1): »Am Anfang war das Wort (später, in Vers 14, erklärt er, daß dieses ›Wort‹ Jesus ist), und das Wort war bei Gott, und Gott war das Wort.« Paulus bezeichnet Christus als »Gott über alles« (Röm. 9,5), und sagt uns, wir sollen »warten auf die selige Hoffnung und Erscheinung der Herrlichkeit des großen Gottes und unseres Heilandes, Jesus Christus« (Tit. 2,13). Von Christus sagt er: »In ihm wohnt die ganze Fülle der Gottheit leibhaftig« (Kol. 2,9).[1]

Bei vielen Gelegenheiten sagte Jesus von sich selber, er sei Gott. In Johannes 5,17 sagte er den Juden, die ihn wegen der Heilung eines Gelähmten am Sabbat verfolgten: »Mein Vater wirkt bis auf diesen Tag, und ich wirke auch.« Das war für die Juden eine klare Aussage: »Darum trachteten die Juden noch viel mehr danach, ihn zu töten, weil er . . . auch sagte, Gott sei sein Vater, und machte sich selbst Gott gleich« (Joh. 5,18). Manche Theologen sind der Ansicht, Jesus sei hier mißverstanden worden, und daß die Worte Jesus nicht meinten, er sei mit Gott gleich. Aber in diesem Fall hätte Jesus den falschen Eindruck korrigieren können. Offensichtlich war er mit ihrer Interpretation seiner Worte einverstanden.

Im Bericht über den manipulierten Prozeß vor dem Hohen Rat wird die Frage des Hohenpriesters an Jesus zitiert: »Bist du der Christus, der Sohn des Hochgelobten?« (Mk. 14,61). Jesus sagt nicht nur, er sei tatsächlich der Messias: Die Art seiner Antwort zeigt, daß er den Messias auch als Gott ansieht: »Ich bin's; und ihr werdet sehen den Menschensohn sitzen zur Rechten der Kraft und kommen mit den Wolken des Himmels« (Mk. 14,62). Die Worte »Ich bin es« sind im Hebräischen ein feierliches Echo aus 2. Mose 3,14, wo Gott Mose seinen Namen (»Jahwe«, d. h. »Ich bin« bzw. »Ich werde sein«) offenbarte: »So sollst du zu den Israeliten sagen: ›Ich werde sein, der hat mich zu euch gesandt‹«. Das war die Herkunft des Namens »Jahwe« bzw. »Ich bin«, mit dem Gott in Israel bekannt war und angebetet wurde, und nun gab Jesus an, selbst dieser »Ich bin« zu sein. Der Hohepriester verstand sehr wohl, daß Jesus hier behauptete, Gott zu sein; er zerriß seine Kleider und sagte: »Ihr habt die Gotteslästerung gehört« (Mk. 14,64).

Jesus gab nicht nur an, Gott zu sein, er handelte auch mit Gott. Die Wunder in der Bibel sind uns so vertraut, daß wir oft vergessen, daß sie Zeichen zur Bestätigung der Gottheit Jesu waren.[2] Jesus zeigte seine Macht über die Natur, über Krankheit, über den Tod und über Dämonen. Die Anzahl und das Ausmaß seiner Wunder ist erstaunlich. Er wandelte auf dem Wasser und beruhigte den See (Mt. 8,23-27; Mk. 6,45-52). Er machte Wasser zu Wein (Joh. 2,1-11) und speiste fünftausend Menschen mit nur fünf Broten und zwei Fischen (Mk. 6,30-44). Er vergab auch Sünden (Mk. 2,5) – und wer kann Sünden vergeben, als nur Gott (Mk. 2,7)?

Als Thomas ihm zu Füßen fiel und bekannte: »Mein Herr und mein Gott!« (Joh. 20,28), drückte Jesus seine Anerkennung aus, daß Thomas ihn erkannte und anbetete (Joh. 20,29). Das Wort »Herr« kommt vom alttestamentlichen hebräischen Begriff »Adonai«. Damit wird Herrschaft und Besitz ausgedrückt; das Wort ist eine Bezeichnung für Gott. Jesus wußte, daß es eine ernste Sache ist, angebetet zu werden (Mt. 4,10). Als er die Anbetung des Thomas annahm, war das gleichsam eine Behauptung, selbst Gott zu sein.

Gott kennen

Wissen, daß Jesus Gott ist, bedeutet nicht unbedingt, daß wir Gott kennen. Vor einigen Jahren hatte ich ein Erlebnis, das mir diese Tatsache deutlich machte. Eines Morgens bekam ich einen Anruf von einem neubekehrten Christen, der mir erzählte, daß mehrere Haftbefehle gegen ihn in Bakersfield, einer Stadt in Kalifornien, die etwa 160 Kilometer von Yorba Linda entfernt liegt, vorlägen. Er bat mich, ihn auf der Fahrt dorthin zu begleiten, da er sich der Polizei stellen wollte, um die Angelegenheit in Ordnung zu bringen. Ich willigte ein und fuhr mit.

Früh am nächsten Morgen, als es noch dunkel war, fuhren wir durch den »Weinstock«, einen gefährlichen Autobahnabschnitt in den Bergen. Am Anfang des »Weinstocks« kamen wir in einen heftigen Regenguß, und wir konnten kaum zwanzig Meter weit sehen. In einer Kurve fielen unsere Scheinwerfer auf ein Werbeplakat mit der Aufschrift »Jesus rettet«. Wir fuhren langsam daran vorbei, als eine dunkle Gestalt an der Straßenseite erschien. Es war ein Anhalter, und ich beschloß, an die Seite zu fahren, um ihn mitzunehmen.

Wir öffneten die Autotür, und vor uns stand ein eigenartiger, mißgebildeter Mann. Er sagte: »Ich möchte mitfahren.«

»Steigen Sie ein.«

Er legte sich auf den Rücksitz, und in wenigen Sekunden war er schon eingeschlafen. Er hatte seit mehreren Tagen keine Badewanne mehr gesehen, und sein Körpergeruch war sehr unangenehm. Ich dachte, daß es vielleicht ein Fehler war, ihn mitzunehmen.

Als wir nach Bakersfield kamen, ging gerade die Sonne auf. Wir fanden ein Restaurant, und der Mann begab sich in den Waschraum, um sich zu waschen. Als er wieder an unseren Tisch kam, boten wir ihm an, sein Frühstück zu bezahlen. Er nahm unser Angebot an, und dann fragten wir, ob wir für ihn beten könnten.

»Sind Sie denn Christen?« fragte er.

»Ja«, sagten wir, »Sie auch?«

»Ja«, antwortete er. »Ich bin heute morgen auf dem Rücksitz Ihres Autos Christ geworden.«

Wir baten ihn, uns mehr davon zu erzählen.

»Vor zwei Tagen wohnte ich noch in Los Angeles, und ich hörte einen Mann sagen: Jesus rettet. Ich sah, daß er tatsächlich an das glaubte, was er sagte. Ich beschloß, nach Nordkalifornien zurückzufahren, um mit meinem Bruder darüber zu reden. Ich dachte, er kann mir helfen, das zu verstehen. Dann kam ich auf diese Autobahn und es begann zu regnen. Ich sah das Plakat mit den Worten ›Jesus rettet‹ und dachte: ›Wenn Jesus echt ist und mich von meinen Sünden retten kann, dann kann er mich auch vor diesem Regen schützen. Gott, wenn du mich wirklich liebst, dann bewirke, daß jemand anhält und mich mitnimmt.‹ Dann hielten Sie an, und bevor ich einschlief, bat ich Jesus, in mein Herz zu kommen.«

Er war ein sehr einfacher Mann, der sowohl intellektuell als auch gefühlsmäßig begrenzt war. Aber in jener Nacht lernte er etwas über Gott, und er benutzte dieses Wissen, um Gott selbst kennenzulernen. Als wir weiter mit ihm redeten, konnte ich erkennen, daß sein neuer Glaube durchaus echt war. Sein Glaube an die Gottheit Jesu war mehr als nur eine intellektuelle Zustimmung; mit seinem Herzen vertraute er sich Jesus an, und er wurde ein neuer Mensch.

Die Bedeutung der Gottheit Jesu

Was bedeutet es für uns, daß Jesus Gott ist? Zunächst bedeutet es, daß wir Jesus echte Anbetung bringen können. Paulus schreibt: »Wir wissen, daß es keinen Götzen gibt in der Welt und keinen Gott, als den einen« (1. Kor. 8,4). Ein Götze ist *alles,* was die Stelle Gottes einnimmt. Wenn wir Christus anbeten würden, ohne ihn für Gott zu halten, wäre das Götzendienst. Ein »Jesus«, der kein Gott wäre, wäre ein Götze. Aber Jesus, wie er uns in der Bibel geschildert wird, ist der menschgewordene Gott.

Zweitens hat das Opfer Jesu am Kreuz einen unschätzbaren Wert, weil Jesus selbst göttliche Qualität hat. Wir wären nie in der Lage, den

Preis zu bezahlen, den wir Gott wegen unserer Sünde schulden. Der Psalmist formuliert es sehr direkt: »Kann doch keiner einen andern auslösen oder für ihn an Gott ein Sühnegeld geben – denn es kostet zuviel, ihr Leben auszulösen; er muß davon abstehen ewiglich – damit er immer weiterlebe und die Grube nicht sehe« (Ps. 49,8-10). Der Sohn Gottes konnte jedoch den Preis bezahlen, und er hat ihn auch bezahlt. Die Kosten waren sehr hoch, aber nun können wir frei sein; frei von der Sünde und Schuld, die die Menschen zerreißt.

Die Ausführungen von Don Richardson in seinem Buch *Peace Child* verdeutlichen viele Aspekte der Erlösung. 1962 zogen Don und seine Frau Carol als Missionare zum Volk der Sawi im ehemaligen niederländischen Neuguinea (nun Irian Jaya in Indonesien). Die Sawi lebten noch in der Steinzeit, waren bis auf Kontakte zu den benachbarten Stämmen vollkommen isoliert und waren Kannibalen, sogenannte »Kopfjäger«. Die einzelnen Stämme der Sawi waren in einer jahrhundertealten Tradition in Kriege verstrickt und waren bemüht, sich gegenseitig an Hinterlistigkeit, Mord und Rache zu überbieten.

Ein vorübergehender Friede ließ sich nur auf einem Weg erreichen: Ein Sohn aus einem Stamm, ein »Friedenssohn« wurde einem anderen Stamm als Friedensopfer gegeben. Die Häuptlinge der beiden Stämme tauschten ihre Söhne und Namen. Es ist offensichtlich, wie sehr die Eltern, die auf ihre Söhne verzichten mußten, darunter gelitten haben. Nach dem Tausch versammelten sich die Mitglieder der beiden Stämme und legten ihre Hände auf den jeweiligen Friedenssohn als Zeichen, daß sie den Frieden akzeptierten. Dann kamen die beiden Stämme zusammen und tauschten Geschenke und Namen aus als Zeichen des Friedens und der Einheit.

Meistens war der Friede jedoch von sehr kurzer Dauer, denn der Tod eines Friedenssohnes befreite den Stamm von der Verpflichtung zum Frieden. Und im Dschungel von Neuguinea, wo häufig Krankheiten wüteten, geschah das nicht selten. Dann hielten Rache, Hinterlistigkeit und Kannibalismus schnell wieder Einzug. Natürlich sah Don Richardson den Brauch des Friedenssohnes als ein bemerkenswertes Gleichnis für Jesus, den vollkommenen und ewigen Friedenssohn. Er sagte den Sawis:

> »Ich habe mir immer wieder gewünscht, daß ihr [die Sawis] ohne dieses schmerzhafte Opfer Frieden schließen könntet! Aber ihr habt immer gesagt: ›Es gibt keinen andern Weg!‹ Ihr habt recht gehabt!
>
> Als ich darüber nachdachte, erkannte ich, daß ihr und eure Ahnen nicht die einzigen wart, die einen Friedenssohn notwendig fanden. *Myao Kodon,* der Geist, dessen Botschaft ich bringe, hat das gleiche gesagt – der wahre Friede kann nie ohne Friedenssohn geschehen! Niemals!

Weil *Myao Kodon* möchte, daß die Menschen mit ihm und miteinander Frieden schließen, hat er beschlossen, einen Friedenssohn für alle Zeiten zu nehmen, der gut genug und stark genug ist, Frieden zu stiften – nicht nur für kurze Zeit, sondern für immer! Das Problem war, wen sollte er dazu erwählen? Unter allen Menschenkindern gab es keinen Sohn, der gut genug oder stark genug war, um ewigen Frieden zu garantieren.«

Richardson redete weiter und schilderte, wie Jesus, der Friedenssohn Gottes, starb und von den Toten auferstand, damit wir ewiges Leben und ewigen Frieden haben. Durch seine Worte kamen viele Sawis zum Glauben an Christus.[3]

Drittens, weil Jesus Gott ist, wissen wir, daß Gott unsere Schmerzen wirklich empfindet. In Christus hat Gott selbst erfahren, was es bedeutet, ohne Freunde zu sein, hungrig und nackt zu sein, geschlagen und ermordet zu werden. Wir haben einen Gott, der *alles* an uns versteht. Er empfindet unsere Schmerzen, weil er sie selbst erlebt hat. John Stott schreibt: »Der eigentliche Stachel des Leides ist nicht das Unglück selbst, nicht einmal die Schmerzen oder die Ungerechtigkeit, sondern der Eindruck, von Gott verlassen zu sein. Einen Schmerz kann man ertragen, die scheinbare Gleichgültigkeit Gottes aber nicht.«[4] Aber Gott kann unsere Schmerzen wirklich mitfühlen; das sollte uns ein Trost sein, wenn wir Leid erfahren.

Schließlich kann Christus die Früchte seines Leides denen geben, die auf ihn vertrauen. Da er Gott ist, kann er seine Gnade reichlich austeilen. Er kann uns Anteil am Reichtum seiner Gnade und seiner Vergebung geben (Eph. 1,7-8; 2,4-10), denn er ist Gott und sitzt zur rechten Hand des Vaters im Himmel: »über alle Reiche, Gewalt, Macht, Herrschaft und alles, was sonst einen Namen hat . . .« (Eph. 1,20-21). Als Gott besitzt er die Macht, den Teufel zu besiegen (Hebr. 2,14), Wunder zu tun, die die Herrlichkeit seines Vaters zeigen (Joh. 11,4.40), den Tod zu überwinden (Joh. 10,18; Apg. 2,24) und uns zu erretten. (Im sechsten Teil werde ich noch einiges mehr über den Sieg Jesu über die Sünde, den Tod und den Teufel sagen.)

Kapitel 18

Wahrer Mensch

Manche Menschen stellen sich Jesus so vor, als ob Gott in einem menschlichen Leib wäre, ohne die Gefühle, den Verstand, den Willen und die Seele eines Menschen. Die Bibel lehrt uns jedoch, daß Jesus *vollständig* Mensch war. Er wurde auf übernatürlichem Wege gezeugt (Lk. 1,35), aber auf natürlichem Wege geboren (Lk. 2,6-7) – auch wenn die Begleitumstände außergewöhnlich waren (Lk. 2,8-20). Er wuchs heran, wie es alle Menschen tun (Lk. 2,52) und erlebte normale menschliche Gefühle (Joh. 11,33.35; 13,23). Er fühlte zum Beispiel Liebe und Mitleid (Mt. 9,26) sowie den gerechten Zorn (Mt. 21,13; Mk. 3,5). Er weinte, als er vom Tod eines engen Freundes hörte (Joh. 11,35), und kurz vor seiner Verhaftung war seine »Seele betrübt« (Joh. 12,27). Er kannte auch die normalen körperlichen Bedürfnisse wie Durst (Joh. 19,28) und Hunger (Mt. 4,2). Er wurde müde und brauchte Ruhe und Schlaf (Joh. 4,6; Mt. 8,24). Mit Leib, Seele und Geist war er vollständig Mensch (Joh. 1,1-4).

Den Verfassern des Neuen Testamentes lag es nicht nur am Herzen, seine göttliche Natur zu schildern – es war ihnen auch wichtig zu zeigen, daß er in vollem Maße menschlich war. Petrus legte viel Wert auf seine Abstammung von Abraham (Apg. 3,25), und Lukas bezeichnet David als »Vater« von Jesus (Lk. 1,32). Paulus war es wichtig festzuhalten, daß Jesus von einer Frau geboren wurde (Gal. 4,4).

Als Mensch kannte Jesus jede Art der Versuchung, genau wie wir: »Denn worin er selber gelitten hat und versucht worden ist, kann er helfen denen, die versucht werden« (Hebr. 2,18; vgl. auch 4,15). Wenn wir betrübt sind und uns an Jesus wenden, versteht er den Kampf, den wir durchleben. Er war das Wort: »Und das Wort ward Fleisch und wohnte unter uns« (Joh. 1,14). Er war ganz Mensch, als er den Zorn Gottes über unsere Sünden ertrug und uns von der Tyrannei des Satans befreite. »Weil nun die Kinder von Fleisch und Blut sind«, schreibt der Verfasser des Hebräerbriefes, »hat auch er's gleichermaßen angenommen, damit er durch seinen Tod die Macht nähme dem, der Gewalt über den Tod hätte, nämlich dem Teufel, und die erlöste, die durch Furcht vor dem Tod im ganzen Leben Knechte sein mußten« (Hebr. 2,14-15). Später im gleichen Kapitel schreibt er: »Daher mußte er in allem seinen

Brüdern gleich werden, . . . zu sühnen die Sünden des Volkes« (Vers 17; vgl. auch 9,22).

Es gibt aber einen bedeutenden Unterschied zwischen dem Menschsein Jesu und unserer Menschlichkeit: Obwohl er Versuchungen jeder Art erlebte, blieb er doch ohne Sünde (Hebr. 4,15; 1. Joh. 3,5). Er gab Satan nie nach. Einmal fragte er die Juden: »Wer von euch kann mich einer Sünde zeihen?« (Joh. 8,46). Natürlich konnte niemand von einer Sünde berichten. Satan hatte »keine Macht« über Jesus (Joh. 14,30). Weil er nie sündigte, ist Jesus der ideale Mensch, das Vorbild für unser Leben (2. Kor. 3,18). Paulus ermutigte die Korinther, seinem Beispiel zu folgen, »wie ich dem Beispiel Christi« (1. Kor. 11,1).

Eine Person

Da Jesus gleichzeitig Gott und Mensch ist, kann er als Vermittler zwischen seinem Vater und uns auftreten (1. Tim. 2,5; Hebr. 2,11-18). So können wir den vollen Segen seiner Vergebung und seiner Gnade sowie eine persönliche Beziehung zum Vater empfangen. Ein gutes Bild für die Vermittlerrolle, die Jesus zwischen Gott und den Menschen spielt, ist die Brücke. Weil Jesus Gott ist, ist die Brücke auf der göttlichen Seite fest verankert. Weil er vollständig Mensch ist, steht die Brücke auch auf unserer Seite fest. Diese Brücke kann nicht kaputtgehen, und sie ist jederzeit offen, damit Männer und Frauen hinübergehen und eine volle Beziehung zu ihrem himmlischen Vater bekommen.

Daß Jesus gleichzeitig Gott und Mensch ist, bedeutet nicht, daß er zwei Personen wäre. Die Theologen formulieren es so, daß er zwei Naturen in vollkommener Einheit hat. In der Erklärung der Synode von Chalcedon im Jahre 451 wurde festgestellt, Jesus sei »zugleich vollkommen in seiner Gottheit und vollkommen in seiner Menschlichkeit, wahrer Mensch und wahrer Gott, . . . vereint zu einer Person und einer Natur, nicht getrennt oder geschieden in zwei Personen, sondern der eine und der gleiche Sohn, der Eingeborene, Gott das Wort, der Herr Jesus Christus«. Das mag etwas umständlich formuliert sein, ist aber eine der besten zusammenfassenden Aussagen darüber, wer Jesus ist – zweierlei Natur, eine Person. Ein Theologe drückte diese Einheit so aus: Zweimal »Was«, einmal »Wer« – vollständig Gott, vollständig Mensch, eine Person.[1]

So eine einzigartige Person mußte durch eine außergewöhnliche Geburt auf die Welt kommen. Vom Augenblick seiner Zeugung an war Jesus Gott. Er existierte bereits von Ewigkeit her als Wort Gottes und als Sohn Gottes. Er wurde von Gott gezeugt durch das Werk des Heiligen Geistes im Leib seiner Mutter, Maria (Lk. 1,35). Durch den Heiligen Geist, der immer eine Rolle spielt, wo das Leben beginnt, wurde er Mensch und blieb gleichzeitig Gott.

Deshalb wurde Jesus von Maria geboren. Obwohl seine Zeugung ein Wunder war, war er von Anfang an Mensch, und Maria war seine Mutter (Lk. 1,43). Die Geburt war normal; Maria erlebte die normalen Schmerzen der Entbindung, und Jesus weinte mit Sicherheit wie jedes neugeborene Baby. Maria war zur Zeit der Empfängnis noch eine Jungfrau, weil Gott der Vater von Jesus ist.

Es erforderte viel Demut, daß Gott Mensch wurde. Davon handelt das nächste Kapitel.

Kapitel 19

Demut anziehen

Es gibt eine Stelle in der Bibel, die Licht auf die Frage wirft, *wie* die zwei Wesensarten Christi in einer Person zusammenhängen. Paulus schreibt: »Er [Jesus], der in göttlicher Gestalt war, hielt es nicht für einen Raub, Gott gleich zu sein, sondern entäußerte sich selbst und nahm Knechtsgestalt an, ward den Menschen gleich und der Erscheinung nach als Mensch erkannt« (Phil. 2,6-7). Paulus will damit etwa folgendes sagen: »Schaut her, ihr Philipper, Jesus hat nicht auf sein Recht gepocht, sondern statt dessen auf andere geachtet« (vgl. auch 2. Kor. 8,9). Das ist um so erstaunlicher, sagt Paulus, weil Jesus »von Natur« Gott war. Und doch legte er seine Göttlichkeit beiseite und unterwarf sich freiwillig den Bedingungen der Menschlichkeit, damit er sein völlig uneigennütziges Ziel erreiche: Die Menschheit zu erretten.

Jesus »nahm Knechtsgestalt an« (Vers 7). Mit »Gestalt« ist hier nicht nur das äußere Erscheinungsbild eines Dieners oder Sklaven gemeint; er nahm vollkommen menschlichen Charakter an und wurde so zum tatsächlichen Diener. B. B. Warfield schreibt: »Der Herr über der Welt wurde zum Diener in der Welt; er, der das Recht hatte zu herrschen, machte den Gehorsam zu seinem Lebensprinzip.«[1]

In Philipper 2,7 lesen wir, er »entäußerte sich,« d. h. er entleerte sich. Das griechische Wort dafür heißt: *kenosis*. Die genaue Tragweite dieser *kenosis* ist nicht ganz klar. Manche Theologen interpretieren sie so, daß Jesus seinen göttlichen Charakter vollkommen ablegte, solange er auf Erden lebte, daß er also nur das Wissen und die Fähigkeiten eines normalen Menschen hatte. Bei dieser Interpretation besteht jedoch die Gefahr, die Gottheit Jesu zu relativieren.

Andere verstehen die *kenosis* so, daß Jesus seine göttliche Natur behielt, daß er aber seine göttlichen Rechte ablegte, nämlich seine hohe Stellung und seine Herrlichkeit. Diese Interpretation scheint mir etwas näher an der Wahrheit zu sein. Jesus gab seine göttliche Natur nicht auf, wohl aber seine Herrlichkeit (Joh. 17,5), und er erniedrigte sich und wurde Mensch (2. Kor. 8,9). Der Hintergrund der *kenosis* besteht nicht darin, daß Jesus Menschengestalt angezogen und die Gottheit ausgezogen hätte, als ob man sie wie einen Mantel an- und ausziehen könnte. Vielmehr nahm er menschliche Natur an und blieb doch vollständig Gott.

Diese *kenosis* – oder Entleerung – Christi ist mehr als der Anlaß zu einer theologischen Spekulation: Sie ist ein *»power point«* des Glaubens. Es geht nämlich in dieser Bibelstelle darum, daß *wir aufgerufen werden,* der Demut Christi zu folgen, wie sie kurz vorher geschildert wird: »Tut nichts aus Eigennutz oder um eitler Ehre willen, sondern in Demut achte einer den andern höher als sich selbst, und ein jeder sehe nicht auf das seine, sondern auch auf das, was dem andern dient« (Phil. 2,3-4). Jesus lehrte, daß Demut ein Kennzeichen eines lebendigen Glaubens ist (Mk. 10,41-45; Joh. 13,12-17), und er gab uns ein Beispiel dafür, indem er sich seiner Gottheit entleerte und Mensch wurde. Wenn Christus, der von Natur her Gott ist, freiwillig auf seine Interessen verzichtet, wie können wir anders reagieren, als uns von unserer sündigen Natur abzuwenden, die von »Eigennutz« und »eitler Ehre« geprägt ist?

Jesus entleerte sich und wurde zu einem Diener, »daß er gebe sein Leben zu einer Erlösung für viele« (Mt. 20,28). Wir sind dazu berufen, das gleiche zu tun (Joh. 20,21). Die Knechtsgestalt Jesu zeigt uns den wahren Charakter der Berufung eines jeden Christen: daß wir unser Leben hingeben für die Erlösung der Welt.

Dabei zielen die gängigen Werte unserer Umwelt in eine ganz andere Richtung. Wir werden dazu aufgefordert, unseren Gefühlen treu zu bleiben, die Entwicklung unserer Persönlichkeit als höchstes Lebensziel anzustreben, und jede Beschränkung und Autorität abzuwerfen, die unserer persönlichen Erfüllung im Wege steht. Unser Herr dagegen sagt: »Wer sein Leben findet, der wird's verlieren; und wer sein Leben verliert um meinetwillen, der wird's finden« (Mt. 10,39). Die Apostel nahmen die *kenosis* Jesu zu Herzen: Mit einer einzigen Ausnahme – Johannes – starb jeder den Märtyrertod um des Evangeliums willen.

Die *kenosis* Christi ist eine der kostbarsten Wahrheiten der Bibel. Wir können diese Wahrheit aber nur erfahren, wenn wir einen kindlichen Glauben an Gott haben. F. Kefa Sempangi, ein ugandischer Pastor, der unter der Verfolgung Idi Amins in den frühen siebziger Jahren nur knapp dem Tode entronnen war, beschreibt diese Wahrheit sehr eindringlich in seinem wunderbaren Buch *A Distant Grief (Eine ferne Trauer).* Er schildert eine schmerzhafte Veränderung, die er erlebte, kurz nachdem er in die Vereinigten Staaten gefahren war, um an einer evangelikalen Hochschule zu studieren:

> »In Uganda lasen Penina [seine Frau] und ich die Bibel, um Hoffnung und Leben zu finden. Wir wollten die Verheißungen Gottes erfahren, seine Befehle hören, ihm gehorchen. Wir hatten keine Zeit für Argumente, keine Zeit für religiöse Streitfragen und Zweifel.
> Nun, mit der Sicherheit eines neuen Lebens, in dem die Wirklichkeit des Todes bald nur noch eine blasse Erinnerung war,

stellte ich fest, daß ich die Bibel nun las, um den Text zu analysieren und über die Bedeutung zu spekulieren. Ich fand Gefallen an abstrakten theologischen Diskussionen mit den anderen Studenten, und obwohl diese Diskussionen geistig erfrischend waren, dauerte es nicht lange, bevor unsere Gemeinschaft nur noch um Ideen kreiste, nicht mehr darum, wie Gott in unserem Leben handelte. Unsere Einheit war nicht auf dem Blut Christi gegründet, sondern auf unserer Übereinstimmung in Lehrfragen. Wir trafen uns nicht, um unsere Sünden zu bekennen und Vergebung zu empfangen, sondern um zu diskutieren.«

Diese veränderte Einstellung zu Gott zeigte ihre größte Wirkung in Kefas Gebetsleben: »Gott selbst war zu einer entfernten Gestalt geworden. Er war nun ein Diskussionsthema, ein abstrakter Begriff. Ich betete nicht mehr zu ihm als einem lebendigen Vater, sondern als unpersönlichem Wesen, dem meine Gleichgültigkeit und mein Unglaube nicht sonderlich wichtig waren.«[2]

Als er erkannte, wie weit er sich durch seine theologischen Spekulationen von Gott entfernt hatte, tat Kefa Buße über seine Einstellung. Sofort wurde sein Gebetsleben erneuert. Danach begann er, sich bewußt Minute für Minute unter die Herrschaft des lebendigen Gottes zu stellen, und demütig anzunehmen, was Gott in seinem Wort sagte. Er hatte eine wertvolle Lektion gelernt: Die Rückkehr zu unserer ersten Liebe besteht gewöhnlich darin, daß wir unser Denken über Gott vereinfachen, daß wir seine Geheimnisse akzeptieren und den Segen dieser Geheimnisse erleben.

Wir haben über die Gottheit und die Menschlichkeit Jesu gesprochen. Diese Begriffe sind schwer zu begreifen. Ich möchte Sie ermutigen, den Erkenntnisstand einfach zu akzeptieren, den Jesus Ihnen in bezug auf seine Eigenschaften und seine Person gegeben hat. Ansonsten sollten Sie jedoch Ihre Beziehung zu ihm eher auf seine Verheißungen und seine Gebote gründen. Sie sollten ruhig Ihre Fragen stellen – aber lassen Sie nicht zu, daß sie Ihre Beziehung zu Gott trüben.

Die Ziele des Vaters

Ich begann den fünften Teil dieses Buches mit zwei Fragen: »Wer ist Gott?« und »Was möchte er, daß ich tue?« Um die zweite Frage zu beantworten, müssen wir verstehen, wozu der Vater Jesus auf die Erde sandte. Achten Sie auf folgende Bibelstellen:

> »Denn Gott hat uns wissen lassen das Geheimnis seines Willens nach seinem Ratschluß, den er zuvor in Christus gefaßt

hatte, um ihn auszuführen, wenn die Zeit erfüllt wäre, daß alles zusammengefaßt würde in Christus, was im Himmel und auf Erden ist« (Eph. 1,9-10).

»Danach das Ende, wenn er [Jesus] das Reich Gott, dem Vater, übergeben wird, nachdem er alle Herrschaft und alle Macht und Gewalt vernichtet hat. Denn er muß herrschen, bis Gott ihm ›alle Feinde unter seine Füße legt‹. Der letzte Feind, der vernichtet wird, ist der Tod. Denn ›alles hat er unter seine Füße getan‹. Wenn es aber heißt, alles sei ihm unterworfen, so ist offenbar, daß der ausgenommen ist, der ihm alles unterworfen hat« (1. Kor. 15,24-27).

»Darum hat ihn auch Gott erhöht und hat ihm den Namen gegeben, der über alle Namen ist, daß in dem Namen Jesu sich beugen sollen aller derer Knie, die im Himmel und auf Erden und unter der Erde sind, und alle Zungen bekennen sollen, daß Jesus Christus der Herr ist, zur Ehre Gottes, des Vaters« (Phil. 2,9-11).

Der Vater hat einen Plan für Jesus: Daß alle geschaffenen Wesen »bekennen sollen, daß Jesus Christus der Herr ist«. Der Vater möchte den Sohn dadurch verherrlichen, daß er ihn als den großen Beherrscher des Universums, als Herr über alles einsetzt. Wie er diesen Plan erfüllen möchte, ist Gegenstand des sechsten Teiles.

Teil VI

Das Kreuz auf sich nehmen

Kapitel 20

Die aufopfernde Liebe des Vaters

Aus der Zeit der Terrorherrschaft Idi Amins in Uganda berichtet Kefa Sempangi einige dramatische Begebenheiten. Eine besonders herzzerreißende Geschichte handelt von Joseph »Jolly Joe« Kiwanuka. Bevor Amin im Januar 1971 an die Macht kam, war Kiwanuka einer der wohlhabendsten und einflußreichsten Bürger des Landes. Er war Atheist und Humanist und trat öffentlich für seine Ansichten ein.

Durch die Brutalität Amins gegen seine eigenen Landsleute wurde Kiwanukas Glaube an die Menschlichkeit erschüttert. Niedergeschlagen und verzweifelt besuchte er Kefas »Redeemed Church« und nach einiger Zeit bekehrte er sich. Kurz nach seiner Bekehrung erzählte er der Gemeinde: »Von Anfang an suchte ich ein Reich . . . ein Reich der Freiheit.«[1] Kiwanuka wurde total verändert.

Bis zum Herbst 1973 setzte er sich mutig für Christus ein und gebrauchte seine noch bestehenden politischen Kontakte, um viele Menschenleben zu retten. In einer Nation, die vom Tode gezeichnet war, wußte er, wo man Leben finden konnte: »Wegen der Auferstehung sind wir frei. Wir sind keine Sklaven dieses Lebens, auch nicht Sklaven unserer Angst vor dem Tod. Wir sind Sklaven Jesu Christi, der aus dem Grab auferstanden ist.«[2]

Im Dezember 1973 war Kiwanuka gezwungen, aus Uganda ins benachbarte Kenia zu fliehen. Aber binnen weniger Tage wurde er von Agenten Amins entführt. Sie brachten ihn mit Gewalt ins Makindye-Gefängnis in Uganda. Nachdem er einige Tage lang gefoltert wurde, brachte man ihn zu Amin, der anfing, mit einem kleinen Hammer auf ihn einzuschlagen. Noch während er zu Boden fiel, betete Kiwanuka für Amin, worauf der Diktator einen Wutanfall bekam, einen Vorschlaghammer holte und Kiwanuka mit einem heftigen Schlag tötete. Dann trennte er ihm den Kopf ab und hielt Blutritualien mit seinem Leichnam.

Kefa Sempangi war selbst schon einmal nur knapp dem Terror Amins entkommen, und nun floh er nach Amsterdam. Der Tod Kiwanukas traf ihn ins Herz und er fiel in tiefe Depressionen. Dann schenkte ihm Gott eine Vision (bzw. einen Traum), in dem er sah, wie Jesus am Grab des Lazarus mit Maria weinte. Der Leichnam des Lazarus, der schon vier Tage tot war, roch stark nach Verwesung. Jesus sah dem Tod ins Auge – er wußte, daß auch er eines Tages begraben werden würde. Er würde aber auferstehen und den Tod besiegen. In diesem Augenblick wußte Kefa, daß Kiwanuka mit Jesus auferstanden war, daß der Tod ihm, »Jolly Joe«, nichts anhaben konnte.

Kefa erkannte, daß er in seiner Trauer in eine Falle geraten war: Er hatte sich selbst für barmherziger gehalten als Gott. Er hatte das Kreuz vergessen: »[Gottes] eigener Sohn hatte die Niederlage des körperlichen Schmerzes und des Todes erlebt. Er litt immer noch durch das Leiden seiner Kinder . . . Was Kiwanuka und Tausende weiterer Märtyrer unter Tränen gesät hatten, würden sie – und mit ihnen die Gemeinde – mit Freude ernten.«[3]

Das Blut des Joseph Kiwanuka beweist die Kraft von Gottes Gerechtigkeit und Barmherzigkeit. Kiwanuka war bereit, sein Leben zu opfern und großen Mut zu zeigen – sogar Amin zu vergeben und für ihn zu beten – weil er wußte, daß er mit Gott versöhnt war.

Doch obwohl Kiwanuka einen wahrhaft heroischen Tod starb, könnte sein Tod nie der Weg sein, wie Amin (oder irgend jemand sonst) Vergebung und Versöhnung mit Gott erlangen könnte. Diese Versöhnung zu ermöglichen – das war Gottes Ziel, als er Jesus sandte, um am Kreuz zu sterben.

Jesu Tod am Kreuz ist der Grundstein für alles, was er erreicht hat. Im »Kreuz« ist alles enthalten: Sein Tod, sein Begräbnis, seine Auferstehung und seine Himmelfahrt. Es ist das Herzstück seines Werkes auf Erden.

In den Gedanken der ersten Christen war das Kreuz ein Symbol für alles, was kostbar und heilig ist. Das ist an sich schon bemerkenswert, denn vorher galt das Kreuz als ekelerregend und anstößig. Für die Römer war die Kreuzigung so entwürdigend, daß sie als Strafe für römische Bürger nicht zumutbar war. Nach der Tradition wurde Petrus, der kein römischer Bürger war, gekreuzigt; Paulus jedoch, als römischer Bürger, wurde enthauptet.

Liebe

Wie kann ein liebevoller Vater die Erniedrigung des eigenen Sohnes planen? Zuallererst war Gott von seiner Liebe für uns – für Sie und für mich – motiviert, denn er *ist* Liebe (1. Joh. 4,8.16). »Also hat Gott die Welt geliebt«, schreibt der Apostel, »daß er seinen eingeborenen Sohn gab . . . « (Joh. 3,16; vgl. auch Röm. 5,8).

Warum hat er zugelassen, daß Jesus die Schmach des Kreuzes ertragen mußte? Eine der wunderbarsten Geschichten im Alten Testament erzählt, wie Abraham von Gott auf die Probe gestellt wurde. Gott sagte ihm: »Nimm Isaak, deinen einzigen Sohn, den du liebhast, und geh hin in das Land Morija und opfere ihn dort zum Brandopfer . . . « (1. Mose 22,2). Stellen Sie sich vor, welche Wirkung diese Worte auf Abraham hatten. Er war ein alter Mann, und Isaak war das Kind der Verheißung, sein Augapfel. Er liebte ihn mehr als alles auf der Welt. Aber Gott sagte: »Töte den Knaben. Sofort. Gehorche mir.«

Wir vergessen oft, daß Isaak alt genug war, um die Situation zu begreifen. Er half seinem Vater, das Holz für das Opfer auf den Berg zu tragen. Er fragte sogar, wo das Opfertier wäre. Abraham antwortete: »Gott wird sich ersehen ein Schaf zum Brandopfer« (1. Mose 22,8). Dann wurde Isaak festgebunden und auf das Holz gelegt; der Schatten des Messers fiel schon auf ihn. Erst im allerletzten Augenblick schritt Gott ein: »Lege deine Hand nicht an den Knaben«, sagte ein Engel zu Abraham (1. Mose 22,12).

Abraham und Isaak sind in gewisser Weise ein Hinweis auf den Vater und den Sohn, auf das, was Gott Jahrhunderte später am Kreuz erfüllte. Aber Gott erwartete nicht das gleiche Opfer von Abraham, das er selbst gab. Isaak wurde gerettet; Jesus wurde gekreuzigt. Wie groß ist die Liebe des Vaters für uns!

Notwendigkeit

Es war aber nicht nur die Liebe des Vaters, die Jesus ans Kreuz sandte; es war ebenso seine Gerechtigkeit. Um Gottes Gerechtigkeit zu verstehen, müssen wir auch seinen Zorn begreifen. Es mag schwierig sein, den Gott der Liebe auch als Gott des Zorns anzusehen, aber auch das lehrt die Schrift. In Römer 1,18 steht: »Gottes Zorn wird vom Himmel her offenbart über alles gottlose Wesen und alle Ungerechtigkeit der Menschen, die die Wahrheit durch Ungerechtigkeit niederhalten« (vgl. auch Eph. 2,3).

Der Zorn Gottes ist kein gereizter, gehässiger, irrationaler Wutausbruch – etwa wie bei Idi Amin, als er Joseph Kiwanuka tötete. Es ist eine heilige, gerechte Abscheu vor allem, was seinem Wesen und Willen entgegensteht. John Stott definiert Gottes Zorn als seine »persönliche, gerechte, permanente Feindschaft gegen das Böse, seine Entschlossenheit, keine Kompromisse mit dem Bösen einzugehen und sein fester Wille, das Böse zu verurteilen«. Gleichzeitig weist Stott darauf hin, daß Gottes Zorn »nicht unverträglich ist mit seiner Liebe«[4].

Wir wissen, daß wir gegen Gottes Gesetz verstoßen, wenn wir sündigen. Die Sünde ist aber nicht nur ein Verstoß gegen Gottes Gesetz; sie verstößt genauso gegen seine Liebe. Die Sünde bricht Gott das Herz (1. Mose 6,6). Dazu kommt, daß *wir* nichts unternehmen können, um die Trennung zwischen Gott und uns aufzuheben. Auch wenn wir nach der ersten Sündenerkenntnis vollkommen sündenfrei leben könnten – die

Schuld der früheren Sünden könnten wir doch nicht auslöschen. Wir sündigen gegen Gottes Herz, und nur seine Vergebung kann unsere Beziehung zu ihm wiederherstellen.

Das Kreuz hat es Gott ermöglicht, gleichzeitig die Sünde ernst zu nehmen und uns seine Liebe zu zeigen. Gottes Gerechtigkeit verlangt unseren Tod als Strafe für unsere Sünden, aber in seiner Liebe möchte er uns gerecht machen. Das Kreuz ist seine Lösung; er sandte Jesus ans Kreuz: »um nun in dieser Zeit seine Gerechtigkeit zu erweisen, daß er selbst gerecht ist und gerecht macht den, der da ist aus dem Glauben an Jesus« (Röm. 3,26). Gnade und Gerechtigkeit begegnen sich am Kreuz. Gottes Liebe kann ohne das Kreuz nicht wirken, denn nirgendwo sonst können wir Vergebung finden.

Die ganze Tragweite des Kreuzes hängt mit dem Charakter Gottes zusammen. Deshalb sollten wir nicht überrascht sein, wenn wir Schwierigkeiten haben, die Wahrheit des Kreuzes umfassend zu begreifen. Die Verfasser des Neuen Testamentes umschreiben die Bedeutung des Kreuzes mit Begriffen wie Sühne, Erlösung, Versöhnung, Rechtfertigung und Wiedergeburt. Um die heutige Relevanz dieser Begriffe zu begreifen, müssen wir den geschichtlichen Hintergrund kennen. Jeder Begriff verdeutlicht einen anderen Aspekt des Kreuzes. Zusammen geben sie ein herrliches Gesamtbild unseres Heils. In den folgenden zwei Kapiteln werden wir diese Begriffe etwas näher beleuchten.

Kapitel 21

Unter dem Blut

Sühne

Im Hebräerbrief lesen wir, daß Jesus kam, »zu sühnen die Sünden des Volkes« (Hebr. 2,17; vgl. auch 1. Joh. 2,2). Durch diese Sühne können wir in eine rechte Beziehung zu Gott gebracht werden. Die »Sühne« ist der Prozeß, wie diese Beziehung hergestellt wird. Sie wendet den Zorn Gottes von uns ab und ermöglicht es ihm, uns wohlgesonnen zu sein. Ich stelle mir die Sühne als die Lösung für zwei Dilemmas vor:

Erstes Dilemma: Weil wir Menschen Sünder sind, können wir keine Gemeinschaft mit einem heiligen Gott erfahren.

Zweites Dilemma: Weil Gott heilig ist, kann er mit sündigen Männern und Frauen nichts zu tun haben.

Die Lösung heißt Vergebung. Gott rechnet uns unsere Sünden nicht an; somit wird es möglich, daß er eine Beziehung zu uns aufbauen kann, ohne daß er gegen seinen heiligen Charakter verstoßen muß. Der Schlüssel besteht darin, daß Christus in einzigartiger Weise an unsere Stelle tritt (Joh. 11,50; 1. Tim. 2,6), daß er für uns den Zorn Gottes trägt. Jesus tritt auch am Kreuz an unsere Stelle (2. Kor. 5,14). Wenn wir uns also mit ihm identifizieren, tritt die Wirkung seines Todes auch für uns in Kraft.

Für die Judenchristen des ersten Jahrhunderts erinnerte der Begriff »Sühne« an die Opfervorschriften des Alten Testaments. Wenn gesagt wurde, daß Christus unsere Sünden sühnt, dachten sie an ihn als Blutopfer, das die Sünde beseitigt. Als Johannes der Täufer Jesus mit den Worten beschrieb: »Gottes Lamm, das der Welt Sünde trägt« (Joh. 1,29), oder wenn gesagt wird, daß Jesus »für« die Menschen starb, oder wenn Jesus in Hebräer 7,27 als Hohepriester gesehen wird, der sich selbst opfert, dann ist das eine Umschreibung der Sühne. Anstatt daß der Sünder für seine eigenen Sünden sterben müßte, war es so, daß ein Ersatzopfer (in der Regel ein Tier) geopfert wurde und an der Stelle des Sünders starb. Das ausgegossene Blut war ein Symbol für das Leben, das geopfert wurde – ein Symbol für alles Heilsame, das aus dem Opfer entsteht. Heutige Christen im Westen, die keinen persönlichen Bezug zum Blutopfer haben, können das schwer begreifen. Für die Menschen zur Zeit des Neuen Testaments war es aber sehr deutlich.

Ein anderer Aspekt der Sühne besteht darin, daß Gottes Zorn durch das Opfer Christi von uns Menschen abgewendet wird. Gottes Zorn wird gleichsam durch ein *Geschenk* beschwichtigt. So gesehen, stillt das Blut Jesu den Zorn Gottes. In Römer 3,25-26 heißt es: »Den [Jesus] hat Gott für den Glauben hingestellt als Sühne in seinem Blut zum Erweis seiner Gerechtigkeit, indem er die Sünden vergibt, die früher begangen wurden . . . «

Unter dem Strich bedeutet Sühne: Das Blut Christi bedeckt unsere Schuld und Sünde; das Blut Christi wendet Gottes Zorn von uns ab. Beide Aspekte sind wichtig, damit wir in eine richtige Beziehung zu Gott kommen können.

Erlösung

Ursprünglich hing der Begriff »Erlösung« mit dem Freikauf von Kriegsgefangenen durch Zahlung eines Lösegeldes zusammen. Zur Zeit des Neuen Testamentes wurde er für die Befreiung von Sklaven verwendet, was wiederrum mit einer Geldzahlung zu tun hatte. In 2. Mose 21,28-32 wird sogar beschrieben, wie Juden durch Zahlung eines Lösegeldes der Todesstrafe entrinnen konnten.

In Markus 10,45 sagt Jesus: »Denn auch der Menschensohn ist nicht gekommen, daß er sich dienen lasse, sondern daß er diene und sein Leben gebe als *Lösegeld* für viele«. Dieser Hinweis auf die Zahlung eines Lösegeldes ist gerechtfertigt, denn ohne Christus sind die Menschen gefangen – Sklaven der Welt, Sklaven des Fleisches und Sklaven des Teufels.

An vielen Stellen spricht die Schrift von dieser Erlösung. In Hebräer 2,14-15 wird der Tod Christi damit in Verbindung gebracht, daß der Teufel zerstört und seine Sklaven befreit werden. Jesus wird dreiundzwanzigmal als Heiland oder Erlöser bezeichnet, und unsere Befreiung wird sowohl auf die Zukunft bezogen – daß wir vor dem Gericht bewahrt werden (Röm 5,9) – als auch auf die Vergangenheit – daß wir aus dem geistlichen Tod errettet wurden (Eph. 2,5.8).

Diese Erlösung zeigt uns zwei wichtige Wahrheiten in bezug auf das Kreuz. Zuerst zeigt sie uns, daß unser Heil mit einem hohen Preis bezahlt wurde; ein ewiges Opfer war erforderlich. Dann sehen wir, daß wir befreit wurden, damit wir Kinder Gottes werden und ihm dienen. Wir waren einmal Sklaven der Sünde. Jetzt können wir uns dafür entscheiden, der Gerechtigkeit zu dienen.

Versöhnung

Das Kreuz ist ein Werk der Versöhnung. Paulus schreibt in 1. Korinther 5,17-18: »Ist jemand in Christus, so ist er eine neue Kreatur; das Alte ist vergangen, siehe, Neues ist geworden. Aber das alles von Gott, *der uns mit sich selber versöhnt hat durch Christus* . . .« Das griechische Wort, das hier mit »versöhnt« wiedergegeben wird, bezeichnet den Übergang von einer Feindschaft zur Freundschaft. Durch das Kreuz können wir nun Freunde Gottes sein; er versöhnt uns mit sich selber.

Die Versöhnung ist etwas, was für uns getan wird; wir haben keinen Verdienst daran. Paulus schreibt in Römer 5,10, daß wir Gottes Feinde waren, aber nun »mit Gott versöhnt worden sind durch den Tod seines Sohnes«. Er meint damit, daß wir dadurch versöhnt wurden, daß Gott unsere Sünden ans Kreuz nagelte und uns Vergebung zusprach, und daß er den Mächten und Gewalten, also den bösen Geistern, ihre Macht nahm (Kol. 2,14-15). Ferner schreibt er: »Gott aber erweist seine Liebe zu uns darin, daß Christus für uns gestorben ist, als wir noch Sünder waren« (Röm. 5,8). Im Kreuz streckt Gott die Hand aus zu seinen Feinden – also zu uns – und beseitigt die Trennung, die von der Sünde bewirkt wurde.

Geschwister

Wir sind nicht nur mit Gott versöhnt, wir sind auch *miteinander* versöhnt. Jesus ist gestorben, »damit er in sich selber aus den zweien [Juden und Heiden] einen neuen Menschen schaffe und Frieden mache und die beiden versöhne mit Gott in einem Leib durch das Kreuz, indem er die Feindschaft tötete durch sich selbst« (Eph. 2,15-16).

Das griechische Wort für »neu« (*kainos*) bedeutet eine neue Qualität, daß etwas entsteht, was in dieser Art vorher nicht vorhanden war. Gott macht uns zu einer neuartigen Rasse von Menschen. In Galater 3,28 steht: »Hier ist nicht Jude noch Grieche, hier ist nicht Sklave noch Freier, hier ist nicht Mann noch Frau; denn ihr seid allesamt einer in Christus Jesus« (vgl. auch Kol. 3,11). Paulus will damit offensichtlich nicht sagen, daß alle Unterschiede zwischen den Menschen nicht mehr bestehen, wohl aber, daß alle Menschen freien Zugang zu Gott haben. In bezug auf die Erlösung und auf das Reich Gottes ist die Ungleichheit zwischen den Menschen aufgehoben. Der Friede Gottes ist für alle Menschen frei zugänglich.

Die Geschichte eines mir bekannten Pastors aus dem Süden der Vereinigten Staaten zeigt, wie das Kreuz eine Versöhnung zwischen Christen herbeiführen kann. Im November 1986 hatte ein Mitglied seiner Gemeinde eine Prophetie, daß schwierige Zeiten in der Gemeinde und im Leben des Pastors bevorstünden. Er fügte hinzu: »Wenn das Feuer kommt, dann sollst du zur Flamme hinlaufen, statt vor ihr zu fliehen. Laufe an die heißeste Stelle und bleibe so lange dort, wie du kannst – bis das Feuer alles getötet hat, was sterben soll.«

Der Pastor war nicht sicher, was diese Prophetie bedeuten sollte, aber er nahm sich die Worte zu Herzen. Am ersten Sonntag im Dezember kam sein zweiter Pastor um 8.55 Uhr in sein Büro, reichte seinen Rücktritt ein und teilte ihm mit, daß er eine neue Gemeinde gründen wollte. Diese neue Gemeinde würde sich schon um 11 Uhr, am gleichen Morgen, versammeln. Mehr als 100 Menschen – fast die Hälfte der Gemeinde – verließen die Gemeinde und folgten dem rebellischen zweiten Pastor. Mein Freund wußte sofort, daß dies das Feuer war, von dem er schon gewarnt worden war.

Als der Pastor darüber betete, was er tun sollte, sagte ihm der Herr, daß er diejenigen segnen sollte, die die Gemeinde verlassen hatten. Er bat den ehemaligen zweiten Pastor, zu einem Gottesdienst zu kommen und über die neue Gemeinde zu erzählen. Das Ergebnis war, daß weitere Gemeindeglieder die Gemeinde verließen. Vor Ende Dezember verlor er die elf leitenden Laienmitarbeiter, den Anbetungsleiter und 150 Mitglieder.

Ich war damals in regelmäßigem Kontakt mit meinem Freund, und ich ermutigte ihn und seine Frau, dafür zu beten, daß Gott eine Versöhnung mit den abtrünnigen Gemeindemitgliedern herbeiführen möge. Sie gingen ernsthaft ins Gebet. Bis zum März 1987 waren die elf Laienmitarbeiter alle zurückgekommen und hatten ihn um Vergebung gebeten. Viele der ehemaligen Mitglieder kehrten ebenfalls zurück. Auch der andere Pastor, dessen neue Gemeinde auseinandergebrochen war, bat ihn um Vergebung, daß er die Gemeinde gespalten und so viele Leute verletzt hatte. Heute ist die Gemeinde meines Freundes stärker und gesünder, als sie vor der Spaltung war. Das ist ein lebendiges Zeugnis für den Dienst der Versöhnung.

Schöpfung

Die Versöhnung gilt für die ganze Schöpfung. In Kolosser 1,19-20 lesen wir: »Denn es hat Gott wohlgefallen, daß . . . er durch ihn alles mit sich versöhnte, es sei auf Erden oder im Himmel, indem er Frieden machte durch sein Blut am Kreuz.« Als Adam und Eva sündigten, entstand Unordnung in der Schöpfung (Röm. 5,18-19). Das Kreuz ermöglicht eine Versöhnung in der sichtbaren und in der unsichtbaren Welt – allerdings wird diese Versöhnung erst dann in vollem Umfang eintreten, wenn Christus wiederkommt (Röm. 8,21).

Damit ist aber nicht gemeint, daß Christus durch seinen Tod *alle* Menschen errettet. Die sogenannte Allversöhnung – also die Vorstellung, alle Menschen würden letztlich gerettet – ist nicht biblisch. Die Bibel spricht von einer ewigen Hölle und sagt sehr deutlich, daß nur die, die an Christus glauben, von der ewigen Verdammnis errettet werden. Die Vergebung, die durch das Sühneopfer Christi bewirkt wurde, muß im Glauben angenommen werden. An alle Menschen geht die Aufforderung, sich mit Gott versöhnen zu lassen, die Feindschaft abzulegen, seine Gnade durch den Glauben zu empfangen und sich seiner Herrschaft unterzuordnen. Wir haben die Wahl.

Das Kreuz ist auch der Ort, wo Satan besiegt wurde. Das ist das Thema des folgenden Kapitels.

Kapitel 22

Verlorenen Boden zurückgewinnen

Warum gibt es das Böse in der Welt? Martyn Lloyd-Jones meint dazu: »Nach der Bibel werden alle Probleme dieser Welt von dem verursacht, der als ›Teufel‹ bezeichnet wird.«[1]

Die Bibel lehrt eindeutig die Existenz und den Einfluß von Satan. Er ist »der Gott dieser Welt«, schreibt Paulus über Satan, der »den Ungläubigen . . . den Sinn verblendet hat, daß sie nicht sehen das helle Licht des Evangeliums von der Herrlichkeit Christi« (2. Kor. 4,4; vgl. auch 1. Joh. 5,19). Die Schrift gibt wenig präzise Angaben über Satan; wahrscheinlich war er ein Engel, der gegen Gott rebellierte und andere Engel anstachelte, mit an dieser Rebellion teilzunehmen.

Klar ist, daß Satan Gott haßt und alles tun will, um sich ihm entgegenzustellen. Er ist entschlossen, Gottes Schöpfung zu zerstören und alle Menschen dabei mit sich zu reißen. Unser Problem ist, daß unsere Vorfahren vor langer Zeit im Garten Eden auf Satans Lügen gehört haben. Dadurch kam die Sünde in die Welt und wir wurden Sklaven Satans. Die Geschichte der Menschheit ist von der mörderischen Kraft des Teufels geprägt, der ein unersättliches Verlangen nach Tod und Unheil hat.

Doch der Vater sandte Jesus, um das Reich Satans und seine bösen Werke zu zerstören (Joh. 12,31; 1. Joh. 3,8). Bevor Gott alle Kreatur mit sich selbst versöhnen konnte, mußte Jesus Satan und seine Mitstreiter besiegen.

Als Satan Jesus ans Kreuz nagelte, dachte er, er hätte ihn besiegt. Es war jedoch der Plan des Vaters, Satan gerade durch das Kreuz zu besiegen. Als Jesus vom Tode auferweckt wurde, wurde er der erste einer neuen Gattung von Mensch. Diese neue Gattung ist der Leib Christi, Gottes auserwähltes Volk, eine heilige Nation – Menschen, die nicht mehr Sklaven Satans sein müssen, und die letztlich Satan unter ihre Füße treten werden (Röm. 16,20). Die Welt hat den rechtmäßigen Herrscher und König wiederbekommen, obwohl die endgültige Zerstörung Satans erst bei der Wiederkunft Christi offenbar wird (Mt. 16,36-43).

In Kolosser 2,15 lesen wir: »Er hat die Mächte und Gewalten ihrer Macht entkleidet und sie öffentlich zur Schau gestellt und hat einen Triumph aus ihnen gemacht in Christus.« Die »Mächte und Gewalten« sind gefallene Engel. Hier wird ein Bild aus der Militärsprache des Römischen Reichs gebraucht: Der General, der seine Gefangenen durch die Straßen führt, damit alle den Beweis seines Sieges vor Augen haben.

Paulus führt dieses Bild im zweiten Korintherbrief noch weiter aus, indem er sagt: »Gott aber sei Dank, der *uns* allezeit im Triumphzug umherführt in Christus . . .« (2. Kor. 2,14; Elberfelder Übersetzung). Das ist eine weitere Anspielung auf den Triumphzug eines römischen Generals. Wir werden im Triumphzug mitgeführt, allerdings nicht als besiegte Feinde, sondern als siegreiche Kämpfer, als Männer und Frauen, die den guten Kampf gekämpft und gewonnen haben.

Unsere Teilnahme an diesem Triumphzug entscheidet sich durch den Glauben an Jesus (Eph. 2,8-10). Das ist der Grund, warum Satan jedes verfügbare Mittel einsetzt, um die Sinne der Ungläubigen zu verblenden. Er möchte nicht, daß wir erkennen, daß Jesus ihn schon besiegt hat.

Das Kreuz ist ein unglaublich starkes Symbol für den Sieg über Satan, ein *»power point«*, der uns aus dem Reich des Bösen in das Reich Gottes führt.

Rechtfertigung

Das Wort »Rechtfertigung« ist ein juristischer Begriff und bedeutet soviel wie »freisprechen« oder »für gerecht erklären«. Sie ist das Gegenteil der Verurteilung. Unsere Rechtfertigung besteht darin, daß die Gerechtigkeit Gottes uns angerechnet wird. Paulus schreibt: »So war es mit Abraham: ›Er hat Gott geglaubt, und es ist ihm zur Gerechtigkeit gerechnet worden‹« (Gal. 3,6). An anderer Stelle schreibt er: »Denn er hat den [Jesus], der von keiner Sünde wußte, für uns zur Sünde gemacht, damit wir in ihm die Gerechtigkeit würden, die vor Gott gilt« (2. Kor. 5,21). Wenn wir unser Vertrauen auf Christus setzen (vgl. Apg. 10,43), dann werden wir so eng mit Jesus verbunden, daß seine Gerechtigkeit uns zugesprochen wird und wir für gerecht erklärt werden.

Das liegt daran, daß Gott nicht auf unsere Taten schaut, wenn er uns ansieht, sondern auf das Blut. In Römer 5,9 heißt es, daß wir »durch sein [Jesu] Blut gerecht geworden sind«. Dann erklärt Paulus, daß Gott uns freisprechen kann, weil wir durch den Glauben an Christus der Sünde gestorben sind (Röm. 6,1-10). »Denn wer gestorben ist«, schreibt er in Vers 7, »der ist frei geworden von der Sünde.« Das Wort, das hier mit

»frei« übersetzt wird, ist eigentlich das griechische Wort für »gerechtfertigt.« Wenn wir uns durch den Glauben mit dem Kreuz identifizieren, werden wir von aller Sünde gerechtfertigt, und für gerecht erklärt.

Wiedergeburt

Vor ein paar Jahren stellte mir ein frischbekehrter Christ einige Fragen über die Änderungen, die seit seiner Bekehrung in seinem Leben eingetreten waren. Seit Jahren hatte er die Gewohnheit, jeden Abend nach der Arbeit eine bestimmte Wirtschaft zu besuchen, wobei es ihm mehr um Bekanntschaften ging als um Bier. Am Montag nach seiner Bekehrung ging er wie gewohnt in die Wirtschaft und seine Freunde fragten: »Wie geht's denn?« Er bestellte sich ein Bier und fing an, von seiner Lebensübergabe an Christus zu erzählen. Auf einmal merkte er, daß seine Freunde betreten schwiegen. Es beschlich ihn das unangenehme Gefühl, irgendwie am falschen Platz zu sein. An den folgenden beiden Tagen merkte er, daß der Zigarettenrauch ihn störte, und daß das Bier ihm nicht mehr so gut wie früher schmeckte; auch die derben Sprachausdrücke waren ihm auf einmal fremd. Mitte der Woche war ihm schon klargeworden, daß er nicht mehr dorthin gehörte. Nun wollte er von mir wissen, wie seine Wünsche und Bedürfnisse sich so schnell und so grundlegend ändern konnten. »Es ist ganz einfach«, sagte ich ihm. »Du bist von neuem geboren worden. Du bist ein neuer Mensch mit einem neuen Herzen und mit neuen Wünschen. Der alte Lebensstil wird dir nie mehr Freude machen.«

Wenn wir uns nun dem Thema der »Wiedergeburt« zuwenden, dann geht es uns nicht mehr um die juristische Terminologie der Rechtfertigung, sondern um den Vorgang der Geburt. Wo Paulus in der Regel von der Adoption in die Familie Gottes spricht, redet Johannes von der Wiedergeburt, der Geburt, die von Gott kommt: »Wer aus Gott geboren ist, der tut keine Sünde; denn Gottes Kinder bleiben in ihm und können nicht sündigen; denn sie sind von Gott geboren« (1.Joh. 3,9). Wenn wir von neuem geboren werden, geschieht eine grundlegende Veränderung in unserem Drang zur Sünde. Wir unterliegen nach wie vor der Versuchung zur Sünde, aber in unserem Herzen haben wir den Wunsch, Gott zu gefallen.

Christus bewirkte eine solche Veränderung in mir bei einem Hausbibelkreis im Jahre 1963. Dieser Abend ist mir noch so nahe, als ob es gestern gewesen wäre. Als ich ankam, hatte ich nicht vor, mich zu Christus zu bekehren. Während der vorangegangenen drei Monate hatte ich viel *über* Christus und das Kreuz erfahren, so daß ich Prüfungsfragen über die Erlösung vermutlich hätte beantworten können. Ich verstand aber nicht, daß ich Sünder war. Ich fand mich ganz anständig. Ich wußte natürlich, daß ich die eine oder andere Situation in meinem Leben vermasselt hatte. Ich erkannte aber nicht, wie ernst mein Zustand war.

Dann, als ich es am wenigsten erwartete, flippte Carol aus. Sie erklärte dem Leiter, Gunner Payne: »Ich glaube, es wird Zeit, konkret auf diese Dinge einzugehen, die wir besprochen haben.« Bevor ich mich versah, kniete sie auf dem Boden. Soweit ich feststellen konnte, betete sie zur Zimmerdecke, weinte und sagte der Decke, wie sehr ihr ihre Sünden leid taten.

Ich konnte nur dasitzen und sie anstarren. »Das ist verrückt«, dachte ich. »Warum macht sie das? Was hat sie denn getan, was so schrecklich wäre? Hat sie irgendwas getan, von dem ich nichts weiß?« Ich merkte, wie viel Schmerz in ihrem Gebet lag, wie ernst sie ihre Gebete meinte. Bald konnte sie nur noch weinen und wiederholt schluchzen: »Es tut mir leid.«

In dem Raum waren sechs oder sieben Leute. Alle saßen da mit geschlossenen Augen. Ich schaute sie an. Dann durchfuhr mich die Erkenntnis: *»Die haben auch so ein Gebet gebetet!«* Als Musiker kannte ich das kribbelnde Gefühl auf der Bühne, wenn man weiß, daß man gleich dran ist. Und nun merkte ich, daß ich dran war! Dicke Schweißtropfen standen mir im Gesicht. Ich dachte, ich würde sterben. Der Schweiß lief an meinem Gesicht herunter und ich dachte: »Ich mache das nicht. Das ist eine dumme Situation. Ich bin ein anständiger Mensch. Ich muß hier raus.«

Dann fiel der Groschen. Carol betete nicht zum Putz an der Decke. Sie betete zu einer *Person*, zu einem Gott, der sie tatsächlich hören konnte. Sie verglich sich mit ihm und wußte, daß sie ein Sünder war und Vergebung brauchte.

Auf einmal begriff ich, was das Kreuz für mich persönlich bedeutete. Ich wußte nun etwas, was ich vorher nie verstanden hatte: Ich hatte Gottes Gefühle verletzt. Er liebte mich, und in seiner Liebe für mich hatte er Jesus gesandt. Ich hatte mich aber von dieser Liebe abgewandt; ich hatte sie mein Leben lang abgelehnt. Auch ich war ein Sünder; ich hatte das Kreuz bitter nötig.

Bis heute kann ich es nicht nachvollziehen, wie ich aus dem Sessel kam. Ich weiß nur, daß ich dann irgendwie auf dem Boden war; ich schluchzte, die Nase lief, das Wasser stand mir in den Augen, ich schwitzte am ganzen Körper. Ich hatte das überwältigende Bewußtsein, mit jemandem zu reden, der schon mein ganzes Leben lang bei mir gewesen war, den ich aber nicht erkannt hatte. Wie Carol begann ich, zu dem lebendigen Gott zu reden und ihm zu sagen, daß ich ein Sünder bin. Ich versuchte, das Gebet des Sünders zu beten; alles, was ich herausbrachte, war des Sünders Schluchzgebet: »Oh, Gott! Oh, Gott! Oh, Gott!«

Ich wußte, daß etwas Revolutionäres in mir vorging. Ich dachte: »Hoffentlich funktioniert das, ich blamiere mich fürchterlich.« Dann erinnerte mich der Herr an einen Mann, den ich viele Jahre vorher in Los Angeles gesehen hatte. Er trug ein Schild mit den Worten: »Ich bin ein Narr für Christus. Wessen Narr sind Sie?« Als ich das Schild sah, hatte ich gedacht: »So etwas Dummes ist mir nie begegnet.« Aber nun, da ich auf dem Boden kniete, erkannte ich die Wahrheit, die hinter diesem eigenartigen Schild steckte: Das Kreuz ist »eine Torheit denen, die verloren werden« (1. Kor. 1,18). In jener Nacht kniete ich am Kreuz und glaubte an Jesus. Seitdem bin auch ich ein Narr für Christus.

Kapitel 23

Ein opferbereites Leben

Die Bereitschaft zum Opfer gehört zum Charakter Gottes. Aus seiner Liebe zu uns opferte der Vater seinen einzigen Sohn; aus Gehorsam zu seinem Vater verzichtete der Sohn auf eigene Rechte und gab sein Leben für uns; der Heilige Geist weist uns weg von sich selbst und verherrlicht in uns den Vater und den Sohn.

Die Bibel sagt viel darüber, was ein opferbereites Leben für uns Christen bedeutet. Jesus sagte zu seinen Jüngern: »Will mir jemand nachfolgen, der verleugne sich selbst und nehme sein Kreuz auf sich und folge mir« (Mt. 16,24). Er fuhr fort: »Wer sein Leben verliert um meinetwillen, der wird's finden« (Mt. 16,25). Paulus griff diese Worte auf: »Ich ermahne euch nun, liebe Brüder, durch die Barmherzigkeit Gottes, daß ihr eure Leiber hingebt als ein Opfer, das lebendig, heilig und Gott wohlgefällig ist« (Röm. 12,1). Unser ganzes Leben soll ein Opfer für den Herrn sein.

Die Perle

Meine erste Konfrontation mit dem Prinzip der christlichen Opferbereitschaft geschah im Bibelgesprächskreis bei Gunner Payne, noch bevor ich Christ wurde. Ich kann mich noch an den Abend erinnern, als ich zum ersten Mal das Gleichnis von der Perle hörte. Carol und Gunner führten ein langes Gespräch über irgendein Thema und ich saß gelangweilt da, ohne das Gespräch wirklich zu verfolgen. Dann las Gunner das Gleichnis der Perle aus dem Matthäusevangelium vor und erklärte, daß auch wir die Bereitschaft brauchen, alles in unserem Leben für dieses Reich aufzugeben: »Wiederum gleicht das Himmelreich einem Kaufmann, der gute Perlen suchte, und als er eine kostbare Perle fand, ging er hin und verkaufte alles, was er hatte, und kaufte sie« (Mt. 13,45-46). Auf einmal war ich voll konzentriert.

»Augenblick mal!« unterbrach ich ihn. »Willst du damit sagen, daß man alles aufgeben muß, was man hat, wenn man Christ werden will?«

»Wie verstehst *du* denn diesen Text?« fragte er.

»Das weiß ich nicht genau,« sagte ich. »*Vielleicht* kann man ihn so verstehen. Aber . . . « Ich versuchte, meine Gedanken zu ordnen. »Also, ich kenne einen Mann, der Musiker ist. Er kann sonst gar nichts außer Musik spielen. Er kann nicht einmal die eigenen Schuhe zubinden. Willst du also sagen, daß dieser Mann seinen Beruf aufgeben muß, um Christ zu werden? Wovon soll er dann leben?«

»Das müßte dein Freund selbst herausfinden«, sagte Gunner. Er wußte natürlich, daß es eigentlich um *mich* ging. »Ich glaube aber, daß er dazu *bereit* sein muß, seinen Beruf aufzugeben, wenn Gott das will.«

Ich saß da und dachte darüber nach, was Gunner – und auch die Bibel – sagte. Dabei gingen mir drei Worte durch den Kopf: *Auf keinen Fall.* Ich befand mich an der Schwelle zum musikalischen Erfolg. Die Band, mit der ich spielte, hatte schon Platten unter den ersten zehn der Hitparade. »Das ist verrückt!« dachte ich. »Endlich bin ich erfolgreich. Bald werde ich *viel* Geld verdienen. Auf keinen Fall werde ich das einfach aufgeben.«

In den folgenden Tagen hatte ich eine miserable Laune. Ich lief durch das Haus, schlug um mich, fluchte und schimpfte. Im Bibelkreis hatte ich neue Dinge über Gott gelernt, und bis dahin hatte mir alles gefallen und ich war bereit, ja dazu zu sagen. Aber nun war ich auf etwas gestoßen, was ein echtes Hindernis war – auf die Idee, daß ich vielleicht alles aufgeben müßte, vielleicht sogar meine beruflichen Pläne, um mit Gott voranzugehen.

Langsam konnte ich mich mit dieser Vorstellung anfreunden – allerdings nur in der Theorie und nur für »einen anderen«. Ich hatte nicht die Absicht, selbst etwas so Radikales zu unternehmen. Auf keinen Fall!

Die Fortsetzung kennen Sie bereits. Drei Wochen später kniete ich auf dem Boden und weinte. Ich hatte plötzlich eingesehen, daß ich Gottes Gefühle verletzt hatte, und es tat mir sehr leid. Als ich vom Boden aufstand, wußte ich, daß ich die kostbare Perle gefunden hatte. Ich war so froh darüber, daß es mir nun egal war, ob Gott mir etwas dafür wegnehmen würde.

In den folgenden Wochen half mir Gott tatsächlich, aus meinem Beruf auszusteigen. Ich betete: »Okay, Herr, du kannst meinen Beruf haben«, und mir war, als ob zwei riesige Hände aus dem Himmel kamen, meine noch geschlossene Hand öffneten, und als ob eine Stimme mir sagte: »Danke.«

Ich verabschiedete mich von meinen Freunden aus dem Musikgeschäft und beschloß, eine richtige Arbeit aufzunehmen. Plötzlich befand ich mich in der echten Welt, wo morgens *der Wecker* rappelt und Menschen aufstehen und *bei Tageslicht* arbeiten gehen. So etwas hatte ich noch nie erlebt. Binnen weniger Wochen hatte ich einen Arbeitsplatz in einer Fabrik, meine Arbeitszeit wurde mit der Stechuhr gemessen, und ich begann zu lernen, mit normalen Menschen auszukommen.

An einem Tag bekam ich den Auftrag, einige große Ölfässer zu säubern, die hinter der Fabrik standen. Es war eine heiße, schmutzige, stinkende Arbeit. Es war ungefähr die niedrigste Arbeit, die in dieser Fabrik anfiel. Daß sie mir diese Arbeit gaben, lag daran, daß es kaum etwas anderes gab, wozu ich in der Lage war.

Als ich gerade in einem der Fässer war, hörte ich, wie ein Auto heranfuhr. Eine vertraute Stimme fragte: »Wo ist John Wimbers Büro?« Widerwillig kam ich aus dem Ölfaß. Vor mir stand einer meiner ehemaligen Partner aus dem Musikgeschäft. In seiner Hand hielt er einen Vertrag, den ich unterschrieben hatte, der sehr viel Geld wert war. Damit er seinen Teil des Vertrages erfüllen konnte, mußte ich auf meinen Teil verzichten.

Er stand nur und starrte mich an. Ich sah fürchterlich aus, von oben bis unten mit Fett verschmiert; schwarz und schmutzig an Händen, Gesicht, Kleidern und Haaren. Schließlich sagte er: »Was *machst* du hier?«

Ich schaute ihn an; ich schaute mich an; dann sah ich noch einmal auf ihn, noch einmal auf mich selbst. Ich konnte mir sehr gut vorstellen, was er bei diesem Anblick empfand.

Ich hatte in diesem Augenblick nicht das Gefühl, die Perle gefunden zu haben. Mir fiel kein einziges Wort ein. Nach einer langen Pause konnte ich nur mit schwacher Stimme sagen: »Das hat Gott mit mir gemacht.«

Er kniff die Augen zusammen; in seinem Gesicht meinte ich, den festen Entschluß zu erkennen: »Mir wird Gott so etwas nie antun.«

Ich schämte mich. Es war offensichtlich, daß er die neue Richtung meines Lebens für vollkommen verrückt hielt. Mir fiel auch keine überzeugende Erklärung ein, wieso Gott – dieser Gott der Liebe, der in der Bibel so groß ist, dieser Gott, der zu so vielen Menschen so lieb ist – wieso dieser Gott anscheinend so gemein zu mir war. Was war denn der *Grund*, warum er mich so behandelte?

Ich sah zu, wie mein Freund davonfuhr. Dabei erkannte ich, daß es manchmal nicht möglich ist, unsere Opfer und unseren Gehorsam denen verständlich zu machen, die die Perle nicht erkennen. Mein Freund sah überhaupt keinen Sinn in der Demütigung des Fleisches, durch die Gott mich von meinem weltlichen Stolz befreien wollte, damit ich den schlichten Gehorsam lernte.

Seitdem habe ich bemerkt, daß es viele Begebenheiten in unserem Dienst für Gott und für sein Volk gibt, bei denen andere auf uns herabschauen, weil sie in unserem Gehorsam und in unserer Opferbereitschaft für Gott keinen Sinn sehen. Aber für diejenigen unter uns, die die Perle gefunden haben, ist der Sinn klar. Wir wissen, daß es mehr wert ist als alles auf der Welt, wenn wir mit ihm leben, ihm dienen, unser Leben für ihn verlieren. Es lohnt sich, alles zu verkaufen, was wir besitzen, um Christus zu gewinnen und in ihm zu sein.

Opfer[1]

Ein Opfer ist nicht an erster Stelle etwas Negatives. Die größte aller christlichen Tugenden ist die Liebe (1. Kor. 13,13), und das Ziel des größten Opfers aller Zeiten bestand darin, die Liebe Gottes für alle Menschen zugänglich zu machen. Ein Opfer ist kein Selbstzweck; wir nehmen unser Kreuz auf uns mit dem Ziel, in der Nachfolge Christi vollkommener zu sein. Ich habe vielleicht auf eine vielversprechende musikalische Karriere verzichtet, dafür bekam ich aber die Freude, Gott zu kennen und das ewige Leben zu haben. Damals, im Jahre 1963, hielt ich das für einen ziemlich guten Tausch; meine Meinung habe ich bis heute nicht geändert.

Durch ein Opfer wird Kraft freigesetzt. Je größer das Opfer, desto größer ist die Kraft, die frei wird. Das größte Opfer, das Opfer Jesu, hat die größte Kraft entfaltet. Zum Zeitpunkt seines Todes, noch vor der Auferstehung, konnte die Natur die Kraft nicht bewältigen, die vom Thron des Himmels ausging. Diese Kraft erschütterte das Fundament der Erde. Sie fiel in die Religion ein und zerriß den Vorhang im Tempel von oben bis unten. Sie überfiel sogar den größten Feind, den Tod, und viele tote, verwesende Körper wurden aus den Gräbern befreit (Mt. 27,51-52). Die gleiche Kraft gilt auch für uns, wenn wir unser Kreuz täglich auf uns nehmen (Mt. 16,24-25).

Die Wechselwirkung zwischen Opfer und Kraft wird durch das christliche *Martyrium* deutlich. Durch den Tod des Stephanus wurde die Kraft Gottes freigesetzt; es geschah eine Erweckung, und Paulus wurde bekehrt (Apg. 7,57-8,3).

Das christliche Martyrium ist nicht auf die Geschichte der Urgemeinde beschränkt. Nach David Barrett, dem Herausgeber des ›World Christian Encyclopedia‹, sind im zwanzigsten Jahrhundert im Durchschnitt 300 000 Christen pro Jahr den Märtyrertod gestorben.[2] Manche, die dieses Buch lesen, werden vielleicht von Gott zum Martyrium berufen, denn große Opfer gehen Hand in Hand mit der Freisetzung von Gottes Liebe und Gottes Kraft.

Das Martyrium ist nicht das einzige Opfer, das zu einer Freisetzung von Gottes Kraft und Liebe führt. Das zweitgrößte Opfer ist die Ehelosigkeit – daß man auf die Freude und Sicherheit der Ehe und des Familienlebens verzichtet, um in besonderer Weise mit Jesus verbunden zu sein. Jesus sprach von denen, die sich um des Himmelreichs willen zu Eunuchen machen (Mt. 19,12), und Jesaja sprach vom hohen Stellenwert der Eunuchen, die dem Herrn treu sind: »Das ist besser als Söhne und Töchter. Einen ewigen Namen will ich ihnen geben, der nicht vergehen soll« (Jes. 56,5). Jemand, der zu einem Leben in der Ehelosigkeit befähigt und berufen ist, ist frei von den normalen Ablenkungen des Ehe- und Familienlebens; er oder sie kann sich vollkommen auf das Werk des Herrn konzentrieren (1. Kor. 7,32-35).

Für diejenigen unter uns, die nicht zur Ehelosigkeit berufen sind, hat Gott auch andere Möglichkeiten des Opfers bereitgestellt. An oberster Stelle stehen *Gebet und Fasten*. Durch das Gebet wird eine erstaunliche Kraft freigesetzt. Gebet ist das Mittel, durch das Gott den Himmel öffnet oder verschließt (Jak. 5,16-18). Wenn Gebet und Fasten zusammenwirken, können ganze Armeen besiegt werden (1. Sam. 7,6-13; 2. Chron. 20,1-30).

Auch das Gericht Gottes über böse Menschen kann durch Gebet und Fasten abgewendet werden (1. Kön. 21,27-29; Jona 3,5-10); und durch Gebet und Fasten wird die Macht Satans und seiner Dämonen besiegt (Mt. 4,1-11; Mk. 9,29).

Schließlich ist das *Geben von Geld und materiellen Gütern an die Armen und an das Werk Gottes* eine machtvolle Art des Opfers. Wenn unser Geben durch die Liebe zu Gott und für seine Absichten motiviert ist, bringt es große Kraft und reichen Segen (Phil. 4,18-19). Der Hauptmann Kornelius »gab dem Volk viele Almosen und betete immer zu Gott« (Apg. 10,2), wodurch Gott auf ihn aufmerksam wurde. In einer Vision sah Kornelius einen Engel, der seine Freigiebigkeit und sein Gebetsleben lobte und ihn aufforderte, mit Petrus in Kontakt zu treten. Dadurch wurden auch die Heiden mit dem Evangelium erreicht.

Schritt für Schritt

Von Zeit zu Zeit fordert uns der Herr heraus, einen neuen Schritt in der Nachfolge zu wagen. Er macht uns klar, daß wir etwas aufgeben sollen, womit wir viel Erfolg haben, um etwas Neues anzufangen, wovon wir noch gar nichts wissen – vielleicht sogar eine Aufgabe, die wir nicht gern tun.

Es ist eine Tatsache, daß der Herr das Recht hat, uns nach Belieben zu einer Veränderung oder einem Opfer für ihn zu berufen, denn er hat uns mit dem hohen Preis seines Blutes freigekauft. Wenn er aber von diesem Recht Gebrauch macht, kommen wir oft in Schwierigkeiten. »Für wen hält er sich?« protestieren wir. »Ich habe endlich das erreicht, was ich angestrebt hatte. Ich bin auf dem Weg, den ich mir gewünscht habe. Und dann sagt er mir, daß ich etwas ganz anderes tun soll.«

Was machen wir in so einem Fall? Ziehen wir uns zurück, machen eine längere Pause vom Gehorsam und von der Opferbereitschaft? Setzen wir unsere eigenen Vorstellungen durch? Versuchen wir, an Jesus festzuhalten, aber gleichzeitig das Kreuz beiseite zu schieben? Oder sagen wir ja zu Jesus und nein zu unseren eigenen Wünschen – und setzen so Gottes Kraft in unserem Leben frei?

Im Reich Gottes herrscht ein ganz einfaches Wirtschaftssystem. Jeder neue Schritt kostet uns alles, was wir bis dahin erreicht haben.

Jedesmal, wenn wir über eine neue Schwelle treten wollen, kostet uns dieser Schritt alles, was wir jetzt haben. Jeder neue Schritt kann uns den guten Ruf und die Sicherheit kosten, die wir bis zu diesem Punkt aufgebaut hatten. Nachfolge kostet uns unser Leben.

Ein Jünger ist immer bereit, den nächsten Schritt zu tun. Wenn es ein untrügliches Zeichen für christliche Reife gibt, dann ist es die Bereitschaft, für Jesus wieder mal ein Anfänger zu sein. Es ist die Bereitschaft, unsere Hand in seine Hand zu legen und ihm zu sagen: »Ich habe wahnsinnige Angst, aber ich gehe trotzdem mit dir. Du bist die kostbare Perle.«

Teil VII

Sich auf den Heiligen Geist verlassen

Kapitel 24

Der Heilige Geist

Von den drei Personen der Dreieinigkeit ist der Heilige Geist der, der die größten Fragen aufwirft. Wer ist er? Wie können wir ihn erleben? Was bedeutet es, mit dem Heiligen Geist erfüllt zu sein? Wie führt er uns? Was sind Geistesgaben? Unter Christen gehen die Meinungen über manche Fragen auseinander, aber ich glaube, daß wir uns auf einige biblische Antworten einigen können.

Wer ist er?

Bevor wir das *Werk* des Heiligen Geistes in unserem geistlichen Wachstum richtig verstehen können, müssen wir ihn kennenlernen. R. A. Torrey schreibt: »Eine häufige Ursache für Irrlehren und Fanatismus in bezug auf den Heiligen Geist liegt darin, daß manche versuchen, sein Werk zu studieren und zu verstehen, ohne daß sie ihn als Person kennen.«[1]

Manche Menschen stellen sich den Heiligen Geist als unpersönliche Kraft vor, die warme, liebende Gefühle entstehen läßt. Der Heilige Geist ist aber eine Person. Im griechischen Text des Neuen Testamentes wird das männliche Pronom (*ekeinos*) für ihn verwendet, obwohl das Wort für »Geist« (*pneuma*) eigentlich sächlich ist (Joh. 14,17; 15,26; 16,14). Der Heilige Geist besitzt Intelligenz (Joh. 14,26; Röm. 8,16), einen Willen (Apg. 16,7; 1. Kor. 12,11) und Gefühle (Jes. 63,10; Eph. 4,30). Er wird in einem Atemzug mit dem Vater und dem Sohn als Person genannt (2. Kor. 13,13; 1. Petr. 1,2), und er zeigt sich als eigenständige Person neben dem Sohn und dem Vater (Mt. 3,16-17).

Das bedeutet, daß wir ihn *persönlich* kennenlernen können, nicht nur als einen unpersönlichen Einfluß, als behagliches Gefühl, als den »Funken des Göttlichen in uns allen«. Er wird »Paraklet« (*parakletos*) genannt, also »Helfer«, »Tröster«, »Anwalt« oder »Beistand« (Joh. 14,16; 15,26; 16,7). Jesus sagte: »Ich will den Vater bitten, und er wird euch einen anderen Tröster geben, daß er bei euch sei in Ewigkeit: den Geist der Wahrheit« (Joh. 14,16-17). Mit anderen Worten, der Heilige Geist ist ein persönlicher Freund der Menschen, die mit Gott verbunden sind (Apg. 15,28).

Der Heilige Geist ist auch Gott. Er ist der *heilige* Geist (Lk. 11,13), »der Geist Gottes« (Röm. 8,14). In Apostelgeschichte 5,3-4 sagt Petrus, daß Ananias den Heiligen Geist belogen hat, dann sagt er: »Du hast nicht Menschen, sondern Gott belogen.« Daran sehen wir, daß Petrus den Heiligen Geist als Gott ansah, der bei seinem Volk gegenwärtig ist. Der Geist besitzt Eigenschaften, die die anderen Personen der Dreieinigkeit auch besitzen, zum Beispiel Leben (Röm. 8,2), Wahrheit (Joh. 16,13), Liebe (Röm. 15,30), Heiligkeit (Eph. 4,30), ewigen Bestand (Hebr. 9,14), Allgegenwart (Ps. 139,7) und vollständiges Wissen (Röm. 8,27).

Gottes Fingerabdrücke

Von den Personen der Dreieinigkeit ist uns der Heilige Geist am nächsten, denn er gibt unserem Körper Leben, und er wohnt in unserem Herzen (Joh. 14,17b). Es ist aber etwas schwieriger, die Persönlichkeit des Heiligen Geistes zu verstehen. Das liegt daran, daß der Heilige Geist nur das Ziel hat, Christus zu verherrlichen, und daß er unsere Aufmerksamkeit nicht auf sich selbst lenkt. Jesus sagte: »Er [der Heilige Geist] wird mich verherrlichen; denn von dem Meinen wird er's nehmen und euch verkündigen. Alles, was der Vater hat, das ist mein. Darum habe ich gesagt: Er wird's von dem Meinen nehmen und euch verkündigen« (Joh. 16,14-15).

Weil er uns immer auf Jesus hinweist, ist viel von dem, was wir vom Heiligen Geist wissen, indirektes Wissen, das wir aus den Fingerabdrücken seiner Gegenwart in der Schöpfung und in unserem Leben entnehmen. Hier sind einige Dinge, die der Geist für uns tut bzw. getan hat.

1. *Er half mit bei der Schöpfung.* Im Schöpfungsbericht im ersten Buch Mose lesen wir: »Der Geist Gottes schwebte über dem Wasser« (1. Mose 1,2).

2. *Er gibt Leben, und er hält das Leben in Gang.* Im Alten Testament hatte das Wort für »Geist« (ruach) auch die Bedeutung »Atem«. Das war ein Symbol für das Leben an sich (1. Mose 2,7; vgl. auch Hes. 37,10). Johannes zitiert Jesu Worte: »Der Geist ist's, der lebendig macht« (Joh. 6,63; vgl. auch 2. Kor. 3,6).

3. *Er überführt uns der Sünde.* Jesus sagt: »Wenn er [der Geist] kommt, wird er der Welt die Augen auftun über die Sünde, . . . daß sie nicht an mich glauben« (Joh. 16,8-9; vgl. auch 1. Thess. 1,5). Nur die Sünder erkennen, daß sie einen Erlöser brauchen. Der Geist überführt die Menschen und zeigt ihnen ihre Sünden, damit sie sehen, wie sehr sie den Heiland nötig haben (Röm. 2,14-15).

Der Geist überzeugt uns auch von der Gerechtigkeit Jesu (Joh. 16,8.10). Es ist der Heilige Geist, der die Wahrheit des Evangeliums im Herzen der Menschen bestätigt, indem er bezeugt, daß Jesus der Christus ist, der Sohn Gottes. Jesus sagte vom Heiligen Geist: »Der Geist der Wahrheit . . . wird Zeugnis geben von mir« (Joh. 15,26; vgl. auch Joh. 5,37; 16,14; 1. Joh. 5,7-12). Der Heilige Geist bekräftigt also die Worte von Jesus. Damit macht er die Verkündigung des Evangeliums von denen wirkungsvoll, die glauben, denn er bezeugt innerlich in ihnen die Wirklichkeit Christi und die Wahrheit des Wortes Gottes (1. Thess. 1,5-6).

Schließlich überführt uns der Heilige Geist auch in bezug auf das Gericht (Joh. 16,11). Wenn wir seine Impulse über Sünde und Gerechtigkeit von uns weisen, dann erinnert er uns daran, daß wir mit Sicherheit für unsere Worte[2] und Taten zur Rechenschaft gezogen werden (Mt. 12,36-37; vgl. auch Mt. 25, 41; Röm. 3,19).

4. *Er zieht uns zu Jesus.* Er gibt Zeugnis von Jesus und verherrlicht ihn (Joh. 15,26; 16,14). Obwohl es Wochen dauerte, bis ich mein Vertrauen auf Jesus setzte, hatte ich schon vorher den inneren Drang, regelmäßig am Bibelkreis bei Gunner Payne teilzunehmen. Ich konnte nicht wegbleiben. Etwas in mir zog mich immer wieder in diesen Kreis und gab mir eine Sehnsucht, mehr über Jesus zu erfahren. Es war, als ob eine Stimme andauernd in meinem Herzen flüsterte: »Ja, es ist alles wahr. Jesus ist alles, was er zu sein behauptet.« Der Heilige Geist war in mir schon aktiv und zog mich hin zu Jesus.

5. *Er gibt uns neues Leben.* Es ist der Heilige Geist, der uns neues Leben gibt, er macht uns zu neuen Menschen, die nicht mehr von der Sünde beherrscht werden (Gal. 5,16). Das ist die neue Geburt, die Jesus meinte: »Wahrlich, wahrlich, ich sage dir: Es sei denn, daß jemand geboren werde aus Wasser und Geist, so kann er nicht in das Reich Gottes kommen. Was vom Fleisch geboren ist, das ist Fleisch; und was vom Geist geboren ist, das ist Geist« (Joh. 3,5-6).

6. *Er wohnt in uns.* Seinen Jüngern sagte Jesus: »Ihr kennt ihn [den Heiligen Geist], denn er bleibt bei euch und wird in euch sein« (Joh. 14,17). Daß der Heilige Geist in uns ist, bewirkt eine »mystische Einheit« mit Christus selbst. Er sitzt zwar zur Rechten des Vaters (Eph. 1,20), und wir sind auf der Erde und noch nicht bei ihm (Phil. 1,23) – durch die Vermittlung des Heiligen Geistes sind wir aber in einer Einheit mit Christus. Und der Geist gibt uns die innere Sicherheit, daß er uns erlöst hat (Eph. 1,13-14).

7. *Er ermöglicht es uns, unsere Adoption als Kinder Gottes zu erleben.* In Römer 8,15 lesen wir: »Ihr habt nicht einen knechtischen Geist empfangen, daß ihr euch abermals fürchten müßtet; sondern ihr habt einen kindlichen Geist empfangen, durch den wir rufen: Abba, lieber Vater!« (vgl. auch Gal. 4,6; 1. Joh. 3,1). Adoption bedeutet, daß wir den Vater in sehr persönlicher Weise erleben können. »Der Geist selbst gibt Zeugnis unserem Geist, daß wir Gottes Kinder sind« (Röm. 8,16).

8. *Er betet in uns und durch uns.* Er tritt für uns ein »mit unaussprechlichem Seufzen«, wenn wir selbst nicht die Worte zum Beten

finden (Röm. 8,26-27). Dieses Gebet geht Hand in Hand mit dem ständigen Gebet Christi für uns (Röm. 8,34; Hebr. 7,25).

9. *Er gibt der Gemeinde Geistesgaben.* Der gleiche Geist ist die Quelle aller Gaben. Wir sollen nach den Gaben streben, damit sie zum Wohl des Leibes Christi eingesetzt werden (1. Kor. 12,7). Die Kapitel 12 bis 14 im ersten Brief an die Korinther sind eine ausgezeichnete Anleitung für den gottgewollten Einsatz der geistlichen Gaben. Auf die Austeilung und die Verwendung der Geistesgaben werde ich in den Kapiteln 28 und 29 näher eingehen.

10. *Er macht uns eins.* Paulus schreibt: »Wir sind durch einen Geist alle zu einem Leib getauft, wir seien Juden oder Griechen, Sklaven oder Freie, und sind alle mit einem Geist getränkt« (1. Kor. 12,13; vgl. auch Eph. 2,18; 4,3-4; Phil. 2,1).

11. *Er erleuchtet unsere Sinne.* Jesus sagt: »Wenn aber jener, der Geist der Wahrheit, kommen wird, wird er euch in alle Wahrheit leiten« (Joh. 16,13). Das tut er sowohl für uns als einzelne als auch für die ganze Gemeinde (Apg. 8,29.39; 13,1-3; 21,4).

12. *Er schenkt Auferstehungskraft.* Der Vater setzte den Heiligen Geist ein, um Jesus von den Toten aufzuerwecken (Röm. 8,11). Der Geist wird auch uns auferwecken und uns »geistliche« Leiber geben (1. Kor. 15,44-45). Er wird uns das ewige Leben geben (2. Kor. 4,14; 1. Petr. 3,18; 4,6; Offb. 11,11).

13. *Er befähigt und leitet uns in unserem Dienst.* In Apostelgeschichte 4 gab der Geist den Jüngern Mut, das Evangelium weiterhin zu verkündigen (Apg. 4,31; vgl. auch 1. Thess. 1,5). Wenn wir in der Kraft des Heiligen Geistes lehren und predigen, leitet er unsere Worte, um denen zu dienen, die zuhören. Ferner gibt er uns die Macht, die Werke Jesu zu tun – Heilungen, Befreiungen, sogar Wunder (Apg. 1,8; Röm. 15,19; 1. Kor. 2,4).

14. *Er gibt geistliches Wachstum.* Jesus heiligt uns durch den Heiligen Geist: »Ihr seid reingewaschen, ihr seid geheiligt, ihr seid gerecht geworden durch den Namen des Herrn Jesus Christus und durch den Geist unseres Gottes« (1. Kor. 6,11; vgl. auch Röm. 15,16; 2. Thess. 2,13). *Wie* der Heilige Geist Wachstum bringt – und wie wir bei diesem Prozeß mit ihm zusammenarbeiten können – soll uns in den folgenden zwei Kapiteln beschäftigen.

Kapitel 25

Vom Heiligen Geist abhängig sein

Wenn ich in christlichen Gruppen über den Heiligen Geist spreche, beginne ich meist mit einer Frage: »Wie bleiben Sie in der rechten Beziehung zu Gott?« Ich bekomme viele verschiedene Antworten:

»Durch richtige Theologie.«

»Alle Regeln einhalten, besonders die Zehn Gebote.«

»Durch die *Entschlossenheit,* die Regeln einzuhalten, besonders diejenigen, die in unserer Gemeinde betont werden.«

»Jede Woche die Gemeinde besuchen.«

»Die Bibel auswendig lernen.«

»Regelmäßig zum Abendmahl gehen.«

»Täglich mindestens einem Menschen von Jesus erzählen.«

Und so weiter.

Das sind natürlich alles Dinge, die unser christliches Leben auszeichnen sollten. Wer könnte etwas gegen regelmäßigen Gottesdienstbesuch haben, gegen eine saubere Theologie, gegen den Gehorsam unter Gottes Wort? Ich habe überhaupt nichts gegen solche Tugenden einzuwenden. Es gefällt mir aber nicht, wenn sie zum Ausgangspunkt und zum Maßstab für unsere Beziehung mit Gott werden. Wenn wir so denken, führt das zu der Illusion, daß wir unsere Annahme bei Gott dadurch *verdienen,* daß wir die richtigen *Taten* tun.

Wenn es je jemanden gab, der seine geistlichen Errungenschaften als Ausgangspunkt für die Erkenntnis Gottes hätte ansehen können, dann war es Paulus. Aber Paulus hat die Sache nicht so gesehen. Er sagte: »Durch Gottes Gnade bin ich, was ich bin« (1. Kor. 15,10; vgl. auch Phil. 3,4-9). Für Paulus waren die guten Werke nicht der Weg zu Gott, sondern das *Ergebnis:*

»Denn aus Gnade seid ihr selig geworden durch Glauben, und das nicht aus euch: Gottes Gabe ist es, nicht aus Werken, damit sich nicht jemand rühme. Denn wir sind sein Werk, geschaffen in Christus Jesus zu guten Werken, die Gott zuvor bereitet hat, daß wir darin wandeln sollen« (Eph. 2,8-10).

Gute Werke sind nicht das *Mittel,* durch das wir unsere Beziehung zu Gott aufrechterhalten; sie sind ein Ergebnis davon, daß wir uns auf den Heiligen Geist verlassen. In jedem von uns ist aber etwas, das dagegen kämpft, daß wir uns auf irgend etwas außer auf uns selbst verlassen. Unser ganzes Leben sind wir dazu trainiert und konditioniert, an uns selbst zu glauben, uns auf unsere eigene Weisheit und Kraft zu verlassen. Bevor wir von Herzen sagen können: »Komm, Heiliger Geist, und handle an mir, wie du willst«, müssen wir zuerst sagen: »Oh, Gott, ich kann gar nichts tun.« Dann sagt Gott: »In Ordnung. Nun kann unsere Beziehung beginnen.«

Mose

Mose ist ein herausragendes Beispiel für die Abhängigkeit von Gott. Die Schrift sagt: »Aber Mose war ein sehr demütiger Mensch, mehr als alle Menschen auf Erden« (4. Mose 12,3).

Das war aber nicht immer so. Als Mose vierzig Jahre alt war, versuchte er, Gott aus eigener Kraft zu dienen. In Ägypten sah er eines Tages, wie ein jüdischer Sklave mißhandelt wurde. Er ging mutig hin, um ihm zu helfen, und tötete den grausamen Ägypter. Die Tat wurde aber bekannt, und er floh in die Wüste. Er hatte Gott sein Bestes gegeben und war gescheitert. Vierzig Jahre lang lebte er anonym in der Einsamkeit.

Mose war so gründlich zerbrochen, daß er sehr zögernd reagierte, als Gott ihn am brennenden Dornbusch aufforderte, Herrscher und Befreier Israels zu sein (Apg. 7,35). Gott antwortete ihm: »Ich will mit dir sein« (2. Mose 3,12). Trotz dieser Zusage reagierte Mose skeptisch: »Siehe, sie [die Israeliten] werden mir nicht glauben« (2. Mose 4,1). Gott antwortete dadurch, daß er Zeichen und Wunder durch Mose tat – sie sollten die Sendung Mose bestätigen (4,2-9). Mose hatte aber auch Zweifel an seinen rhetorischen Fähigkeiten: »Ich habe eine schwere Sprache und eine schwere Zunge« (4,10). Gott erinnerte Mose daran, daß er, der Herr, Moses Mund geschaffen hatte, und er versprach, ihm beim Reden zu helfen (4,11-12). Doch Mose war immer noch nicht überzeugt: »Mein Herr, sende, wen du senden willst [aber mich nicht]« (4,13). Diese Antwort machte Gott zornig, aber er war gnädig und gab Aaron als Hilfe, damit er für Mose reden konnte (4,14-17).

Erst wenn wir an den Punkt kommen, an dem wir das Vertrauen auf unsere eigenen Kräfte, Gaben und Fähigkeiten gänzlich aufgeben, sind wir geeignete Kanäle für den Heiligen Geist. Erst wenn wir vollkommen und ständig von Gott abhängig sind und sagen: »Herr, *ich* kann nichts tun, um dein Reich voranzubringen« – erst dann können wir die Fülle des Heiligen Geistes erleben.

Gott hatte Geduld mit Mose, weil er wußte, daß seine Antworten auf seine Abhängigkeit von ihm gegründet waren. Mose war in der Lage, mit der Herrlichkeit Gottes ausgerüstet zu werden, weil er jede Tendenz zur Selbstherrlichkeit verloren hatte.

Im Alten Testament kam der Heilige Geist immer nur auf besondere Leute für kurze Zeit und für eine besondere Aufgabe. Mose klagte: »Wollte Gott, daß alle im Volk des Herrn Propheten wären und der Herr seinen Geist über sie kommen ließe!« (4. Mose 11,29). Im alten Bund sollte es aber nicht so sein.

Der Prophet Jeremia sah aber, wie bessere Tage kommen würden:

> »Siehe, es kommt die Zeit, spricht der Herr, da will ich mit dem Hause Israel und mit dem Hause Juda einen neuen Bund schließen, nicht wie der Bund gewesen ist, den ich mit ihren Vätern schloß, als ich sie bei der Hand nahm, um sie aus Ägyptenland zu führen . . . Ich will mein Gesetz in ihr Herz geben und in ihren Sinn schreiben, und sie sollen mein Volk sein, und ich will ihr Gott sein« (Jer. 31,31-33).

Wie würde Gott sein Gesetz in die Herzen der Menschen schreiben? Joel prophezeite, daß Moses größter Wunsch in Erfüllung gehen würde:

> »Und nach diesem will ich meinen Geist ausgießen über alles Fleisch, und eure Söhne und Töchter sollen weissagen, eure Alten sollen Träume haben, und eure Jünglinge sollen Gesichte sehen. Auch will ich zur selben Zeit über Knechte und Mägde meinen Geist ausgießen« (Joel 3,1-2).

Jesus brachte einen Bund, der besser war, als der Bund des Mose – einen Bund der Gnade, bei dem der Heilige Geist für alle zugänglich ist, die durch Jesus Christus zum Vater kommen (2. Kor. 3,3; 3,7-8).

Durch den neuen Bund ist der Dienst im Heiligen Geist offen für alle – ob jung oder alt, ob Mann oder Frau, ob Leiter oder normales Gemeindemitglied. Aber wie kommt der Heilige Geist zu uns? Was müssen wir tun, um seine Gegenwart in unserem Leben zu erfahren? Um diese Fragen geht es im nächsten Kapitel.

Kapitel 26

Getauft im Heiligen Geist

Es ist oft die Rede von der »Taufe im Heiligen Geist«. Was ist damit gemeint?

Der erste, der von der Taufe im Heiligen Geist redete, war Johannes der Täufer: »Ich taufe euch mit Wasser; es kommt aber einer, der ist stärker als ich, und ich bin nicht wert, daß ich ihm die Riemen seiner Schuhe löse; der wird euch mit dem heiligen Geist und mit Feuer taufen« (Lk. 3,16; vgl. auch Mt. 3,11; Mk. 1,8). Später, bei der Taufe Jesu, bezeugte Johannes: »Aber der mich sandte, zu taufen mit Wasser, der sprach zu mir: Auf wen du siehst den Geist herabfahren und auf ihm bleiben, der ist's, der mit dem heiligen Geist tauft. Und ich habe es gesehen und bezeugt: Dieser ist Gottes Sohn« (Joh. 1,33-34).

Johannes verglich die Taufe, die er spendete, mit der Taufe durch den Messias, die zu einer nicht genannten Zeit in der Zukunft geschehen sollte. Johannes taufte mit Wasser; der Messias würde mit dem Heiligen Geist taufen.

Nach seiner Auferstehung erinnerte Jesus seine Jünger an die Botschaft des Johannes: »Johannes hat mit Wasser getauft, ihr aber sollt mit dem heiligen Geist getauft werden nicht lange nach diesen Tagen« (Apg. 1,5). Am Pfingstfest ging diese Ankündigung in Erfüllung:

> »Es geschah plötzlich ein Brausen vom Himmel wie von einem gewaltigen Wind und erfüllte das ganze Haus, in dem sie saßen. Und es erschienen ihnen Zungen zerteilt, wie von Feuer; und er setzte sich auf einen jeden von ihnen, und sie wurden alle erfüllt von dem heiligen Geist und fingen an, zu predigen in andern Sprachen, wie der Geist ihnen gab auszusprechen« (Apg. 2,2-4).

Lukas beschreibt Pfingsten so, daß sie mit dem Heiligen Geist erfüllt wurden, und vor der Volksmenge verkündigte Petrus, daß sie Zeugen der Erfüllung der Prophezeiung Joels seien:

> »Und es soll geschehen in den letzten Tagen, spricht Gott, da will ich ausgießen von meinem Geist auf alles Fleisch; und

eure Söhne und eure Töchter sollen weissagen, und eure Jünglinge sollen Gesichte sehen, und eure Alten sollen Träume haben; und auf meine Knechte und auf meine Mägde will ich in jenen Tagen von meinem Geist ausgießen, und sie sollen weissagen« (Apg. 2,17-18; Joel 3,1-2).

Später fiel der Heilige Geist auf eine Gruppe von Heiden, die sich im Hause des Kornelius versammelt hatten (Apg. 10,44-46). Auch sie redeten in Zungen und lobten Gott.

»Taufen« bedeutet im Griechischen auch »eintauchen« oder »untertauchen«. Es ist etwas Überwältigendes. Johannes der Täufer, Jesus und Petrus haben alle gelehrt, daß wir erwarten sollen, in den Heiligen Geist eingetaucht, von ihm überwältigt zu werden, und daß diese Taufe notwendig ist, um uns zu echten Jüngern zu machen. Was wird denn genau durch die Taufe im Heiligen Geist bewirkt?

1. Korinther 12,13 ist wohl die Bibelstelle, die diese Frage am besten beantworten kann: »Denn wir sind durch einen Geist alle zu einem Leib getauft, wir seien Juden oder Griechen, Sklaven oder Freie, und sind alle mit einem Geist getränkt.« Hier lehrt Paulus, daß die Taufe im Heiligen Geist unter anderem dazu dient, daß wir in den Leib Christi mit hineingenommen werden. John Stott kommentiert das so: »Die Taufe im Heiligen Geist ist also in diesem Vers nicht der große Trennfaktor (manche haben sie, manche nicht), sondern der Faktor, der uns vereint, eine Erfahrung, die wir alle gemeinsam haben.«[1]

Wie erfahren wir die Taufe im Heiligen Geist? Sie kommt bei unserer Bekehrung. Die Bibel lehrt: »Niemand kann Jesus den Herrn nennen außer durch den heiligen Geist« (1. Kor. 12,3) und: »Wer aber Christi Geist nicht hat, der ist nicht sein« (Röm 8,9). Bekehrung und die Taufe im Heiligen Geist geschehen gleichzeitig. Die Erfahrung der Wiedergeburt ist auch die größte »charismatische« Erfahrung.

Geisterfüllt

Wenn wir in Christus sind, dann ist auch der Heilige Geist in uns. Daß wir den Heiligen Geist haben, ist jedoch keine Garantie, daß wir auch seine Kraft und seine Gaben erleben werden. Dazu ist mehr nötig. Paulus gibt uns das *Gebot,* geisterfüllt zu sein: »Sauft euch nicht voll Wein, woraus ein unordentliches Wesen folgt, sondern laßt euch vom Geist erfüllen« (Eph. 5,18). Er zeigt den Kontrast auf zwischen den Festen der Heiden, gekennzeichnet von Trunkenheit und Ausschweifung und geisterfüllten Christen, denen er rät: »Ermuntert einander mit Psalmen und Lobgesängen und geistlichen Liedern . . . und sagt Dank Gott, dem Vater allezeit für alles« (Eph. 5,19-20).

Es ist problematisch, den Begriff der »Erfüllung« allzu genau definieren zu wollen, weil Paulus und Lukas diese Begriffe verschieden benutzen. Paulus bezeichnet jede Erfahrung des einzelnen mit dem Heiligen Geist nach der anfänglichen Taufe im Heiligen Geist als »erfüllt werden«. Lukas scheint den Begriff nicht so eindeutig zu gebrauchen. Er benutzt drei verschiedene griechische Wörter für die »Erfüllung«, und alle drei zeigen eine etwas andere Perspektive auf.

Zunächst wird die Erfüllung in Apostelgeschichte 6,5 als eine *Qualität des Charakters* beschrieben, wenn jemand beständig vom Geist Gottes bestimmt wird: »Sie wählten Stephanus, einen Mann voll [*pleres*] Glaubens und heiligen Geistes« (vgl. auch Lk. 4,1; Apg. 6,3; 11,24). Hier ist »voll heiligen Geistes« eine Umschreibung für einen reifen Charakter.

Zweitens wird in Apostelgeschichte 2,4 die *souveräne Erstsalbung* mit dem Heiligen Geist betont: »Sie wurden alle erfüllt [*pimplemi*] von dem heiligen Geist und fingen an, zu predigen in andern Sprachen, wie der Geist ihnen gab auszusprechen« (vgl. auch Lk. 1,15.41.67; Apg. 4,8.31; 7,55; 9,17). Die Erfüllung, wie sie hier beschrieben wird, hat Ähnlichkeiten mit Paulus' Aussage in 1. Korinther 12,13: »Wir sind durch einen Geist alle zu einem Leib getauft.« Diese Erfüllungserlebnisse sind etwas, was plötzlich und dramatisch geschieht, aber die Ergebnisse passen nicht auf ein bestimmtes Schema. Unter den Begleiterscheinungen wird Zungenrede genannt, aber auch Verkündigung oder – wie bei Johannes dem Täufer – das Hüpfen im Mutterleib (Lk. 1,41).

Schließlich wird die Erfüllung mit dem Heiligen Geist in Apostelgeschichte 13,52 als *Ergebnis* der mutigen Verkündigung des Wortes Gottes beschrieben: »Die Jünger aber wurden erfüllt [*pleroo*] von Freude und heiligem Geist.« Dies war wieder eine plötzliche Erfüllung.

Aus den Schriften des Lukas können wir zwei Schlüsse in bezug auf die Erfüllung mit dem Heiligen Geist ziehen. Erstens, anders als bei Paulus, gebietet uns Lukas nicht, mit dem Heiligen Geist erfüllt zu werden. Lukas scheint davon auszugehen, daß der Heilige Geist uns erfüllen wird, wenn wir Gott suchen und im Gehorsam leben. Unser Charakter wird vom Heiligen Geist geprägt, und er wird uns in besonderer Weise salben, wenn wir besondere Kraft zum Dienst brauchen.

Zweitens können wir folgern, daß Gott seine Knechte oft souverän erfüllt, wie er es in Apostelgeschichte 7,55 tat, als Stephanus sah, wie Jesus im Himmel an der Seite seines Vaters saß. Diese souveräne Salbung steht meistens im Zusammenhang mit einer besonderen Aufgabe, insbesondere wenn es darum geht, Zeugnis zu geben – so wie Petrus in Apostelgeschichte 4 mit besonderem Freimut vor dem Hohen Rat predigte.

Die Schrift bietet uns keine nachvollziehbare Formel, keine allgemeingültige Erklärung, wie der Heilige Geist auf uns fällt. Das sollte uns jedoch nicht überraschen, denn Jesus sagte ja: »Der Wind bläst, wo er will, und du hörst sein Sausen wohl; aber du weißt nicht, woher er kommt und wohin er fährt. So ist es bei jedem, der aus dem Geist geboren ist« (Joh. 3,8).

Was muß ich tun?

Gott hat uns aber nicht vollkommen im ungewissen gelassen, wie wir den Heiligen Geist erleben können. In Epheser 5,18 hat Paulus immerhin geboten, mit dem Geist erfüllt zu werden. Das griechische Wort, das Paulus hier benutzt, ist das gleiche Wort, das Lukas in Apostelgeschichte 13,52 verwendet, als die Erfüllung ein Ergebnis der Ausdauer und Treue der Apostel im Evangelium war. Im vorangegangenen Vers, Vers 17, legt Paulus den Ephesern ans Herz, den Willen Gottes zu erkennen und zu tun – offensichtlich mit dem Hintergedanken, daß sie dann mit dem Geist erfüllt werden.

Wir können einiges unternehmen, um eine fruchtbare *Umgebung* für das Wirken des Heiligen Geistes in unserem Leben zu schaffen. Unser Teil besteht im Gehorsam; sein Teil besteht darin, das zu tun, was ihm gefällt.

Erstens müssen wir zusehen, daß unser *Herz rein* bleibt, denn Sünde betrübt den Heiligen Geist. Das tun wir dadurch, daß wir unsere Sünden bekennen: »Betrübt nicht den heiligen Geist Gottes, mit dem ihr versiegelt seid für den Tag der Erlösung. Alle Bitterkeit und Grimm und Zorn und Geschrei und Lästerung seien fern von euch samt aller Bosheit« (Eph. 4,30-31). Diese Liste ist nur eine Auswahl der Sünden; *jede* Sünde betrübt den Geist, denn er ist heilig (Röm. 1,4). Durch das Bekennen unserer Sünden behalten wir reine Herzen, die der Heilige Geist leiten kann. Wenn wir alle Sünden bekennen, die uns bewußt sind, »so ist er treu und gerecht, daß er uns die Sünden vergibt und reinigt uns von aller Ungerechtigkeit« (1. Joh. 1,9).

Zweitens müssen wir im Glauben *um die Gegenwart des Heiligen Geistes bitten* und dafür beten, daß er in unser Leben einzieht. In 1. Johannes 5,14 lesen wir: »Das ist die Zuversicht, die wir haben zu Gott: Wenn wir um etwas bitten nach seinem Willen, so hört er uns.« Wir wissen bereits, daß es seinem Willen entspricht, daß wir mit dem Heiligen Geist erfüllt werden (Eph. 5,18), deshalb können wir mit großer Zuversicht beten: »Komm, Heiliger Geist und fülle unser Leben.«

Drittens müssen wir nach dem Heiligen Geist *dürsten*. In Johannes 7,37-39 lesen wir:

»... Jesus trat auf und rief: Wen da dürstet, der komme zu mir und trinke! Wer an mich glaubt, wie die Schrift sagt, von dessen Leib werden Ströme lebendigen Wassers fließen. Das sagte er aber von dem Geist, den die empfangen sollten, die an ihn glaubten.«

Jesus beruft uns, einen beständigen Durst zu verspüren, so daß nichts anderes als das lebendige Wasser die Sehnsucht unseres Herzens stillen kann.

In seinem Zeugnis beschreibt Dwight L. Moody, wie intensiv der Durst nach Gott sein kann:

»Ich begann, zu Gott zu schreien wie nie zuvor, um einen größeren Segen von ihm zu erlangen. Der Hunger nahm zu; ich hatte nicht einmal den Wunsch, weiter am Leben zu bleiben. [Er war seit einiger Zeit nicht nur Christ, sondern auch Pastor, er leitete eine Missionsarbeit und erlebte Bekehrungen; er wollte aber mehr von Gott erleben.] Ich schrie immer wieder zu Gott, er möge mich mit seinem Geist erfüllen. Und dann, eines Tages, als ich in New York war – Ach! Was für ein Tag! Ich kann es nicht beschreiben und rede kaum davon. Die Erfahrung war fast zu heilig, als daß man es erzählen könnte. Paulus hatte einmal eine Erfahrung, über die er 14 Jahre lang nichts sagte. Ich kann nur sagen, daß Gott sich mir offenbart hat, und daß ich eine solche Erfahrung seiner Liebe hatte, daß ich ihn bitten mußte, sich zurückzuhalten.«

Über diese Erfahrung Moodys schreibt Martyn Lloyd-Jones: »daß das [die Erfahrung mit dem Heiligen Geist] das Mittel war, um aus dem guten, normalen, gewöhnlichen Pastor D. L. Moody den Evangelisten zu machen, der in den Vereinigten Staaten und darüber hinaus so von Gott gebraucht werden konnte.«[2] »Selig sind, die da hungert und dürstet nach der Gerechtigkeit, denn sie sollen satt werden« (Mt. 5,6).

Viertens müssen wir im Geist *wandeln*. In Epheser 5,25 steht: »Wenn wir im Geist leben, so laßt uns auch im Geist wandeln.« Wenn der Heilige Geist die Quelle unseres Lebens ist, will Paulus damit sagen, dann sollte er auch die Richtung bestimmen. Das bedeutet, daß wir das Wort Gottes kennen müssen, und daß wir für die leise Stimme Gottes empfänglich werden, mit der er uns seine Führung mitteilt (Joh. 10,4).

Schließlich müssen wir uns durch *Gehorsam gegenüber seinem Wort* für den Heiligen Geist offenhalten. Die Jünger gehorchten den Anweisungen Jesu, als sie sich Pfingsten in Jerusalem versammelten und mit dem Heiligen Geist erfüllt wurden (Apg. 1,4; 2,4). Petrus gehorchte

Gott, als er vor dem Hohen Rat predigte; dabei wurde er mit dem Heiligen Geist erfüllt (Apg. 4,8). Wenn wir an dem Ort sind, wo Gott uns haben möchte, und wenn wir das tun, was er von uns haben möchte, dann kommt der Heilige Geist meistens dazu. Wenn ich für Kranke bete, ist es selten, daß ich gleich am Anfang die Salbung des Heiligen Geistes spüre. Aber während ich bete, spüre ich oft, wie der Heilige Geist auf mich kommt, meine Gebete befähigt und die Kranken heilt. Ich fange deshalb zu beten an, weil Jesus es geboten hat – nicht, weil er vollkommene Ergebnisse versprochen hat.

Was geschieht eigentlich, wenn der Heilige Geist uns zum Dienst befähigt? Dies wird uns im weiteren Verlauf dieses Teils beschäftigen.

Kapitel 27

Wie wir verwandelt werden

Wir können uns in der Gewißheit entspannen, daß Christus uns im Heiligen Geist taufte, als wir unser Vertrauen auf ihn setzten. Der Heilige Geist ist ein Geschenk seiner Gnade. Er bewirkt eine Einheit mit Jesus (Joh. 14,20). Er macht die Gnade in unserem Leben wirksam (Röm. 14,17). Deshalb werden die Merkmale christlicher Reife – Liebe, Freude, Friede, Geduld, Freundlichkeit, Güte, Treue, Sanftmut, Keuschheit – in Galater 5,22-23 als Frucht des *Geistes* bezeichnet, nicht als Frucht unserer Bemühungen.

Es ist aber nicht so, daß wir nur herumsitzen und darauf warten sollen, daß der Geist uns heilig macht. Das Gegenteil ist richtig. Die Bibel gebraucht aktive Verben, um unseren Anteil am geistlichen Wachstum zu beschreiben: »Ich sage aber: *Lebt* im Geist, so werdet ihr die Begierden des Fleisches nicht vollbringen« (Gal. 5,16); »Wenn wir im Geist leben, so laßt uns im Geist *wandeln*« (Gal. 5,25); »So *zieht nun an* als die Auserwählten Gottes, als die Heiligen und Geliebten, herzliches Erbarmen, Freundlichkeit, Demut, Sanftmut, Geduld« (Kol. 3,12).

Das geistliche Wachstum entsteht also dadurch, daß der Heilige Geist den Anstoß gibt und uns befähigt, *und* daß wir aktiv mitarbeiten. Er spricht unseren Verstand, unseren Willen und unsere Gefühle an, und er erwartet, daß wir darauf eingehen. Wo *entweder* der göttliche Anstoß *oder* die menschliche Erwiderung fehlt, werden wir nicht wachsen.

In drei Bereichen trifft die Gnade des Geistes in besonderer Weise mit unserer aktiven Mitwirkung zusammen: Die Schrift, die Lebensumstände und die Gemeinschaft. Diese Bereiche sind Mittel, durch die wir Gnade erfahren. Der Heilige Geist wirkt in ihnen und durch sie, damit wir geistlich wachsen können.

Das Wort Gottes

Das erste und wichtigste Mittel für die Gnade ist das *Wort Gottes*, die Schrift. Jesus betete: »Heilige sie in der Wahrheit; dein Wort ist Wahrheit« (Joh. 17,17). Die Bibel hat die Kraft zu lehren, klares Denken zu vermitteln, unser Gewissen zu informieren, unser Leben an Gottes Maßstäbe heranzuführen (2. Tim. 3,16), uns gegen die Sünde zu beschützen (Ps. 119,11) und Freiheit zu bringen (Ps. 119,45).

Im dritten Teil (»Gottes Wort glauben«) habe ich mir viel Zeit dafür genommen, dieses Thema zu behandeln, und ich möchte nicht wiederholen, was ich dort sagte. Einen Punkt möchte ich jedoch betonen, weil er grundlegend wichtig ist für geistliches Wachstum: Wir müssen danach *handeln,* was wir aus dem Wort Gottes lernen, sonst sind unser Glaube und unsere Erkenntnis nicht echt.

Die Erkenntnis Gottes ist eine ständige Entwicklung: wir hören Gottes Wort und glauben daran; dann handeln wir nach diesem Glauben; das Ergebnis ist, daß unsere Erkenntnis zunimmt, so daß wir eine neue Gelegenheit zum Glauben und Handeln bekommen, und so weiter.

Als ich noch jung im Glauben war, dachte ich, daß meine persönliche Pilgerschaft mit Gott das Wesen des Christseins ausmachte. Ich prüfte mich immer wieder und fragte: »Wachse ich denn, Herr?« Ich weiß noch, wie ich tagelang Bibelverse auswendig lernte; ich kam bis auf tausend Bibelverse, die ich kannte. Dabei sagte ich mir: »Ich muß nun ganz schön reif sein. Ich bin bestimmt mächtig am Wachsen. Schau mal, wie viele Bibelverse ich kann.« Der Grundkurs im Bibelwissen hat mich damals sehr stark motiviert: »Willst du in Christus wachsen?« war die Parole, »dann lerne sein Wort auswendig.« Ich wußte aber, daß mein Wachstum nicht so war, wie es hätte sein können. Ich wurde immer noch ärgerlich mit meiner Frau, schrie die Kinder an und machte tausend Dinge, die anhand meiner Beziehungen aufzeigten, daß ich noch gar nicht gewachsen war. Ich hatte viele Bibelstellen im Kopf, aber wenige trugen Frucht in meinem Leben. Ich mußte noch lernen, wie man biblische Wahrheiten in Taten umwandelt.

1977 wurde ich überzeugt, daß die Bibel lehrt, daß wir die Kranken heilen sollten. Also begann ich, jede Woche aus Gehorsam gegenüber Gott für die Kranken zu beten. Es geschah aber nichts. Es gab Wochen des fruchtlosen Gebetes; aus den Wochen wurden Monate. Immer noch geschah nichts. Ich wurde zornig und frustriert. Eines Tages schrie ich Gott an: »Ich will nicht mehr über Heilung predigen!« »Predige mein Wort«, erwiderte er, »nicht deine Erfahrung.« Ich gehorchte ihm. Nach *zehn Monaten* wurde eine Frau geheilt, und ich hatte eine Vision von Jesu heilender Kraft. Danach wußte ich in tiefgreifender Weise, daß Jesus voller Erbarmen ist. Und ich wußte, daß ich in der Kraft des Heiligen Geistes die Kranken heilen *kann.* Meine Beziehung zu Jesus wurde radikal verändert, und diese Erfahrung hat auch für Tausende anderer Menschen Frucht gebracht. Es wäre aber nichts davon passiert, wenn ich nicht bereit gewesen wäre, ein Risiko einzugehen und im Vertrauen auf Gottes Wort zu handeln.

Unsere Lebensumstände

Der Heilige Geist gestaltet die Umstände unseres Lebens so, daß wir zu ihm hinwachsen können. In Römer 8,28 steht: »Wir wissen aber, daß denen, die Gott lieben, alle Dinge zum Besten dienen, denen, die nach seinem Ratschluß berufen sind.« Dinge, mit denen andere Menschen – oder gar Satan – uns schaden wollten, gebraucht Gott zum Guten (s. 1. Mose 50,20), um unseren Charakter nach dem Bild seines Sohnes zu gestalten. Er läßt auch das Leiden zu unserem Wohl zu, wenn wir vom rechten Weg abweichen (Ps. 119,67). Aber wir müssen nicht voll Sünde sein, um Leid in unserem Leben zu erfahren. Wenn wir uns mit Jesus identifizieren, sollten wir erwarten, daß auch sein Leiden in unserem Leben Ausdruck findet (2. Kor. 1,5).

Viel von dem, was ich über das Leiden glaube, wird durch das Leben von Gunner Payne verdeutlicht, dem Mann, der mich 1963 zu Christus führte. Als ich ihn kennenlernte, wußte ich schon, daß er irgendwie anders war. Er war ein guter Lehrer – intelligent, geduldig und mit Durchblick. Aber mich faszinierte etwas anderes. Ich war beeindruckt von den Qualitäten dieses Mannes, von seinem Charakter: Er war anscheinend aufrichtig, unverdorben, rundum vollkommen. Ihm war nur das Eine wichtig – für Gott zu leben. Was gab ihm diesen Frieden, der seine ganze Persönlichkeit prägte? Bald erfuhr ich das Geheimnis seiner Reife: Er hatte in großem persönlichen Leid gelernt, Jesus zu vertrauen.

Im Jahre 1952 hatte ein junger Mann seine fünfzehnjährige Tochter, Ruby Ann, überfallen und in brutaler Weise ermordet. Die darauf folgenden Gerichtsverhandlungen (die sechs Jahre dauerten), wurden von allen Medien verfolgt, weil sie zu einem Präzedenzfall für die Todesstrafe wurden. 1962 geschah eine neue Katastrophe: Sein zweiundzwanzigjähriger Sohn, Preston, wurde bei einem Autounfall schwer verletzt, so daß er bis heute von seinen Eltern versorgt werden muß.

In der Nacht, als Ruby Ann starb, setzte sich Gunner mit seiner Frau und seinem Sohn zusammen und betete: »Vater, ich verstehe es nicht. Ich werde dich aber nicht in Frage stellen. Ich vertraue dir.« In der folgenden Zeit betete er dieses Gebet sehr häufig, und ich bin überzeugt, daß er dabei einen Schlüssel entdeckte, wie man das Leiden begreifen und dadurch wachsen kann. Durch die vielen Jahre des Schmerzes und des Vertrauens formte Jesus einen reifen Charakter und eine tiefe Aufrichtigkeit in Gunner. Mehr als alles andere war er im Frieden mit Gott. Durch seinen geistlichen Frieden wurde sein Umgang mit anderen Menschen geprägt. Er wurde zum Beispiel zu einem Friedensstifter für andere. Er sprach nie negativ über andere; statt dessen beschloß er, das Positive in ihnen zu suchen. Ich besuchte ihn oft in seiner Werkstatt und sah, wie sehr er sich einsetzte, um seine Kunden zufriedenzustellen. Er berechnete immer einen fairen Preis für seine Arbeit und war freigiebig mit seiner Zeit und seinem Geld. Trotz der Katastrophen in seinem Leben, an denen die meisten Ehen zerbrochen wären, liebte er seine Frau und seinen Sohn und sorgte mit vollem Herzen für sie.

An seinem Leben sehen wir das Geheimnis, wie man das Leid am besten bewältigen kann. Er erlebte geistlichen Erfolg mitten im persönlichen Leid, weil er das Ziel des christlichen Lebens verstand, daß wir »hingelangen . . . zum vollendeten Mann, zum vollen Maß der Fülle Christi« (Eph. 4,13).

Wenn wir leiden, haben wir die Wahl. Wir können glauben, daß Gott ungerecht ist, daß wir ihm gleichgültig sind, oder wir können glauben, daß er gut ist, und daß alles, was aus seiner Hand kommt, von seiner Barmherzigkeit geprägt ist und unser Wachstum zum Ziel hat. Gunner hat nicht verstanden, *warum* Ruby Ann sterben mußte; er konnte aber verstehen, daß Gott trotzdem alles unter seiner Kontrolle hatte, und daß Gott gut ist. In Römer 1,17 steht: »Denn darin [im Evangelium] wird offenbart die Gerechtigkeit, die vor Gott gilt, welche kommt aus Glauben in Glauben; wie geschrieben steht: ›Der Gerechte wird aus Glauben leben.‹« Wenn wir diesen Glauben leben, der zur Gerechtigkeit führt, dann müssen wir Gott auch dann vertrauen, wenn widrige Umstände dagegen sprechen.

Im Hebräerbrief, Kapitel 11, dem klassischen biblischen Text über den Glauben, lesen wir: »Es ist aber der Glaube eine feste Zuversicht auf das, was man hofft, und ein Nichtzweifeln an dem, was man nicht sieht« (Vers 1). Es ist ein Kennzeichen des Glaubens, wenn Menschen Gottes Wort vertrauen, ohne auf ihre Lebensumstände zu achten. Das ist kein »blindes Vertrauen«, sondern ein *gut informiertes* Vertrauen, das Vertrauen auf einen Gott, der das abscheulichste Ereignis in der Geschichte der Menschheit überwand: Das Kreuz. Die Schrift lehrt uns, daß Jesus durch Leiden Gehorsam lernte (Hebr. 5,8). Wenn er, der ohne Sünde war, Leiden ertragen mußte – wieviel mehr sollten wir Gott in unseren Leiden vertrauen. Wenn wir uns in das Bild Christi verwandeln, dann heißt das, daß wir *alle* Lebensumstände aus der Hand Gottes annehmen, und daß wir mit dem Heiligen Geist zusammenarbeiten, wenn er mitten im Leid seine alles verwandelnde Kraft an uns erweisen will.

Gemeinschaft

Das griechische Wort, das gewöhnlich mit »Gemeinschaft« übersetzt wird, bedeutet mehr als nur ein nettes Beisammensein beim gemeinsamen Abendessen oder das Gespräch mit anderen nach dem Gottesdienst. Das Wort bedeutet, daß wir ein gemeinsames Leben führen. Das praktizierten die Christen im ersten Jahrhundert durch geistliche, soziale und materielle Freigebigkeit untereinander. In der

Urgemeinde bestand eine Wechselwirkung zwischen der herzlichen Beziehung der einzelnen zu Gott und ihrer Freigebigkeit untereinander. Diese sozialen Bindungen in der Gemeinde waren so eng, daß die ersten Christen sich nicht als Einzelpersonen verstanden, sondern als »Glieder untereinander« (Eph. 4,25). Sie bildeten eine Gemeinschaft, in der einzelne den Heiligen Geist erlebten, zur Reife heranwuchsen und gemeinsam am Vormarsch des Reiches Gottes arbeiteten.

In diesen Gemeinschaften fanden sie Kraft, Unterstützung und Schutz vor den zersetzenden Einflüssen der Welt (Kol. 3,16). Dadurch waren sie gut gerüstet gegen alles, womit der Teufel sie konfrontieren könnte, wenn sie in die Welt hinausgingen. Diese Qualität der Beziehungen steht im Gegensatz dazu, was viele moderne Christen glauben und praktizieren, die ihre Beziehung zu Gott auf individuelle Fragen beschränken, wie zum Beispiel Buße und Bekehrung, Gebet und Bibelstudium, persönliche Gerechtigkeit und Evangelisation. Gott hat uns berufen, *im Leib Christi* zur Reife heranzuwachsen. Wir sind dazu berufen, daß wir »alle hingelangen zur Einheit des Glaubens und der Erkenntnis des Sohnes Gottes . . . und wachsen in allen Stücken zu dem hin, der das Haupt ist, Christus, von dem aus der ganze Leib zusammengefügt ist und ein Glied am andern hängt, wodurch jedes Glied das andere unterstützt nach dem Maß seiner Kraft und macht, daß der Leib wächst und sich selbst aufbaut in der Liebe« (Eph. 4,13.15-16).

Wenn wir unser Leben Christus übergeben, dann verpflichten wir uns gleichzeitig, an seinen Zielen in der Welt Anteil zu haben. Zu diesen Zielen gehört es auch, daß sein Leib gesund und in Einheit als Volk Gottes lebt. Vor einigen Jahren zeigte mir Gott, daß ich oft gegen den Leib Christi gesündigt hatte. Ich hatte mich wie ein Richter gegenüber seiner Gemeide verhalten. Gott sprach zu mir und zeigte mir, daß ich die Dinge lieben soll, die er liebt, und *daß er seine Gemeinde liebt*. Er liebt die *gesamte* Gemeinde, ob protestantisch oder katholisch, ob orthodox oder täuferisch. Damit meine ich nicht, daß er alles liebt, was die verschiedenen Gemeinden glauben und tun. Ich will auch nicht sagen, daß ich mit den Glaubensinhalten aller Konfessionen und Gruppen einverstanden bin. Aber Jesus hat eine tiefe Liebe für seine Gemeinde, und wir sind berufen, das zu lieben, was Jesus liebt. Also haben wir keine Wahl: Wir müssen die gesamte Gemeinde lieben – auch diejenigen, mit denen wir inhaltlich nicht übereinstimmen.

Wenn wir die Gemeinde lieben, werden wir uns ihr unterordnen, denn sie ist »ein Pfeiler und eine Grundfeste der Wahrheit« (1. Tim. 3,15). Wir haben natürlich auch selbst einen Nutzen, wenn wir uns unter die Gemeinde stellen, wenn wir ihre Leitung ehren und respektieren. Immerhin wird das Wort Gottes in der Gemeinde gepredigt, und Gott hat die Pastoren eingesetzt, um uns zu leiten und zu schützen. Die

Gemeinde ist ferner eine Gemeinschaft des Gebets, und geistliches Wachstum ist unmöglich ohne persönliches und gemeinsames Gebet.

Schließlich ist die Gemeinde der Ort, wo die Sakramente, Taufe und Abendmahl, praktiziert werden. Sakramente sind »sichtbare Zeichen der inneren Gnade«, ein Weg, unsere Einheit und Gemeinschaft mit Christus von neuem zu erleben. Sakramente weisen von uns selber weg und hin zu unseren Fundamenten in Christus.

Das Neue Testament lehrt eindeutig, daß unsere neue Geburt ein Akt des Heiligen Geistes ist, der allein aus Gottes Gnade geschieht, und nicht durch unseren Verdienst oder unsere Anstrengung geschehen kann. Die Taufe macht deutlich, was es bedeutet, in Christus zu sein: Die Anteilnahme am Tod und an der Auferstehung Jesu, die neue Geburt, die Reinigung von unseren Sünden, die Ausrüstung mit der himmlischen Kraft, der Eintritt in die Gemeinde (Röm. 6,1-11; Gal. 3,27-28). Die Taufe kann das Heil zwar nicht bewirken, aber sie hängt eng mit unserer Taufe im Heiligen Geist zusammen (Joh. 3,5; Tit. 3,5).

Das Abendmahl ist wie die Erfüllung mit dem Heiligen Geist – ein Ereignis, das wir immer wieder erleben. Es ist eine Feier des Bundes: Gottes Volk schaut zurück auf das Kreuz, wir rufen uns das Opfer Christi ins Gedächtnis und wir erneuern unsere Hingabe an ihn (Lk. 22,14-20). Die Abendmahlfeier ist eine Art Generalprobe für das zukünftige »Hochzeitsmahl des Lammes« (Offb. 19,9), ein Vorgeschmack des Himmels. Im Glauben essen wir seinen Leib und trinken sein Blut, dabei erleben wir die Vergebung und die Erneuerung, die durch sein Kreuz kommen (Joh. 6,48-58). In welcher Weise Jesus beim Abendmahl gegenwärtig ist, ist ein Geheimnis, über das Christen sich seit Jahrhunderten streiten. Das Wichtigste ist aber, daß Jesus unsere Handlungen und unseren Glauben benutzt, um Gemeinschaft mit uns zu haben und um uns nach seinem Bild zu formen.

In der Vineyard-Gemeinde in Anaheim bitten wir regelmäßig den Heiligen Geist zu kommen und unter uns zu wirken. Das tut er auch – oft mit dramatischen Ergebnissen. Er bringt Vergebung, Heilung und Erneuerung. Er setzt auch Geistesgaben in der Gemeinde frei – davon handeln die nächsten beiden Kapitel.

Kapitel 28

Die Gaben in uns freisetzen

Gott ist in der Gemeinde aktiv, und er zeigt sich durch Gaben des Geistes. Der Sinn der Geistesgaben ist der, daß sie zum Wohl der Gemeinde dienen (1. Kor. 12,7). Sie haben nichts mit persönlichem Ehrgeiz oder mit Berufsperspektiven zu tun. Sie sind nicht dazu da, daß der gute Ruf des einzelnen gestärkt wird, auch nicht als Rechtfertigung für eine Gemeindehierarchie oder als Beweis für geistliche Fortschritte. Sie sind nicht Trophäen, sondern Werkzeuge. Diese Werkzeuge sind dazu da, daß andere angerührt und gesegnet werden.

Kleine Gnadengaben

In 1. Korinther 12,8-12 nennt Paulus einige der Geistesgaben, die Gott austeilt: Worte der Weisheit, Worte der Erkenntnis, Glauben, Gaben der Heilung, das Wirken von Wundern, prophetische Rede, die Unterscheidung der Geister, Zungenrede und die Auslegung der Zungenrede. Vielen von uns ist beigebracht worden, daß diese Liste eine einmalige, lebenslange Zuteilung der Gaben für jeden einzelnen bedeutet.

Ich glaube jedoch nicht, daß Paulus hier davon spricht, daß die Geistesgaben auf Dauer ausgeteilt werden. Er redet vielmehr davon, daß der Heilige Geist einzelne je nach der Situation zu verschiedenen Zeiten verschieden anrührt. Russell Spittler, der am Fuller Seminary lehrt, nennt sie »kleine Gnadengaben«. Dieser Name gefällt mir. Er weist darauf hin, daß sie kleine Auswirkungen von Gottes Gnade sind. Sie kommen und gehen, wie duftende Blumen auf- und zugehen. Sie können sogar im Bruchteil einer Sekunde kommen und gehen. Eine bestimmte Gabe wird einmal der einen Person zugeteilt, das nächste Mal empfängt eine andere Person diese Gabe. Zu jeder Zeit könnte jemand zum Wohl anderer prophetische Rede, Zungenrede, Heilung oder irgendeine andere Gnadengabe empfangen. Das ist natürlich dort schwer zu erreichen, wo die Gemeindemitglieder zu passiven Beobachtern herangebildet werden. Die Impulse, die Gott uns zum Gebrauch der Gaben gibt, sind oft fein und leise, wir müssen empfindlich genug sein, um auf sie zu reagieren. Wenn wir diese Impulse nicht aufgreifen, werden wir nie lernen, mit der Kraft des Heiligen Geistes zu leben.

Paulus gibt uns nicht den Eindruck, als ob es im christlichen Leben zwei Gruppen gäbe – die Spieler und die Zuschauer. Alle Christen sind Spieler. Manche von uns wären vielleicht lieber Zuschauer, weil es sicherer ist, nur zuzuschauen. Manchmal kann es auch Spaß machen, denn es gibt uns die Gelegenheit, andere zu kritisieren. Es ist leichter, Zuschauer zu sein, als selbst teilzunehmen. Aber Paulus läßt diese Möglichkeit nicht offen. Er zeigt uns, daß jeder ein Teilnehmer ist.

Wir werden alle zu verschiedenen Zeiten in irgendeiner Weise vom Heiligen Geist angerührt, aber die meisten von uns haben das entweder nicht gewußt, oder wir wußten nicht, wie wir damit umgehen sollen. So haben viele von uns das Wirken des Geistes erlebt, haben es aber unterdrückt. Wenn wir zum Beispiel im Gespräch sind und plötzlich eine Bibelstelle in das Leben des Gesprächspartners hineinsprechen können, dann ist diese Fähigkeit eine Geistesgabe. Wenn wir in ein Zimmer hineinkommen und auf einmal geheime Dinge über das Leben der Menschen im Raum wissen, dann ist das eine Geistesgabe. So funktionieren die Geistesgaben. Sie sind Manifestationen des Heiligen Geistes, die auf uns kommen und durch uns wirken. Vielleicht kennen wir nicht die Namen für alle Gaben, wir können aber sehen, wie sie wirken. Wir haben alle einige solcher Erfahrungen gemacht, und wir könnten mehr erleben, wenn wir dazu ermutigt würden. Wenn wir um die Gaben bitten, wenn wir sie suchen, wie die Bibel es uns empfiehlt, dann werden wir mehr Gaben erleben.

Eine Sache, die uns vielleicht davon abgehalten hat, für die Gaben zu beten, ist die Lehre, daß die Geistesgaben mit unserer Persönlichkeit zusammenhängen. Wenn jemand zum Beispiel immer fröhlich ist, wird ihm vielleicht gesagt werden, er habe die Geistesgabe der Ermutigung wie Barnabas. Aber einige der besten »Ermutiger«, die ich kenne, sind in ihrer Persönlichkeit nicht besonders lebhaft oder positiv eingestellt. Gott gibt uns einmalige Persönlichkeiten, unsere Persönlichkeit ist also gewissermaßen eine Gabe von Gott. Aber die Geistesgaben, wie ich sie verstehe, sind nicht abhängig von Persönlichkeitsmerkmalen.

Manifestationen des Heiligen Geistes sollten die Regel sein, nicht die Ausnahme. Wie vielen von uns gibt Gott Geistesgaben? *»Jedem!«* Da mag jemand einwenden: »Mir aber nicht. Was Paulus hier beschreibt ist mir noch nie passiert.« Darauf würde ich erwidern: »Doch! Ihnen fehlte nur die Theologie, die Übung oder die Ermutigung, um die Gaben zu erkennen und darauf einzugehen.«

Die meisten von uns sind einfach zu abgestumpft und träge in bezug auf unser christliches Zeugnis und unsere Verantwortung, um die Gaben freisetzen zu können. Dazu kommt, daß viele von uns noch in

Unwissenheit über die Geistesgaben sind, weil wir keine biblische Lehre darüber gehört haben, und weil wir keine gesunden Vorbilder gesehen haben (1. Kor. 12,1). Es gehört in den Aufgabenbereich der Apostel, Propheten, Evangelisten, Pastoren und Lehrer, die Gemeinde anzuregen und zu ermutigen, die Gaben einzusetzen. Heute ist es tatsächlich so, daß die Gemeinde ermutigt und ausgerüstet wird, die Gaben des Heiligen Geistes freizusetzen.

Universalrolle, Gabe und Amt

Als junger Christ wurde mir oft gesagt, ich sei Evangelist, weil ich so viele Menschen zu Christus führte. Ich verstand aber nichts von Gaben und Diensten, also stritt ich ab, Evangelist zu sein.

»Führst du denn nicht Menschen zu Jesus?« fragte man mich.

»Ja, aber ich dachte, dazu wären wir *alle* berufen.«

Ich führte Menschen zu Christus, weil ich es für meine Pflicht hielt, von ihm zu erzählen. Diese Pflicht wurde aber zu einer Leidenschaft, und die Leidenschaft wurde zu meinem geistlichen Amt. In den ersten zehn Jahren, nachdem ich Christ wurde, war es der Mittelpunkt meines Lebens, Menschen zu evangelisieren. Weil ich das immer wieder tat, wurde daraus ein Amt. Der Geist gibt eine Gabe und bietet uns Gelegenheiten, diese Gabe einzusetzen; der wiederholte Gebrauch der Gabe führt dann dazu, daß sich ein Amt entwickelt.

Durch Willensanstrengungen entstehen oft Werke, die von Natur aus etwas Gutes sind. So sind viele Menschen gute Gastgeber: Sie sind freigebig, warmherzig, freundlich und aufmerksam. Ihre Gastfreundschaft ist ein Segen. Das sehe ich als eine *Universalrolle*, zu der wir alle berufen sind. Wir sollten alle erwarten, daß wir in vielerlei Weise dienen können, und dabei sollten wir auch die »kleinen Gnadengaben« des Heiligen Geistes erwarten. Wenn wir gastfreundlich sind, mag es zum Beispiel sein, daß wir eine prophetische Einsicht in das Leben unseres Gastes erhalten, und ihm diese Einsicht weitergeben.

Es gibt aber Menschen, die eine *Geistesgabe* der Gastfreundschaft haben, eine Salbung des Geistes, die dazu führt, daß wir nicht nur körperlich, sondern auch geistlich erfrischt sind, wenn wir ihre Wohnung verlassen. Jeder von uns wird vermutlich einen Bereich ausmachen können, wo wir häufig eine besondere Salbung erhalten und wo wir besonders gebraucht werden.

Eine solche Gabe kann sich mit der Zeit zu einem *Amt* entwickeln. Wenn also ein Ehepaar häufig gastfreundlich ist, erhalten sie bald das Amt der Gastfreundschaft. Dabei ist es unerheblich, ob dieses Amt offiziell von der Gemeindeleitung anerkannt wird. Warum? Weil es uns vor allem darum geht, anderen zu dienen.

Es gibt also *Universalrollen, Gaben und Ämter.* Das eine kann in das andere übergehen, es gibt keine scharfen Trennungslinien.

Auch die Fürbitte kann – ähnlich wie die Gastfreundschaft – entweder *Universalrolle, Gabe oder Amt* sein. Die meisten von uns beten ohnehin für andere, denn die Fürbitte gehört zum christlichen Leben. Aber manchmal erleben wir eine übernatürliche Salbung, die uns befähigt, für eine bestimmte Person zu beten. Das ist die *Gabe* der Fürbitte. Wenn wir diese *Gabe* häufig gebrauchen, entsteht das *Amt* der Fürbitte.

Paulus sagt noch mehr über diejenigen, die zu einem bestimmten Amt berufen sind:

> »Ihr aber seid der Leib Christi und jeder von euch ein Glied. Und Gott hat in der Gemeinde eingesetzt erstens Apostel, zweitens Propheten, drittens Lehrer, dann Wundertäter, dann Gaben gesund zu machen, zu helfen, zu leiten und mancherlei Zungenrede. Sind alle Apostel? Sind alle Propheten? Sind alle Lehrer? Sind alle Wundertäter? Haben alle die Gabe, gesund zu machen? Reden alle in Zungen? Können alle auslegen? Strebt aber nach den größeren Gaben!« (1. Kor. 12,27-31).

Ich sehe einen Unterschied zwischen Geistesgaben und Ämtern. Wenn Paulus fragt, ob alle Apostel, Propheten, Lehrer oder Wundertäter sind, ist seine Antwort offensichtlich: Nein. Dieser Text ist oft so ausgelegt worden, daß die irreführende Ansicht entstehen mußte, daß Paulus die Fülle der Geistesgaben begrenzt. Ich sehe nun, daß diese Bibelstelle das Wort des Paulus über die Ämter in der Gemeinde ist. Es sollte in jeder Gemeinde Leute geben, die Gott in diese spezifischen Ämter eingesetzt hat.

Wenn zum Beispiel ein außerordentliches Zeichen der Kraft Gottes in unserer Gemeinde geschieht, kann ich in der Regel davon ausgehen, daß einer von fünf oder sechs bestimmten Mitgliedern für die Person gebetet hat, an der das Wunder geschah. Diese fünf oder sechs sind diejenigen unter uns, die das Amt haben, Wunder zu tun. Das bedeutet nicht, daß sie Wunder gleichsam in der Tasche hätten. Es geht nicht um ihre Eignung. Während sie für Menschen beten, die Husten, Rückenschmerzen oder andere häufige Beschwerden haben, geraten sie vielleicht an jemanden, der ein schwerwiegendes Problem hat – etwa Krebs oder Herzbeschwerden – und dann wird dieser Mensch geheilt. Das sehen wir als Wunder.

Das gleiche gilt auf dem Bereich des Lehrens. Manche Menschen scheinen von Gott dazu berufen zu sein zu lehren; solche Menschen haben dieses Amt. Andererseits gibt es viele, die einfach die Rolle des Lehrens einnehmen. Sie erfüllen ihre Pflicht und leisten dabei gute Arbeit. Nicht jeder, der in der Lage ist, gut zu lehren, hat auch das Amt des Lehrens. Wenn diejenigen, die die Gabe des Lehrens haben, ihre Gabe oft genug einsetzen, haben sie das Amt des Lehrens. Es braucht Zeit, bis die Gabe des Lehrens heranreift und zu einem Amt in der Gemeinde wird.

Geistesgaben können überall und jederzeit eingesetzt werden – auf der Straße, auf dem Marktplatz, zu Hause, und natürlich auch in der Gemeinde. Wie sie in der Gemeinde fuktionieren sollen, ist ein wichtiges Thema im Neuen Testament. Im nächsten Kapitel wollen wir dieses Thema etwas näher betrachten.

Kapitel 29

Die Gaben in der Gemeinde freisetzen

Das meiste von dem, was die Schrift uns über geistliche Gaben sagt, steht im ersten Brief des Paulus an die Gemeinde in Korinth – in 1. Korinther 11,17-14,40. Zum richtigen Verständnis dieses Abschnitts gibt es einen wichtigen Grundsatz der Textauslegung. Dieser Schlüssel heißt *Dienst für andere*.

Wie jede andere Gemeinde, war auch die Gemeinde in Korinth die meiste Zeit im Ort zerstreut. Sie traf sich mindestens einmal in der Woche zu einer Gemeindeversammlung. In diesen Gemeindeversammlungen standen die Dinge nicht zum besten. Es gab exklusive Cliquen, Unhöflichkeit und Gedankenlosigkeit. Manche schwelgten in Völlerei; manche benahmen sich unordentlich; manche beanspruchten für sich einen allzu großen Teil der Zeit im Gottesdienst. Paulus mußte sie wegen dieses unverantwortlichen Benehmens streng zurechtweisen.

Der Grundtenor der Kritik des Paulus wird in 1. Korinther 11,17 und 14,40 deutlich. Er beginnt seine Zurechtweisung mit der Warnung, »daß ihr nicht zu eurem Nutzen, sondern zu eurem Schaden zusammenkommt«. Er beendet sie mit dem Rat: »Laßt alles ehrbar und ordentlich zugehen.« Zwischen seiner Einleitung und den Schlußworten seiner Korrektur warnt er vor Spaltungstendenzen (mit einem gewissen Sarkasmus), vor dem Fehlverhalten beim Abendmahl (mit einer theologischen Tiefe) und vor dem Mißbrauch der Geistesgaben (mit poetischen Worten). Die Gemeinde in Korinth hatte nicht die Anteilnahme, die gegenseitige Fürsorge und die Sensibilität gezeigt, die eine reife christliche Gemeinschaft auszeichnen sollten.

Die Gemeinde in Korinth hatte zwar Geistesgaben, verstand aber nicht, welchem Zweck sie dienen oder wie sie benutzt werden sollten. Ich denke, daß das auch heute für viele Christen zutrifft. Für viele von uns ist es ein so großer Schritt, die Gaben überhaupt freizusetzen, daß wir nicht darüber nachgedacht haben, wie wir sie in reifer Weise einsetzen können.

Im zwölften Kapitel des Korintherbriefes schreibt Paulus: »Es sind verschiedene Gaben; aber es ist ein Geist. Und es sind verschiedene

Ämter; aber es ist ein Herr. Und es sind verschiedene Kräfte; aber es ist ein Gott, der da wirkt alles in allen« (1. Kor 12.4-6). Erst sagt Paulus, daß es verschiedene Gaben gibt. Er versucht nicht einmal, alle Kategorien dieser Gaben aufzuzählen, denn es gibt eine unendliche Vielfalt. Es gibt viele verschiedenartige Gaben – eine wahre Fülle. Wenn wir an die Großzügigkeit Gottes denken, an seine Freigebigkeit, Größe und Herrlichkeit, dann ist es mehr als wir verstehen oder in Worte fassen können. So ist es mit den Gaben und dem Segen, die Gott austeilt. Wir können sie nicht zählen oder in Kategorien einteilen.

Segen

Gott zeigt seine Liebe zu der Gemeinde durch die Gaben, die er austeilt. Mit den Gaben, die wir empfangen haben, sollen wir wiederum einander segnen. Das ist kein Wunschdenken, keine unrealistische Theorie; es ist eine ergreifende, aber praktische Tatsache. Die Ergebnisse können wir oft sehen, hören und anfassen.

Es bestehen jedoch zwei tragische Mißverständnisse in bezug auf die Geistesgaben. Das erste ist die Ansicht, daß sie für uns heute nicht existieren. In der Bibel finden wir keine Hinweise darauf, daß eine Periode im Zeitalter der Gemeinde eintreten würde, in der die Gaben aufhören. Zuverlässige Dokumente aus jedem Jahrhundert der Kirchengeschichte belegen, daß Prophetie, Heilung, Zungenrede und Befreiung von bösen Mächten nie aus dem Erfahrungsbereich der Christenheit verschwunden sind.[1]

Das zweite Mißverständnis ist, daß die Gaben existieren, und daß sie ein Zeichen geistlicher Überlegenheit sind. Manche Menschen betrachten die Gaben als Trophäen oder als besondere Auszeichnungen, als ob sie einen besonderen Elitestatus vor Gott verleihen und einen hohen geistlichen Stand kennzeichnen. Dieses Mißverständnis mag manche dazu verführen, ihre Geistesgaben vorzuzeigen, wie sie eine olympische Medaille oder einen Karategürtel vorzeigen würden. (Jesus hat aber sehr deutlich gesagt, was er davon hält, wenn Menschen mit ihrer Religion angeben.)

Ein offensichtliches Nebenprodukt dieser Vorstellung, daß die Erfahrungen mit Geistesgaben eine geistliche Überlegenheit belegen, ist, daß Christen in zwei Klassen eingeteilt werden; die einen haben Geistesgaben, die anderen haben keine. Die Konsequenz ist eine Zuspitzung der Spaltungen im Leib Christi. Die Menschen werden in Kategorien eingeteilt: Die Geisterfüllten und die Nicht-Geisterfüllten, die Begabten und die Unbegabten. Dann streiten sich vielleicht die »Geisterfüllten« über Fragen der Terminologie, der Theorie oder der praktischen Anwendung der Gaben. Sie vertreten verschiedene Ansichten darüber, wie wir am besten Gaben wie Prophetie, Zungenreden und Zungenauslegung einsetzen sollen.

Ich war einmal Berater in einer Kommission, die sich darüber Sorgen machte, daß die Mitglieder mancher Gemeinden in Zungen singen. Diese Kommission verbrachte fast eine ganze Woche damit, eine Stellungnahme über den richtigen Gebrauch des Zungenredens im Gottesdienst zu formulieren. Dabei sprachen sie sich gegen das Singen in Zungen aus. Somit waren sie von den Mitgliedern am Leib Christi abgetrennt, die das Zungensingen praktizieren.

Ich sehe eine tragische Ironie darin, wenn die Gaben des Heiligen Geistes, die zum Wohl der Gemeinde und zum Dienst an anderen gegeben wurden, in dieser Weise zum Aufstellen von Trennungslinien verwendet werden. Ich glaube, daß das ein Zeichen für ein tiefes Mißverständnis über das Wesen und die Bedeutung der Gaben ist.

Der Weg der Liebe

Die Gaben des Geistes sind ein Segen, wenn sie im richtigen Kontext eingesetzt werden. Paulus schreibt:

> »Und ich will euch einen noch besseren Weg zeigen.
>
> Wenn ich mit Menschen- und mit Engelzungen redete und hätte die Liebe nicht, so wäre ich ein tönendes Erz oder eine klingende Schelle. Und wenn ich prophetisch reden könnte und wüßte alle Geheimnisse und alle Erkenntnis und hätte allen Glauben, so daß ich Berge versetzen könnte, und hätte die Liebe nicht, so wäre ich nichts. Und wenn ich alle meine Habe den Armen gäbe und ließe meinen Leib verbrennen, und hätte die Liebe nicht, so wäre mir's nichts nütze.
>
> Die Liebe ist langmütig und freundlich, die Liebe eifert nicht, die Liebe treibt nicht Mutwillen, sie bläht sich nicht auf, sie verhält sich nicht ungehörig, sie sucht nicht das Ihre, sie läßt sich nicht erbittern, sie rechnet das Böse nicht zu, sie freut sich nicht über die Ungerechtigkeit, sie freut sich aber an der Wahrheit; sie erträgt alles, sie glaubt alles, sie hofft alles, sie duldet alles.
>
> Die Liebe hört niemals auf, wo doch das prophetische Reden aufhören wird und das Zungenreden aufhören wird und die Erkenntnis aufhören wird. Denn unser Wissen ist Stückwerk, und unser prophetisches Reden ist Stückwerk. Wenn aber kommen wird das Vollkommene, so wird das Stückwerk aufhören. Als ich ein Kind war, da redete ich wie ein Kind und dachte wie ein Kind und war klug wie ein Kind; als ich aber

ein Mann wurde, tat ich ab, was kindlich war. Wir sehen jetzt durch einen Spiegel ein dunkles Bild; dann aber von Angesicht zu Angesicht. Jetzt erkenne ich stückweise; dann aber werde ich erkennen, wie ich erkannt bin.

Nun aber bleiben Glaube, Hoffnung, Liebe, diese drei; aber die Liebe ist die größte unter ihnen« (1. Kor. 12,31-13,13).

Die Liebe ist das unentbehrliche Öl, das dafür sorgt, daß die Gaben reibungsfrei funktionieren können. Paulus schreibt an Menschen, die zur Spaltung tendieren und die Liebe nicht praktiziert haben, und er teilt ihnen mit, daß die Liebe der Maßstab ist. Die Gaben sind nicht unser Maßstab, sondern die Liebe. Die Liebe ist die höchste Berufung, die Jesus uns auftrug. Nur im Zusammenhang mit unserer Liebe füreinander werden die Gaben unter uns fruchtbar sein können.

Ich meine, daß die höchste Berufung für diejenigen, die heute in der Gemeindeerneuerung stehen, in der gegenseitigen Liebe besteht – nicht nur in der Liebe innerhalb der Erneuerungsbewegung, sondern Liebe für die ganze Gemeinde Gottes, auch für diejenigen, die negativ über uns reden. Paulus schreibt weiter:

»Strebt nach der Liebe! Bemüht euch um die Gaben des Geistes, am meisten aber um die Gabe der prophetischen Rede! Denn wer in Zungen redet, der redet nicht für Menschen, sondern für Gott; denn niemand versteht ihn, vielmehr redet er im Geist von Geheimnissen. Wer aber prophetisch redet, der redet den Menschen zur Erbauung und zur Ermahnung und zur Tröstung. Wer in Zungen redet, der erbaut sich selbst; wer aber prophetisch redet, der erbaut die Gemeinde. Ich wollte, daß ihr alle in Zungen reden könntet; aber noch viel mehr, daß ihr prophetisch reden könntet. Denn wer prophetisch redet, ist größer als der, der in Zungen redet; es sei denn, er legt es auch aus, damit die Gemeinde dadurch erbaut werde« (1. Kor. 14,1-5).

Die ersten fünf Verse in 1. Korinther 14 bringen ernsthafte Probleme für alle, die noch der Ansicht sind, daß die Liste der Gaben in 1. Korinther 12,8-10 darauf hinausläuft, daß jedem nur eine Geistesgabe verliehen wird.

1. Paulus sagt uns in 1. Korinther 14,1, wir sollen nach der Liebe streben und uns um die Gaben des Geistes bemühen . Das wäre unsinnig, wenn Gott jedem eine einzige, dauerhafte Gabe verliehen hätte (1. Kor. 12,8-10).

2. Paulus wünscht, daß alle in Zungen reden könnten (1. Kor. 14,5). Das ist unverständlich, wenn nur einige Leute in Zungen reden sollen (1. Kor. 12,10.30).

3. Paulus wünscht, daß alle prophetisch reden könnten (1. Kor. 14,5). Das ist seltsam, wenn nur einige die Gabe der prophetischen Rede erhalten sollen (1. Kor. 12,10.29).

4. Paulus sagt, daß jemand, der in Zungen redet, manchmal auch die Gabe der Zungenauslegung empfangen kann (1. Kor. 14,5.13). Das wäre nicht möglich, wenn jeder nur eine Gabe empfangen würde (1. Kor. 12,8-12).

In 1. Korinther 12 redet Paulus nicht davon, daß jedem neuen Christen eine dauerhafte, einzige Geistesgabe verliehen würde, wie eine Rentenversicherungsnummer. Der Sinn des Kapitels liegt vielmehr darin, daß wir *alle* Gaben, die vorübergehend und verschiedenartig sein können, zum gemeinsamen Nutzen der versammelten Gemeinde gebrauchen sollen.

Werkzeug statt Spielzeug

Gaben sind kein dauerhafter Besitz. Sie sind nicht menschliche Fähigkeiten oder Persönlichkeitsmerkmale – dieses sind zwar Dinge, die Gott uns gibt, sie sind aber nicht mit den Gaben des Geistes gleichzusetzen. Die Geistesgaben sind übernatürliche Auswirkungen des Geistes Gottes, die vorübergehend verliehen werden, damit Gottes Liebe, Zuneigung, Güte und Gnade unter seinem Volk zum Ausdruck kommen kann. Paulus schreibt dazu:

> »Da ihr euch bemüht um die Gaben des Geistes, so trachtet danach, daß ihr die Gemeinde erbaut und alles reichlich habt.
>
> Ich danke Gott, daß ich mehr in Zungen rede als ihr alle. Aber ich will in der Gemeinde lieber fünf Worte reden mit meinem Verstand, damit ich auch andere unterweise, als zehntausend Worte in Zungen.
>
> Liebe Brüder, seid nicht Kinder, wenn es ums Verstehen geht; sondern seid Kinder, wenn es um Böses geht; im Verstehen aber seid vollkommen« (1. Kor. 14,12.18-20).

Als die Menschen in Korinth zur Gemeinde gingen, war es anscheinend so, daß manche sehr lange in Zungen beteten, ohne sich um die anderen Anwesenden zu kümmern. Eine Gemeinde, die in bezug auf Zungenrede Mißbrauch treibt, ist keine sehr geistliche Gemeinde. Ich kann es verstehen, daß manche, wenn sie diese Gabe zum ersten Mal erleben, in übertriebener und gedankenloser Weise damit umgehen, wie Kinder, die ein neues Spielzeug bekommen haben. Sie sollten aber nicht in diesem Stadium bleiben. Solche Menschen müssen Gottes Wege verstehen lernen, damit die Gemeinde in Liebe und in geistlicher Reife leben und handeln kann.

Mir sind die Geistesgaben sehr kostbar. Ich finde es bedauerlich, daß sie im Laufe der Geschichte vernachlässigt, mißverstanden und mißbraucht wurden – von Korinth bis nach Kalifornien, vom ersten bis ins zwanzigste Jahrhundert.

Mißverständnisse und verschiedene Meinungen über die Geistesgaben haben bei Spaltungen unter Christen oft eine Rolle gespielt. Aber es muß nicht so weitergehen. Wir brauchen nur etwas mehr Erkenntnis und etwas mehr Reife.

Es gibt wohl keine Geistesgabe, über die mehr Spaltungen entstanden sind, als über Zungenrede. Das ist eine Ironie. Nach den Beispielen der Bibel zu urteilen, ergeben Zungenrede und Auslegung zusammen immer eine Botschaft von unserem Geist an Gott, in der wir ihn loben für das, was er ist und was er getan hat. Andererseits ist Prophetie immer eine Botschaft von Gott an die Gemeinde. Wir können von beiden sehr auferbaut werden.

Paulus sagt, daß Ungläubige uns für »von Sinnen« halten werden, wenn sie in die Gemeinde kommen und hören, wie wir ohne Auslegung in Zungen reden (1. Kor. 14,23). Das hat sich bis heute nicht geändert. Wenn aber ein Ungläubiger in die Gemeinde kommt, wenn prophetisch geredet wird, dann wird er vielleicht durch die Wahrheit der prophetischen Rede überführt, so daß er selbst Gott entdeckt (1. Kor. 14,24-25). In unserer Gemeinde ist das öfters geschehen. Kürzlich ging eine Christin aus unserer Gemeinde auf eine Frau zu, die als Besucherin im Gottesdienst war, und sagte ihr in behutsamer Weise Dinge, die im Herzen der Besucherin verborgen waren. Darauf wußte die Besucherin, daß Gott mit ihr sprach; sie bekehrte sich und ist nun Mitglied unserer Gemeinde. Ich kann aus eigenem Erleben bestätigen, daß das Werk des Geistes, das von Paulus geschildert wird, auch heute in der Gemeinde möglich ist.

Den heutigen Prophetien und Weissagungen sollen wir nicht den gleichen Rang zumessen wie der Bibel. Heutige prophetische Rede – was wir vielleicht als »gewöhnliche Prophetie« bezeichnen könnten – sind wiederholte Botschaften Gottes zu unserer Stärkung, Ermutigung und Tröstung. Sie können mit den Worten eingeleitet werden: »Hört dieses Wort.« Sie sind für den Augenblick gemeint. Ich vertrete die Meinung, daß heutige prophetische Wörter nicht aufgeschrieben und gesammelt werden sollten, denn solche Sammlungen können die Menschen von der Bibel ablenken und in Irrlehren führen. In einer großen Versammlung gibt es ohnehin nicht genug Zeit, daß jeder, der ein prophetisches Wort empfängt, es öffentlich sagen kann. Wenn ein prophetisches Wort Gültigkeit hat, aber wegen fehlender Zeit nicht ausgesprochen werden kann, kann derjenige, der es empfangen hat, es bewahren und später mitteilen.

Als ich am »Fuller Seminary« den Kurs »Zeichen und Wunder« lehrte, pflegte ich zu fragen, ob jemand den Impuls spürte, zu prophezeien. Es geschah nicht selten, daß eine ganze Reihe von Studenten dieser Aufforderung nachkamen; der Heilige Geist gab ihnen in der Regel Worte der Stärkung, Ermutigung und Tröstung. Die Worte des Paulus lassen mich erwarten, daß prophetische Rede so geschieht:

> »Wie ist es denn nun, liebe Brüder? Wenn ihr zusammenkommt, so hat ein jeder einen Psalm, er hat eine Lehre, er hat eine Offenbarung, er hat eine Zungenrede, er hat eine Auslegung. Laßt es alles geschehen zur Erbauung.
>
> Darum, liebe Brüder, bemüht euch um die prophetische Rede und wehrt nicht der Zungenrede. Laßt aber alles ehrbar und ordentlich zugehen« (1. Kor. 14,26.39-40).

Paulus sagt, daß die Menschen bei der Auslegung der Zungenrede oder bei der prophetischen Rede in der Gemeinde nacheinander reden sollen, und daß nur zwei oder drei reden sollen. Es ist ihm wichtig, daß alles in der Gemeinde ordentlich abläuft.

Nicht alles, was Gott uns gibt, wird öffentlich vor der Gemeinde ausgesprochen, weil die Zeit dazu fehlt. Es entsteht bei uns mehr Segen für mehr Leute nach dem Gottesdienst als im Gottesdienst. Ich formuliere das oft so, daß der Löwenanteil der Lehre, der Auferbauung im Glauben, der neuen geistlichen Impulse und der Kraftauswirkungen zwischen der Predigt und dem Parkplatz stattfindet. Dort haben die Mitglieder unserer Gemeinde mehr Gelegenheit, einander mit den Gaben des Geistes zu dienen. So wird die versammelte Gemeinde erfrischt und gestärkt, um wieder in die Gesellschaft hinauszugehen.

Für uns in der westlichen Welt hat der einzelne einen hohen Stellenwert, wir haben aber wenig Sinn für die lebendige Realität einer Gemeinschaft, eines Leibes. Wir reden manchmal von einer gemeinsamen Identität, das ist aber ein kühler, abstrakter Begriff aus der Welt der Wirtschaft. Die Bibel sagt uns, daß Gott uns nicht nur als Einzelpersonen liebt, sondern auch als eine enge, persönliche Gruppe seiner Kinder, die zu seiner Ehre in Herzlichkeit, Demut und gegenseitiger Anteilnahme miteinander verbunden sind. Die Gaben sollen für den ganzen Leib da sein.

In jeder Gemeinde kann jeder an der Palette der geistlichen Gaben beteiligt sein. Darüber hinaus werden manche in einen besonderen Dienst, ein besonderes Amt berufen. Nicht alle in der Gemeinde werden in das Amt der Evangelisation berufen, aber manche werden berufen (Eph. 4,11). Nicht alle werden in das Amt der Krankenheilung berufen, aber manche werden dazu berufen, und vielleicht werden sie dieses Amt in Gruppen gemeinsam ausüben (1. Kor. 12,30). Nicht alle werden berufen zu lehren, aber einige werden berufen (Eph. 4,11; 1. Kor. 12,29). Jeder hat einen Platz, an dem er dienen kann. Wir sollen die Geistesgaben ernsthaft suchen und bereit sein, uns in den Dienst hineinzugeben, den Gott für uns möchte. Wo Gemeinden in dieser Art wachsen, haben sie auch eine Wirkung in der Gesellschaft um sie herum.

Die Gaben des Geistes sind weder Trophäen noch Fähigkeiten, weder Persönlichkeitsmerkmale noch Spielzeuge. Sie sind eine übernatürliche Auswirkung von Gottes Liebe, Fürsorge, Heilung und Mitgefühl, die er für uns und durch uns spendet.

Teil VIII

Den Missionsauftrag erfüllen

Kapitel 30

Die Kraft des Evangeliums

Gunner Payne ist ein Mann, der durch seine Begeisterung für Jesus hoch motiviert ist, anderen das Evangelium mitzuteilen. Ende der fünfziger und Anfang der sechziger Jahre ging er von Tür zu Tür in unserer Stadt Yorba Linda und erzählte fast jedem in der Stadt von Jesus. An den meisten Abenden in der Woche leitete er evangelistische Bibelgesprächskreise und ging geduldig, bis tief in die Nacht, auf die Fragen der suchenden Menschen ein. Meine Frau Carol und ich waren die Frucht eines solchen Bibelgesprächskreises.

Im ersten Jahr meines christlichen Lebens ging ich mit Gunner und lernte, alles zu tun, was er tat. Dazu gehörte auch, daß ich Menschen von Jesus erzählte. Ich konnte nicht zum Markt oder zu einem Handwerker gehen, ohne jemandem von Jesus zu erzählen. Am Ende dieses Jahres leitete auch ich einen evangelistischen Bibelgesprächskreis. Zwischen 1963 und 1970 führten Carol und ich Hunderte von Menschen zu Christus, und 1970 leitete ich mehrere Bibelkreise in der Woche, an denen insgesamt über fünfhundert Leute teilnahmen. In diesem Jahr wurde ich als vollzeitlicher Mitarbeiter in der Friends Church in Yorba Linda angestellt, weil wir so viele neue Christen in die Gemeinde gebracht hatten.

Durch sein Beispiel und seine Lehre gelang es Gunner, den Wert der Evangelisation in meine geistlichen »Erbanlagen« einzubauen. Manche Christen, die mich kennen, denken, daß mein Drang zur Evangelisation einzigartig ist. Das glaube ich aber nicht. *Alle* Christen sollen ständig nach Gelegenheiten zur Evangelisation Ausschau halten. Nach seiner Taufe verkündigte auch Jesus das Evangelium zu jeder Zeit. Er beauftragte die Zwölf (Mt. 10,5-15) und die Zweiundsiebzig (Lk. 10,1-12), die gute Nachricht vom Reich Gottes zu verkündigen, und nun gibt er auch uns diesen Auftrag (Mt. 28,18-20). In Apostelgeschichte 1,8 versprach er seinen Jüngern: »Ihr werdet die Kraft des heiligen Geistes empfangen, der auf euch kommen wird, und werdet meine Zeugen sein in Jerusalem und in ganz Judäa und Samarien und bis an das Ende der Erde.« Offensichtlich ist es eines der Hauptziele des Heiligen Geistes, uns zum Zeugendienst zu motivieren und uns mit seiner Kraft auszurüsten.

Wir wissen, daß das Evangelium uns in dem Maße verwandelt, wie wir es glauben. Aber nur wenige von uns erkennen, daß es uns auch in dem Maße verwandelt, wie wir es *mitteilen*. Wenn wir Gott gehorchen und das Evangelium verkündigen, wird *unser* Glaube aufgebaut. In der Evangelisation sind wir gezwungen, uns nach vorne auszustrecken und Risiken einzugehen. Dadurch wachsen wir. Die Verkündigung unseres Glaubens ist also ein »*power point*« des Glaubens.

Die meisten Menschen, die ich von 1963 bis 1974 zu Christus führte, kamen unter »normalen« Umständen zum Glauben, zumindest nach allgemeinen evangelikalen Kriterien: Ich predigte das Evangelium und beantwortete einige Fragen, sie taten Buße und setzten ihr Vertrauen auf Jesus.

Aber gelegentlich führte ich jemanden auf ungewöhnliche Weise zu Jesus. Manchmal erhielt ich merkwürdige Einsichten in ihr Leben (beispielsweise Erkenntnis über eine bestimmte schwere Sünde oder eine tiefe Verletzung). Zu anderen Zeiten erlebte ich eine anscheinend übernatürliche Salbung des Heiligen Geistes, die durch meine Worte wirkte und die Menschen zu Gott hinzog.[1] Gott offenbarte mir Einzelheiten aus dem Leben dieser Menschen – ihre tiefsten Geheimnisse und Verletzungen – und so wurden sie offen, das Evangelium zu hören.

Wenn ich aber Kollegen von diesen Erfahrungen berichtete, ermahnten sie mich, nicht davon zu reden. Meinen Kollegen war es unangenehm, wenn behauptet wurde, daß übernatürliche Ereignisse wie Zeichen und Wunder heute noch in der Gemeinde vorkamen. (Mir ging es auch nicht anders.) Sie fürchteten um ihren guten Ruf, wenn andere Leiter davon hörten. Sie hatten keine Erklärung für das, was passierte, und wie die meisten von uns fürchteten sie alles Unbekannte.

1974 legte ich meine Aufgaben als Pastor nieder, um Direktor zu werden an der neugegründeten Abteilung für Gemeindewachstum an dem Institut, das nun den Namen führt: »Charles E. Fuller Institut für Evangelisation und Gemeindewachstum«. In den folgenden vier Jahren machte ich viele tausend Pastoren mit den Prinzipien des Gemeindewachstums bekannt. Dabei fuhr ich in alle Teile der Vereinigten Staaten und besuchte viele Konfessionen und Gemeinschaften. Ich lernte auch einige Pfingstler kennen. Vorher hatte ich recht wenig über sie gewußt, und das meiste von dem, was ich wußte, war sowieso falsch. Sie erlebten dramatisches Wachstum und führten dies darauf zurück, daß sie die Verkündigung des Evangeliums mit Werken in der Kraft des Heiligen Geistes verbanden.

Aufgrund meines theologischen Hintergrunds hörte ich mit Skepsis ihre Berichte über Heilungen. Aber wegen ihres unleugbaren Wachstums konnte ich sie nicht einfach abschreiben. Also besuchte ich ihre Buchhandlungen und kaufte einige ihrer Schriften. Durch diese Schriften wurde ich überzeugt, daß hier etwas Echtes geschah. Erinnerungen an meine früheren, unerklärlichen Erfahrungen bei der Evangelisation wurden wach. Langsam dämmerte es mir: Vielleicht hingen diese Erfahrungen irgendwie mit dem Wirken des Heiligen Geistes zusammen.

In dieser Zeit war ich Gastdozent an der Gemeindeaufbau-Fakultät des Fuller Seminary. Ich hatte die Ehre, Professoren wie Donald McGavran, Charles Kraft, C. Peter Wagner und aus der Theologischen Fakultät auch Russell Spittler kennenzulernen. Ich wurde mit den Schriften von George Eldon Ladd über das Reich Gottes vertraut.[2] Durch das, was sie sagten, wurde ich gezwungen, meine theologischen Vorbehalte gegen den Heiligen Geist und die Geistesgaben noch einmal zu überprüfen, besonders in bezug auf die Evangelisation.

Beim Fuller Seminary lernte ich viele Pastoren aus der dritten Welt kennen. Sie berichteten von dramatischen Ereignissen, bei denen Zeichen und Wunder eine Wirkung auf das Gemeindewachstum hatten. Zunächst waren diese Pastoren zurückhaltend mit ihren Erfahrungen; als ich sie aber näher befragte, erzählten sie bemerkenswerte Begebenheiten. Ich erkannte, daß die Kraft Gottes in der dritten Welt auf Wegen wirksam ist, die ich nicht mehr für möglich gehalten hatte. Meine früheren, rätselhaften evangelistischen Erfahrungen waren im Vergleich zu diesen Erlebnissen unbedeutend. An diesem Punkt spürte ich die Notwendigkeit, die Schrift noch einmal zu untersuchen, und dabei besonders auf die Wechselwirkung zwischen Geistesgaben und Evangelisation zu achten. Wenn diese Sache von Gott war, so überlegte ich, dann mußte sie auch biblisch sein.

Als ich die Bibel daraufhin befragte, suchte ich Antworten auf drei Fragen. Erstens: Wie evangelisierte Jesus? Zweitens: Wie beauftragte Jesus seine Jünger? Drittens: Wie evangelisierten die Jünger im Licht dieser Berufung?

Wie evangelisierte Jesus?

Als Auftakt seiner öffentlichen Verkündigung stand Jesus in der Synagoge in Nazareth auf und zitierte einige Verse aus dem Propheten Jesaja:

> »Der Geist des Herrn ist auf mir, weil er mich gesalbt hat, zu verkündigen das Evangelium den Armen; er hat mich gesandt, zu predigen den Gefangenen, daß sie frei sein sollen, und den Blinden, daß sie sehen sollen, und den Zerschlagenen, daß sie frei und ledig sein sollen, zu verkündigen das Gnadenjahr des Herrn« (Lk. 4,18-19).

Dann verblüffte Jesus die Zuhörer aus seiner Heimatstadt, indem er sagte: »Heute ist dieses Wort der Schrift erfüllt vor euren Ohren« (Lk. 4,21).

In den Evangelien erkennen wir eine klare Struktur im Dienst Jesu, die sich überall wiederholt, wo er hingeht. Als erstes kam die *Verkündigung:* Er predigte über Buße und über die gute Nachricht vom Reich Gottes. Dann wurde die Botschaft in der Praxis *demonstriert:* Er trieb Dämonen aus, heilte Kranke und weckte Tote auf. Diese Zeichen bewiesen, daß in Jesus das Reich Gottes gegenwärtig war, daß er der Auserwählte Gottes war.

Manchmal geben die Evangelien eine Zusammenfassung des Wirkens Jesu. Es ist besonders interessant, zu lesen, was Matthäus dabei am wichtigsten fand:

> »Und Jesus zog umher in ganz Galiläa, lehrte in ihren Synagogen und predigte das Evangelium von dem Reich und heilte alle Krankheiten und alle Gebrechen im Volk. Und die Kunde von ihm erscholl durch ganz Syrien. Und sie brachten zu ihm alle Kranken, mit mancherlei Leiden und Plagen behaftet, Besessene, Mondsüchtige und Gelähmte; und er machte sie gesund. Und es folgte ihm eine große Menge aus Galiläa, aus den Zehn Städten, aus Jerusalem, aus Judäa und von jenseits des Jordans« (Mt. 4,23-25; vgl. auch 9,35-36).

Hier sehen wir das gleiche Bild: Verkündigung und Machterweise wirken zusammen und führen dazu, daß große Volksmengen ihm folgen und viele zu Jüngern werden.

Ein anderer wichtiger Aspekt des Wirkens Jesu war das Gewicht, das er dem Begriff »Reich Gottes« gab.[3] »Reich« ist eine Übersetzung des griechischen Wortes »*basileia*«, das eher den Machtbereich oder die Regierungsherrschaft eines Königs bezeichnet als ein geographisches Gebiet. Das Reich Gottes ist die *dynamische Herrschaft Gottes.*

Jesus verbannte das Reich Gottes nicht auf ein zukünftiges Jahrtausend. Er begann sein öffentliches Wirken mit der Ankündigung: »Das Reich Gottes ist herbeigekommen. Tut Buße und glaubt an das Evangelium!« (Mk. 1,15). Das Herz seiner Botschaft war also beides: Einerseits die Ankündigung vom Handeln Gottes: »Das Reich ist herbeigekommen«, andererseits der Aufruf zu einer Reaktion bei den Zuhörern: »Tut Buße und glaubt.«

Jesus demonstrierte die Gegenwart des Reiches dadurch, daß er Kranke heilte, Dämonen austrieb und Tote auferweckte. Jedes seiner Wunder hatte ein Ziel: Die Menschen mit der Botschaft zu konfrontieren, daß das Reich Gottes gekommen ist, und daß sie dieses Reich entweder annehmen oder ablehnen müssen. Dieses gewaltige Zusammenwirken von Verkündigung und Machterweis war ein Schlüsselmerkmal seines Wirkens.

Die meisten Menschen können verstehen, daß Jesus in der Lage war zu predigen und das Reich Gottes zu demonstrieren. Er war immerhin

Gott in menschlicher Form. Gott heilt, treibt Dämonen aus und besiegt allerlei Formen des Bösen. Aber wie war es mit den Jüngern? Wie konnten sie das Reich Gottes demonstrieren? Und wie ist es mit uns? Wie können wir unserer Verkündigung auch Machterweise hinzufügen? Auf diese Fragen geben der Heilige Geist und seine Gaben eine Antwort.

Wie beauftragte Jesus die Jünger?

Drei Jahre lang lehrte Jesus die Jünger, so zu wirken, wie auch er wirkte. Er lehrte sie, das Reich Gottes zu verkündigen und zu demonstrieren. Der Missionsauftrag, den er ihnen nach seiner Auferstehung gab und der in Markus 16,14-20 festgehalten ist, paßte zu dem, was sie bis dahin gelernt hatten:

> »Zuletzt, als die Elf zu Tisch saßen, offenbarte er sich ihnen und schalt ihren Unglauben . . . Und er sprach zu ihnen: Gehet hin in alle Welt und predigt das Evangelium aller Kreatur . . . Die Zeichen aber, die folgen werden denen, die da glauben, sind diese: in meinem Namen werden sie böse Geister austreiben, in neuen Zungen reden, Schlangen mit den Händen hochheben, und wenn sie etwas Tödliches trinken, wird's ihnen nicht schaden: auf Kranke werden sie die Hände legen, so wird's besser mit ihnen werden.
>
> . . . Sie aber zogen aus und predigten an allen Orten. Und der Herr wirkte mit ihnen und bekräftigte das Wort durch die mitfolgenden Zeichen.«

Viele westliche Christen sind überrascht über die Betonung von Zeichen und Wundern im Missionsauftrag. Auch die Echtheit von Markus 16,9-20 ist aus Gründen der Textkritik in Frage gestellt worden. (Es stimmt zwar, daß einige der zuverlässigsten frühen Manuskripte diese Stelle nicht enthalten, sie steht aber – wie auch Johannes 7,53-8,11 – nach wie vor in fast allen Bibelausgaben.) Aber wenn wir einmal Markus 16,9-20 aus dem Spiel lassen, was ändert sich dann an unserem Auftrag? Bei Matthäus liest er sich so:

> »Mir ist gegeben alle Gewalt im Himmel und auf Erden. Darum gehet hin und machet zu Jüngern alle Völker: Taufet sie auf den Namen des Vaters und des Sohnes und des heiligen Geistes und lehret sie halten alles, was ich euch befohlen habe. Und siehe, ich bin bei euch alle Tage bis an der Welt Ende« (Mt. 28,18-20).

Das griechische Wort, das hier mit »Gewalt« übersetzt wird, heißt *exousia* und bezeichnet die Macht und Autorität, die Jesus von Gott erhielt. Durch den Heiligen Geist erhalten auch wir die Autorität Christi, also auch die Autorität des Vaters. »Wahrlich, wahrlich, ich sage euch«, sagte Jesus zu den Juden, die ihn verfolgten, »der Sohn kann nichts von sich aus tun, sondern nur, was er den Vater tun sieht; denn was dieser tut, das tut gleicherweise auch der Sohn« (Joh. 5,19).

Jesus verkündigte und demonstrierte das Evangelium überall, wo er hinkam, und die Apostel taten das gleiche. Die ersten Jünger trieben Dämonen aus, redeten mit anderen Zungen und heilten die Kranken. Warum ist es für so viele von uns so schwierig, ihre Taten anzuerkennen? Warum neigen wir immer dazu, diese Handlungen als die Ausnahme darzustellen – und nicht als die Norm – und deshalb ihre Folgen für unser christliches Leben zu relativieren. Als Jesus die Jünger beauftragte, die Menschen zu Jüngern zu machen und zu taufen, verstanden sie die Aufforderung so, daß sie das tun sollten, was sie bei Jesus gesehen hatten. Wie können wir sonst verstehen, was sie taten? Das bringt uns zum nächsten Punkt.

Wie reagierten die Jünger auf den Missionsauftrag?

Wir kennen den alten Spruch »Probieren geht über Studieren.« Das trifft auch auf den Missionsauftrag zu. In der Apostelgeschichte sehen wir, wie die Apostel hinausgingen und die gute Nachricht in der gleichen Weise verbreiteten wie Jesus: indem sie das Reich Gottes verkündigten und demonstrierten. Unsere Praxis ist so wichtig wie unser Glaube, denn durch unsere Praxis wird unser Glaube mitgeteilt. Der rechte Glaube und die rechte Praxis sind miteinander verbunden; sie bekräftigen und bestätigen sich gegenseitig. Die Jünger lehrten nicht nur das, was sie gehört hatten; sie taten auch, was Jesus getan hatte.[4]

Am Anfang der Apostelgeschichte schrieb Lukas, daß das Ziel seines Evangeliums darin bestand, alles festzuhalten, was Jesus getan und gelehrt hatte (Apg. 1,1). Die Apostelgeschichte erzählt die Fortsetzung der Taten Jesu, nur wurden sie nun durch die Jünger getan (Apg. 1,8). Daraus können wir folgern, daß das Wirken der Apostel eine Fortsetzung des Wirkens Jesu auf Erden war, die Erfüllung des Missionsauftrages.

Wir sollten auch zur Kenntnis nehmen, daß vollmächtige Evangelisation nicht auf die Apostel, die erste »Generation« der Jünger, beschränkt war. Auch eine zweite Generation, Stephanus, Philippus und Hananias, die alle keine Apostel waren, verkündigten und demonstrierten das Reich Gottes (Apg. 7; 8,26-40; 9,10-18). Barnabas, Silas und Timotheus waren Teil einer *dritten Generation* von Jüngern, die Werke der Vollmacht taten. Schließlich können wir in jedem Jahrhundert der Kirchengeschichte zuverlässige Berichte über vollmächtige Werke Gottes durch seine Kinder finden.[5]

Der Schlüssel zur Rolle der Jünger bei der Verbreitung des Reiches Gottes lag natürlich in der Ausgießung des Heiligen Geistes, die in Apostelgeschichte 2 berichtet wird. Als der Heilige Geist auf sie kam, empfingen die Jünger die Kraft Gottes. Im folgenden Kapitel werden wir der Frage nachgehen, wie das geschah.

Kapitel 31

Das Evangelium verkündigen und demonstrieren

In der Apostelgeschichte werden mindestens zehn verschiedene übernatürliche Zeichen beschrieben, die zu evangelistischem Wachstum in der Gemeinde führten. In neun Fällen werden sie spezifisch als »Zeichen und Wunder« bezeichnet. Zu diesen Phänomenen gehören Heilung, die Austreibung von Dämonen, die Auferweckung von Toten, Zungenrede und der übernatürliche »Transport« von einem Ort zum anderen. In Apostelgeschichte 5,12-14 wird das Wirken der Jünger zusammengefaßt – ähnlich wie die Zusammenfassung von Jesu Wirken in Matthäus 4,23-25 – »Es geschahen aber viele Zeichen und Wunder im Volk durch die Hände der Apostel . . . Desto mehr wuchs die Zahl derer, die an den Herrn glaubten – eine Menge Männer und Frauen.« In der Apostelgeschichte werden vierzehn Fälle berichtet, in denen die Apostel und andere (zum Beispiel Stephanus) predigten, Werke mit Vollmacht taten und beachtliches Gemeindewachstum erlebten.[1]

Noch bedeutungsvoller finde ich den Gegensatz zwischen dem Wirken des Paulus in Athen (Apg. 17,16-34) und seinem Wirken in Korinth (Apg. 18,1-17). In Athen debattierte Paulus mit rhetorischem Geschick auf dem Areopag mit dem Ergebnis: »Einige Männer schlossen sich ihm an und wurden gläubig« (Apg. 17,34). In Korinth, der nächsten Etappe seiner Missionsreise, war das Ergebnis anders: »Viele Korinther, die zuhörten, wurden gläubig und ließen sich taufen« (Apg. 18,8).

Sicherlich gab es viele Faktoren, die diese verschiedenen Reaktionen erklären (besonders ein Unterschied in der Offenheit der Menschen in den beiden Städten). Paulus selbst schrieb jedoch an die Christen in Korinth:

> »Als ich zu euch kam, kam ich nicht mit hohen Worten und hoher Weisheit . . . Mein Wort und meine Predigt geschahen nicht mit überredenden Worten menschlicher Weisheit, sondern in Erweisung des Geistes und der Kraft, damit euer Glaube nicht stehe auf Menschenweisheit, sondern auf Gottes Kraft« (1. Kor. 2,1.4-5).

Demnach setzte Paulus in Korinth eine Kombination von Verkündigung und Demonstration ein, wie auch Jesus bei seinem öffentlichen Wirken. Das Wort Gottes und die Werke Gottes wirkten zusammen, um Gottes Willen und seine Barmherzigkeit zu offenbaren. Das führte zur Bekehrung sowohl von Einzelpersonen als auch von ganzen Gruppen.

»Power evangelism«

Durch meine Erfahrungen am Fuller Seminary und darüber hinaus und auch durch meine biblischen Nachforschungen wurde ich dahin geführt, daß ich für Kranke zu beten begann. Etwa zu dieser Zeit ging ich wieder in den Pastorendienst und leitete eine kleine Gesprächsgruppe, die meine Frau, Carol, mit anderen zusammen gegründet hatte. In meinem Buch »Heilung in der Kraft des Geistes« habe ich meine Erfahrungen ausführlich geschildert, aber einen Aspekt möchte ich wiederholen. Ich entdeckte, daß, in dem Maße, wie Menschen geheilt wurden, und wie ich die Gemeindeglieder ermutigte, für die Kranken zu beten (und sich für andere Werke in der Kraft Gottes zu öffnen), auch die Evangelisation erstaunliche Ergebnisse zeigte. Die Gemeinde nahm explosionsartig zu. Heute besuchen 5200 Menschen die Vineyard-Gemeinde in Anaheim, und wir haben in Nordamerika 280 Vineyard-Gemeinden mit etwa 50 000 Gottesdienstbesuchern.

Richtig verstanden kann *»power evangelism«* alle anderen Formen der Evangelisation effektiver machen. Ich definiere *»power evangelism«* als eine Darstellungsweise des Evangeliums, die rational ist, aber gleichzeitig das Rationale übersteigt. Die Erklärungen über das Reich Gottes gehen Hand in Hand mit dem praktischen Beweis von Gottes Kraft. Diese Darstellung des Evangeliums ist spontan und geistgewirkt. Sie fängt in der Regel mit Zeichen der Gegenwart Gottes an, die das Evangelium untermauern. Das Ergebnis ist oft, daß ganze Gruppen von Menschen errettet werden. Aber Zeichen und Wunder können die Menschen nicht erretten – das kann nur Jesus. Die Kraft, die bei *»power evangelism«* zum Heil führt, ist einzig und allein die Kraft des Evangeliums. Paulus schreibt in Römer 1,16: »Ich schäme mich des Evangeliums nicht; denn es ist eine Kraft Gottes, die selig macht alle, die daran glauben.« An anderer Stelle präzisiert er den Inhalt des Evangeliums: »Daß Christus gestorben ist für unsre Sünden nach der Schrift; und daß er begraben worden ist; und daß er auferstanden ist am dritten Tage nach der Schrift« (1. Kor. 15,3-4).

Bei *»power evangelism«* fügen wir nichts dem Evangelium hinzu, wir sind auch nicht bemüht, dem Evangelium Kraft hinzuzufügen. Aber wir wenden uns bei unseren evangelistischen Bemühungen an die dritte Person des dreieinigen Gottes und begeben uns bewußt unter seine

Salbung, seine Befähigung, seine Führung. Die Verkündigung und die Demonstration des Evangeliums schließen sich nicht gegenseitig aus; sie wirken zusammen und bekräftigen sich gegenseitig.[2]

»Power evangelism« wird von Menschen praktiziert, die für Gottes Kraft offen sind, denn Menschen, die von Gottes Geist befähigt sind, sind ein lebendiger Beweis für das Evangelium. Jeder *»power point«* in diesem Buch ist eine Vorbereitung auf *»power evangelism«*: daß wir nach seinem Wort dürsten, seiner Stimme gehorchen, sein Vaterherz anrühren, in Opferbereitschaft leben, Geistesgaben erleben und so weiter.

Wir müssen aber wachsam sein, denn *»power evangelism«* bringt uns in Konflikt mit unserem anerzogenen Verständnis der Welt. Hier prallen zwei Weltanschauungen aufeinander, und das kann uns daran hindern, *»power evangelism«* zu praktizieren. Im nächsten Kapitel wollen wir untersuchen, welche Wirkung unsere Weltanschauung auf die Evangelisation haben kann.

Kapitel 32

Königreiche im Konflikt

Der Indonesier Virgo Handojo war von Kindheit an fasziniert von übernatürlichen Phänomenen. So war es ganz natürlich, daß er sehr früh in den »Kundalini« Javas verwickelt wurde. Kundalini ist eine Art Mystizismus, die ihre Wurzeln sowohl im Hinduismus als auch in überlieferten javanesischen Vorstellungen hat. Der javanesische Kundalini lehrt, daß im Geist eines jeden Menschen ein gewaltiger Mutter-Schutzgeist wohnt; Kundalini versucht, diese Macht zu wecken und zu nutzen.

»Ich suchte diese Macht, und ich fand sie auch«, sagte Virgo kürzlich. »Aber nun erkenne ich, daß sie eine dämonische Macht war. Ich lernte, mit der Welt der Geister Kontakt aufzunehmen. Ich verwendete schwarze Magie. Ich konnte meinen Geist an andere Orte versetzen. Ich konnte Menschen heilen. Ich hatte viele mystische Erfahrungen.«

Im März 1979 besuchte Virgo eine Evangelisationsveranstaltung, wo er das Evangelium hörte. Er fühlte sich zu dieser Botschaft hingezogen, zog aber noch keine persönlichen Konsequenzen daraus.

Zwei Tage später bat ihn ein Freund, der nichts von seiner Verstrickung im Kundalini wußte, zu einem christlichen Hauskreis mitzukommen. Er beschloß mitzugehen. Was sich dann ereignete, schildert er so:

> »Während der Versammlung hatte eine Frau eine Vision von zwei jungen Leuten, die an schwarzer Magie beteiligt waren. Dann führte der Herr zwei Personen dazu, sich hinter mich zu stellen und mir die Hände auf den Kopf zu legen. Ich spürte etwas wie einen gewaltigen elektrischen Strom, der durch meinen Körper floß. Dann sagte ein Bruder: ›Satan, komm heraus im Namen Jesu!‹ Ich spürte, wie der böse Geist aus meinem Körper ging, aber er kam sofort zurück. Zwei Stunden lang kämpften sie um meine Befreiung. Erst als ich die Amulette verbrannte, die ich besessen hatte, verspürte ich eine Befreiung aus der Macht des Bösen.
>
> In jener Nacht versuchte der Dämon zurückzukommen, aber ich schrie zu Gott um Schutz. Dann fühlte ich, wie die Gegenwart Gottes mich mit seiner Liebe vollständig umgab. An jenem Abend wurde ich Christ.«

Als die Mitglieder von Virgos Familie hörten, was passiert war, waren sie überzeugt, daß Jesus stärker war als alle anderen Götter oder Geister. Innerhalb von drei Monaten waren alle acht Familienmitglieder zu Christen geworden.

Jetzt, wo ich diese Worte schreibe, ist Virgo Student an der Gemeindeaufbau-Fakultät des Fuller Seminary. Er berichtet, daß Millionen von indonesischen Moslems sich seit 1965 zum Christentum bekehrt haben. »Zu diesem Wachstum haben manche soziologischen und politischen Faktoren beigetragen«, sagt er. »Aber der Hauptantrieb waren die übernatürlichen Zeichen und Wunder, die der Heilige Geist durch Evangelisten und durch Leiter in den Gemeinden getan hat. »*Power evangelism*« ist die wirksamste Methode, um Indonesier für Christus zu gewinnen.«[1]

Von Natur aus charismatisch

Virgos Lebensbericht ist typisch dafür, wie Gott heute in vielen Ländern der dritten Welt wirkt. C. Peter Wagner hat interessante Statistiken über die Auswirkungen von »*power evangelism*« auf das Gemeindewachstum zusammengestellt. Lateinamerika, wo es 1900 nur fünfzigtausend Protestanten gab, hat nun mehr als fünfzig Millionen. Weit über dreiviertel von ihnen sind Pfingstler oder charismatische Christen, und in den letzten fünfunddreißig Jahren ist die überwiegende Mehrheit durch »*power evangelism*« zum Glauben gekommen.[2]

Nach Wagner findet das schnellste Gemeindewachstum in der Geschichte der Welt gegenwärtig in China statt, und zwar durch Hausversammlungen. Als die Missionare 1950 aus dem Lande getrieben wurden, ließen sie etwa eine Million Christen zurück, die hart verfolgt wurden. Vierzig Jahre später gibt es mindestens fünfzig Millionen Christen in China, vielleicht doppelt soviel. Es gibt praktisch keine Konfessionen mehr in China, aber etwa fünfundachtzig Prozent der chinesischen Christen (42,5 Millionen) sind in ihrem Glauben und in ihrer Praxis pfingstlich oder charismatisch orientiert. »*Power evangelism*« scheint auch in China ein wichtiger Bestandteil des Gemeindewachstums zu sein.

Kürzlich schrieb mir Don Dunkerley, der Direktor der Organisation *Proclamation International* (Verkündigung International) in Pensacola, Florida, und zitierte die Worte von Dr. F. Kefa Sempangi, dem Autor von *A Distant Grief* (Eine ferne Trauer): »Afrikanische Christen sind von Natur aus charismatisch.« Damit meinte er, daß die Christen in Afrika wissen, daß Dämonen Wirklichkeit sind und Macht haben, aber auch – so Dr. Sempangi – »daß Jesus mehr Wirklichkeit und größere Macht hat, und daß er uns erlösen kann von den Geistern, die uns und unsere Vorfahren über die Jahrhunderte beherrscht haben«. Seine Gemeinde, die

Redeemed Church in Uganda, wuchs in anderthalb Jahren auf vierzehntausend Mitglieder. Während dieser Zeit bekehrten sich 150 Medizinmänner zu Jesus und verließen ihren Beruf. In seinem Brief schrieb Dunkerley weiter: »In Uganda wächst die Gemeinde heute durch die machtvollen Konfrontationen zwischen Christus und dem Hexenkult.«

Gegen das Übernatürliche

Warum ist »*power evangelism*« so wirkungsvoll in Ländern der dritten Welt? Zum Teil liegt es daran, daß die Menschen dort offener sind für geistliche Aktivitäten *jeder Art,* ob gut oder böse; dadurch fällt es ihnen leicht, an übernatürliche Heilungen, Träume und Visionen, die Existenz von Dämonen und so weiter zu glauben. Wie Don Dunkerley es in seinem Brief formulierte: »Wir [in den Vereinigten Staaten] bemerken keine dämonisierten Menschen, also glauben wir nicht daran, daß Dämonen heute durch die Kraft Jesu ausgetrieben werden. Wir haben die übernatürliche Welt total übersehen; wir merken nicht, welcher geistliche Kampf um uns herum geschieht.«

Wenn jemand in einem Land der dritten Welt von einem Dämon befreit wird, wie es Virgo Handojo erlebte, dann fragt er sich nicht, ob er einen Nervenzusammenbruch oder eine Halluzination durchgemacht hat. Übernatürliche Ereignisse werden als übernatürlich verstanden; die Menschen suchen eine übernatürliche Erklärung für ihre Erfahrung. Wenn ihnen das Reich Gottes erklärt wird und sie sich bekehren, dann ändert sich ihre Sicht der Wirklichkeit. Sie teilen die Welt nicht mehr in die Kategorien »natürlich« und »übernatürlich« ein; nun ist die gesamte Realität auf das Reich Gottes bezogen. Mit anderen Worten, weil Virgo jetzt bekehrt ist und das Reich Gottes kennt, sieht er, daß der Geist Gottes auch in der geistlichen Welt wirkt. Das gleiche gilt für *Zeugen* von »*power evangelism*« in der dritten Welt – wenn sie die Kraft Gottes sehen, werden auch sie für das Evangelium offen. Wenn sie dann bekehrt werden, sehen sie Zeichen und Wunder als natürlichen Ausdruck der neuen Wirklichkeit.

In der westlichen Kultur herrscht Skepsis über *alles* Geistliche. Wir sind dazu erzogen worden, das Übernatürliche in Frage zu stellen, immer eine andere Erklärung für Heilungen, Prophetien, böse Geister und so weiter zu suchen. Die Welt sagt: »Heilungen, Gebet, Prophetie sind unnormal und fragwürdig.« Deshalb sollte es uns nicht überraschen, daß Deutschland, das westliche Europa und Nordamerika nicht die Erweckung erleben, die heute in anderen Teilen der Welt geschieht.[3]

Es wäre zweifellos ein Fehler, wenn wir nur in Verbindung mit nichtwestlichen Kulturen von »*power evangelism*« sprechen würden. Die Wirksamkeit von »*power evangelism*« liegt in der Kraft Gottes begründet, nicht in der Bereitschaft einer Kultur, geistliche Phänomene anzuerkennen. Aber wir müssen wissen, wie groß die Herausforderung für die Aufgabe von »*power evangelism*« in einer westlichen Kultur ist. Es besteht eben heute eine gewaltige Tendenz gegen die Anerkennung von übernatürlichen Phänomenen. In der westlichen Kultur stellen auch Christen die normalen Zeichen des Reiches Gottes in Frage.

Der Konflikt

In Epheser 6,12 steht: »Denn wir haben nicht mit Fleisch und Blut zu kämpfen, sondern mit Mächtigen und Gewaltigen, nämlich mit den Herren der Welt, die in dieser Finsternis herrschen, mit den bösen Geistern unter dem Himmel« (Eph. 6,12). Dieser Vers gilt für alle Bereiche des christlichen Lebens, auch für die Evangelisation. Wer an »*power evangelism*« teilnimmt, ist ein Mitglied in Gottes Armee, die er aussendet, um den Kampf mit den Mächten der Finsternis aufzunehmen. Hier müssen wir den Konflikt *erwarten,* denn unser Bemühen ist es, die Werke Satans zu besiegen, damit Menschen frei werden.

In der westlichen Kirche besteht aber das Problem, daß viele anscheinend nicht erkennen, daß ein Krieg tobt. Wir sehen nicht den Konflikt zwischen Gott und Satan, den die Bibel beschreibt. Weil wir ein säkulares, empirisches Verständnis der christlichen Erfahrung haben, merken wir nicht, daß wir in einer Welt leben, die von zwei Königreichen geprägt ist.

Oft sind wir unempfindlich für das Reich Gottes, weil wir nur eine minimale Bekehrung erlebt haben. Wir haben vielleicht für unsere Sünden Buße getan und unser Vertrauen auf Christus gesetzt, aber wir sind offensichtlich unwissend darüber, daß wir nun Mitglieder in einem neuen Reich sind, und daß dieses Reich fast allem entgegensteht, was in der Welt um uns herum als wichtig gilt.

Diese »Kluft zwischen den Weltanschauungen« hat zu der irrigen Meinung geführt, daß die geistliche Welt in irgendeiner Weise weniger wirklich sei als die sichtbare, materialistische Welt, in der wir leben. Die geistliche Welt wird als etwas Unwirkliches gesehen wie Märchen und Aberglaube.

Wenn wir jedoch das Übernatürliche als einen normalen Bestandteil des Lebens im Reich Gottes verstehen, dann treten wir täglich in einen bewußten Konflikt mit dem Reich Satans. Hier müssen wir die Kraft Christi ergreifen, die er uns im Missionsbefehl gab, um Krankheiten zu heilen und Dämonen auszutreiben, damit die Herrschaft Gottes demonstriert wird. Wie wir diesen Kampf kämpfen können, werden wir im nächsten Kapitel sehen.

Kapitel 33

Wie sollen wir kämpfen?

Im März 1990 fuhr ich mit einem Team nach Australien, wo wir auf Kongressen in Sydney und Perth reden sollten. Bevor wir losfuhren, spürten wir, daß Gott große Dinge tun wollte. Wir spürten auch, daß wir wahrscheinlich mit großem geistlichen Widerstand rechnen müßten. Also begann unser Team, das aus hundert Personen aus Kanada und den Vereinigten Staaten bestand, ernsthaft für Australien zu beten.

Kurz vor unserer Abfahrt erzählte mir einer der verantwortlichen Leiter, Brent Rue (Pastor der Vineyard-Gemeinde in Lancaster, Kalifornien) von den geistlichen Einsichten, die er beim Beten erhalten hatte. Eigentlich bekam er diese Einsichten *im Schlaf*. Das kam so: Eines Morgens wurde Brent während einer Zeit der persönlichen Fürbitte müde, und aus seiner Gebetszeit wurde ein Schläfchen. Dabei gab ihm der Herr jedoch einen Traum, der uns offenbarte, daß in Australien ein starker Geist herrscht, der Gefühle der Ablehnung produziert.

Brent sah, daß diese bösartige, unsichtbare Macht den Charakter der Menschen in Australien beeinflußt und in vielen ein negatives Selbstbild, Schwäche und Versagen bewirkt, und daß diese Macht dadurch die Macht des Evangeliums untergräbt, Menschen zu befreien, damit sie voll für Gott leben.

Als Brent mir von seinem Traum erzählte, wußte ich, daß wir kurz vor einem geistlichen Kampf standen. Unsere Kampfpläne mußten biblisch sein. Wie sollten wir auf eine solche Herausforderung reagieren?

Festungen zerstören

Die Schrift lehrt uns, daß wir zur geistlichen Kriegsführung berufen sind. Es ist aber von großer Wichtigkeit, daß wir die Regeln des Krieges verstehen und daß wir wissen, wogegen wir kämpfen. Paulus gibt wertvollen Aufschluß über das Wesen der geistlichen Kampfführung in 2. Korinther 10,3-6:

> »Denn obwohl wir im Fleisch leben, kämpfen wir doch nicht auf fleischliche Weise. Denn die Waffen unsres Kampfes sind

> nicht fleischlich, sondern mächtig im Dienste Gottes, Festungen zu zerstören. Wir zerstören damit Gedanken und alles Hohe, das sich erhebt gegen die Erkenntnis Gottes, und nehmen gefangen alles Denken in den Gehorsam gegen Christus.«

Paulus lehrt, daß wir nicht in gleicher Weise Krieg führen wie die Welt – indem wir uns auf zwei Seiten aufstellen, kämpfen und töten. Wir haben eine alternative Art, Krieg zu führen; wir setzen andere Waffen ein, die die Macht haben, »Festungen zu zerstören«, wir kämpfen auf einem ganz anderen Kampfplatz.

Wo findet der Kampf statt? *Im Herzen und in den Gedanken von Männern und Frauen.* Die Festungen sind: »Gedanken und alles Hohe, das sich erhebt gegen die Erkenntnis Gottes.« Die Korinther hörten eine falsche Lehre und lehnten die Botschaft des Paulus ab. Was können wir aus der Situation in Korinth über die geistliche Kampfführung lernen? Daß ein Kampf um die Herzen und Gedanken der Menschen stattfindet. Satan weiß: Wenn er uns dazu bringen kann, seinen Lügen zu glauben, werden wir Gott nicht lieben und dienen können.

In Kolosser 2,8 warnt Paulus die Kolosser vor dem Einfluß der bösen Geister, der »Mächte der Welt«, auf ihr Denken. Wir brauchen die Fähigkeit der Unterscheidung, um zu vermeiden, daß wir von einer trügerischen Philosophie eingefangen werden, die sich auf weltliche Traditionen und auf die »Mächte der Welt« gründet. Das führt zu zwei Fragen: Wie können wir die Gabe der Unterscheidung dieser Geister empfangen? Und wenn wir sie unterscheiden können, was können wir dann unternehmen?

Vier Schritte

Zuerst bitten wir Gott um die Unterscheidungsgabe in bezug auf *das Wesen und die Aktivität* dieser »Mächte der Welt«. Als Brent in der Fürbitte war, offenbarte ihm Gott, daß eine »Macht der Welt« viele Menschen in Australien – auch viele Christen – dazu verführt, Gefühle der Ablehnung und Minderwertigkeit zu spüren, mit dem Ergebnis, daß sie nicht fähig sind, Gottes Gnade und Zuspruch anzunehmen (Eph. 2,8-10). Schon das Wissen um diesen Einfluß ermöglichte es uns, unsere Gebete und unsere Verkündigung in den zwei Wochen gezielt einzusetzen. Wenn wir offen für Gott sind, und wenn wir auf seine Stimme hören, dann können wir sicher sein, daß er zu uns spricht (Joh. 14,26; 16,13-15) – durch Träume und Visionen, als leise Stimme und, natürlich, durch die Schrift. Mit anderen Worten ist er ein *lebendiger* Gott, der die Welt regiert und der mit seinen Kindern spricht. Wir müssen nur zuhören.

Zweitens bitten wir Gott, *unsere Herzen und Gedanken vorzubereiten,* damit wir das Werk seines Reiches vollbringen können, und *die Herzen und Gedanken der Menschen vorzubereiten,* damit sie sein Reich empfangen können. Paulus betete oft, daß die Christen der Urgemeinde unterscheiden lernen:

> »Ich bete darum, daß eure Liebe immer noch reicher werde an Erkenntnis und aller Erfahrung, so daß ihr prüfen könnt, was das Beste sei, damit ihr lauter und unanstößig seid für den Tag Christi, erfüllt mit Frucht der Gerechtigkeit durch Jesus Christus zur Ehre und zum Lobe Gottes« (Phil. 1,9-11).

Die zweifache Strategie hinter dem Gebet des Paulus ist leicht zu verfolgen. Wenn wir mit der Erkenntnis Gottes erfüllt sind – und dazu müssen wir frei von Sünde bleiben – dann werden wir die Lügen Satans erkennen und von uns weisen können. Und wenn den Menschen, denen wir dienen, die Augen geöffnet werden, damit sie Gottes Wahrheit empfangen können, dann werden sie von der Knechtschaft und der Verführung befreit.

Drittens beten wir darum, *daß Gott unsere Verkündigung und unsere Lehre salbt,* dann predigen wir die Wahrheit mit Freimut. Paulus bat die Kolosser um so ein Gebet: »Betet zugleich auch für uns, daß Gott uns eine Tür für das Wort auftue und wir das Geheimnis Christi sagen können, um dessentwillen ich auch in Fesseln bin, damit ich es offenbar mache, wie ich es sagen muß« (Kol. 4,3-4). Die Verkündigung des Wortes Gottes ist der Schlüssel, um die Herzen und Gedanken der Menschen zu gewinnen. Wir zerstören die Festungen Satans dadurch, daß wir im Licht der Schrift leben und die Weisheit Gottes durch unser Leben manifestieren (Mt. 12,29; Eph. 3,10). Also sollte unser Gebet sich vor allem darauf konzentrieren, daß die Erkenntnis, Einsicht und Weisheit von Gottes Wahrheit durch uns verkündigt wird. Genauso betete ich für Australien. »Herr, laß das Licht der Wahrheit deines Wortes überall leuchten, wo wir hingehen. Zerstöre die Festung der Ablehnung durch klare Lehre und dadurch, daß Menschen deine Gnade annehmen.«

Schließlich ist das Ziel unserer Verkündigung, *daß Menschen beten, Buße tun, Gott suchen und sich demütigen.* Vor vielen Jahren sagte der Herr zu Salomon:
»[Wenn] mein Volk, über das mein Name genannt ist, sich demütigt, daß sie beten und mein Angesicht suchen und sich von ihren bösen Wegen bekehren, so will ich vom Himmel her hören und ihre Sünde vergeben und ihr Land heilen. So sollen nun meine Augen offen sein und meine Ohren aufmerken auf das Gebet an dieser Stätte« (2. Chron. 7,14-15).

Diese Worte, die im Alten Testament an Gottes Volk gerichtet waren, gelten genauso für uns. Geistliche Kämpfe werden gewonnen, wenn wir nach der Wahrheit des Wortes Gottes handeln und unser Herz zu ihm wenden.

»Territoriale Geister«

Brents Traum weist auf einen weiteren Aspekt der geistlichen Kampfführung hin, der uns Christen immer mehr bewußt wird: daß Geister über einem geographischen Gebiet herrschen können. Solche Geister sind mächtige gefallene Engel – Mächte, Weltbeherrscher, Herren der Finsternis, Gewalten – die einen Einfluß auf Städte, Regionen oder ganze Länder ausüben können (Eph. 1,21; 6,12; Kol. 2,15). Sie beeinflussen jeden Aspekt einer Kultur, wie auch der Boden bestimmt, welche landwirtschaftlichen Erzeugnisse in verschiedenen Gebieten wachsen können.

Daniel 10,12-11,1 bietet uns bemerkenswerte Einsichten über solche Geister in bestimmten Ländern. Der Text beschreibt zwei Geister, die Macht über Persien bzw. über Griechenland ausüben – »der Engelfürst des Königreichs Persien« und »der Engelfürst von Griechenland« (Dan. 10,13.20). Daniel erfuhr von ihrer Gegenwart, während er betete und fastete. Er hatte etwas früher eine beunruhigende Offenbarung über einen großen Krieg erhalten, über die er um weiteren Aufschluß gebetet hatte.

Als Anwort auf dieses Gebet hatte Gott einen Boten geschickt, der hier als »Mann« bezeichnet wird, der aber vielleicht ein Engel von hohem Rang war, und der Daniel in einer Vision erschien. Daniel war so erschrocken durch diese Vision, daß wir lesen: »Jede Farbe wich aus meinem Angesicht . . . ich sank ohnmächtig auf mein Angesicht zur Erde. Und siehe, eine Hand rührte mich an und half mir auf die Knie und auf die Hände« (Dan. 10,8-10). Der Bote sagte Daniel, daß er aufstehen soll, dann sagte er: »Fürchte dich nicht, Daniel; denn von dem ersten Tage an, als du von Herzen begehrtest zu verstehen und anfingst, dich zu demütigen vor deinem Gott, wurden deine Worte erhört, und ich wollte kommen um deiner Worte willen« (Dan. 10,12).

Der Bote kämpfte vierundzwanzig Tage lang gegen den Engelfürsten von Persien. Als der Kampf bereits einundzwanzig Tage gedauert hatte, brauchte er Hilfe vom Engel Michael, um diesen Fürsten zu überwinden. Wahrscheinlich war der Fürst ein Dämon, der auf das persische Reich Einfluß ausübte.

Dieser Text zeigt uns zwei wichtige Einsichten, wie wir über diese Geister mit geographischem Einflußbereich beten sollen. Zuerst geht klar daraus hervor, daß Gottes Engel nicht von uns, sondern von Gott in den geistlichen Kampf geschickt werden. Der Bote sagte Daniel, daß er als Antwort auf Daniels Gebete vom Vater gekommen war; der Vater hatte seine Engel geschickt. Zweitens lehrt der Text, daß der Kampf von Gott gewonnen wurde. Am Kreuz hat Jesus die Mächte und Gewalten entwaffnet (Kol. 2,14-15). Am Ende wird Christus sie auch zerstören (1. Kor. 15,24). Als ich über Australien betete, bat ich *Gott,* gegen den Geist der Ablehnung anzutreten. Ob er dazu Engel schickte, oder ob er den bösen Geist durch seinen Heiligen Geist band, das war seine Entscheidung. Mein Vertrauen setze ich auf Gott und auf seine Strategie, nicht auf meine Ideen und meinen Einsatz.

Unser größter Feind

Der kosmische Krieg spielt sich zwischen gefallenen Engeln und Gottes Engeln ab. Aus Epheser 6,12 geht jedoch hervor, daß auch *wir* gegen Satan kämpfen: »Denn wir haben nicht mit Fleisch und Blut zu kämpfen, sondern mit Mächtigen und Gewaltigen, nämlich mit den Herren der Welt, die in dieser Finsternis herrschen, mit den bösen Geistern unter dem Himmel.«

Ich glaube aber, daß unser Kampf gegen Satan auf eine bestimmte Weise geschieht. Paulus beschreibt einen Kampf, bei dem Satan der größte Feind ist, aber nicht der direkte Feind.

Vielleicht hilft es, mehr Licht auf die Auslegung dieser Bibelstelle zu werfen, wenn wir die Militärtaktik der Armeen zur Zeit des Paulus bedenken. In den damaligen Kriegen im Mittleren Osten standen sich die feindlichen Fußsoldaten auf dem Kriegsfeld gegenüber; die Generäle standen ganz hinten, von wo aus sie die Armeen überwachen und führen konnten. Sie führten die Armee durch Boten und durch bestimmte Zeichen (Fahnen, Handzeichen, Posaunen). Jeder kämpfte auf seine Art – Fußsoldaten, Bogenschützen, Kavallerie, Boten und Generäle. Der größte Feind von jedem Fußsoldat war eigentlich der feindliche General. Aber die unmittelbare Aufgabe im Kampf bestand in der Bekämpfung der gegnerischen Fußsoldaten.

Das ist ein Bild für unsere Situation. Wir sind Fußsoldaten auf einem kosmischen Kampfplatz, und unser größter Feind ist der feindliche General, Satan. Unter Satan gibt es noch weitere Offiziere, zum Beispiel die Geister mit geographischem Einflußbereich. Aber wir werden höchstwahrscheinlich nur die Speere der Fußsoldaten, der niederen Dämonen, abzuwehren haben. Um diese Angriffe zu bewältigen, brauchen wir Waffen, um die Worte des Paulus zu gebrauchen, die »mächtig im Dienste Gottes« sind, um »Festungen zu zerstören« (2. Kor. 10,4). Was sind diese Waffen, und wie sollen wir sie einsetzen?

Verteidigungswaffen

Das Wort Gottes gibt spezifische Anweisungen, wie wir in diesem Krieg kämpfen sollen. In Epheser 6,10-18 werden sechs damals übliche Rüstungsteile beschrieben, die eine Analogie zu geistlichen Waffen bieten (und eine zusätzliche Waffe, die bei den Römern keine Entsprechung fand).

Umgürtet mit Wahrheit. Gottes Wahrheit anziehen bedeutet, daß wir von seinem Wort leben, daß wir ehrlich und ernsthaft mit unserem Glauben umgehen und keine religiösen Heuchler sind. Die Wahrheit, die uns umgürtet, ist unser christlicher Charakter, unsere geistliche Integrität, ein Lebensstil, der im Sinne der Bibel ist.

Der Brustpanzer der Gerechtigkeit. Der Brustpanzer sollte das Herz des Soldaten schützen. Gerechtigkeit ist vor allem eine Angelegenheit des Herzens, und unser Herz bestimmt die Richtung unseres Lebens. Der Ausgangspunkt der Gerechtigkeit ist, daß wir frei von der Sünde bleiben.

Die Beine gestiefelt und bereit. Wir sollen jederzeit bereit sein, das Evangelium des Friedens mit anderen zu teilen. Das bedeutet, daß wir wissen sollten, wie wir anderen von Christus erzählen können, und daß wir dafür offen sein sollen, daß der Heilige Geist uns in bestimmten Situationen in spezifischer Weise führt.

Der Schild des Glaubens. Der Schild beschützte den Krieger vor gefährlichen brennenden Pfeilen. Wenn wir den Missionsauftrag ernst nehmen und gegen den Machtbereich Satans zum Angriff übergehen, dann schießt er mit brennenden Pfeilen zurück. Er greift uns an und alles, was mit uns zusammenhängt: Unsere Gemeinde, unseren Ehepartner, unsere Kinder, unser Geschäft – alles. Unser Schild gegen diese Angriffe ist der Glaube; der Glaube an Gott und seine Fähigkeit, uns zu beschützen, weil wir auf sein Wort vertrauen.

Der Helm des Heils. Der Helm beschützt natürlich den Kopf, wo sich unsere Gedankenwelt abspielt. Satan beschießt uns mit Angst, Haß, Verdächtigungen, Depression, Mißtrauen, falschen Lehren und einer Reihe von ablenkenden Gedanken. Daß unsere Gedankenwelt von unserem christlichen Glauben geprägt wird, bedeutet mehr als nur die rechte Lehre glauben; es bedeutet, daß wir die Gedanken Christi denken lernen. Unser Helm, unser Schutz, ist das Heil – daß wir vom Bösen befreit sind, und daß wir im Himmel mit Christus eingesetzt sind (Eph. 2,6).

Wahrheit, Gerechtigkeit, Bereitschaft, Glaube und Heilsgewißheit wachsen und reifen, wenn wir hingegeben und gehorsam leben, wenn unser Herz voll Anbetung ist, unser Geist voll Gebet und unsere Gedanken sich am Wort Gottes ausrichten. Das ist unsere Rüstung; das sind unsere Verteidigungswaffen in der geistlichen Kampfführung, ohne die wir bei den Angriffen Satans verwundbar sind.

Angriffswaffen

Wir sind natürlich zu mehr berufen, als nur zur Verteidigung. Das letzte Stück der »Waffenrüstung«, das Schwert des Geistes, ist sowohl für die Verteidigung als auch für den Angriff gedacht. Das Schwert des Geistes ist, so schreibt Paulus: ». . . das Wort Gottes« (Eph. 6,17). Es ist klar, daß er damit vor allem die Bibel meint. Aber seine Formulierung kann auch so ausgelegt werden, daß er ein Wort meint, das direkt von Gott empfangen wird und das wir aussprechen. Ich glaube, daß er auch Worte meint, die in der Kraft des Geistes gesprochen werden, um uns in unserer Verteidigung gegen Satan zu helfen und um ihn zu treffen.

David Watson weist darauf hin, daß das gesprochene Wort durch Predigt, Lehre, Zeugnis oder Prophetie kommen kann.[1] Um authentisch zu sein, muß jedes solche Wort im Einklang mit dem geschriebenen Wort sein und das lebendige Wort, Jesus, verherrlichen. Ein Hauptziel von Jesu Kommen war, die Werke des Teufels zu zerstören (1. Joh. 3,8), und er erreicht dies dadurch, daß er ihn als Betrüger entlarvt: »In ihm [Jesus] war das Leben, und das Leben war das Licht der Menschen. Und das Licht scheint in der Finsternis, und die Finsternis hat's nicht ergriffen« (Joh. 1,4-5). Jesus ist die Wahrheit, das lebendige Wort Gottes; er ist Licht, und in ihm ist keine Finsternis (1. Joh. 1,5). Also legte er alles offen, mit dem er in Berührung kam – das Gute als von Gott, das Böse als Werk Satans. So bezwang er Satan.

An einer anderen Stelle sagte Jesus zu den Jüngern: »Wie kann jemand in das Haus eines Starken eindringen und ihm seinen Hausrat rauben, wenn er nicht zuvor den Starken fesselt? Erst dann kann er sein Haus berauben« (Mt. 12,29). Damit das Evangelium Frucht bringen kann, muß Satan gebunden werden. Und Satan wird dadurch gebunden, daß seine Finsternis mit dem Licht aus Gottes Wort konfrontiert wird. In Australien nutzten wir die Strategie Jesu: »Entblößen und besiegen.« Unser Team ging in den Bereich des Feindes um damit zu beginnen, das zurückzuholen, was der Teufel gestohlen hatte. Eine unserer ersten Handlungen war, den Starken zu binden, und zwar durch die Verkündigung der Wahrheit über Gottes Gnade und über seine Bereitschaft, uns anzunehmen. Dadurch wurde der Geist der Ablehnung entlarvt.

Geistlicher Freimut

Paulus erwähnt in Epheser 6 eine weitere Waffe, die keine Entsprechung in der römischen Militärausrüstung hatte: *das Beten im Geist.* Etwas früher in diesem Kapitel erwähnte ich das regelmäßige Gebet des Paulus, daß die Christen mit der Erkenntnis Gottes und mit der Unterscheidungsgabe ausgerüstet werden, denn das Wort Gottes ist der

Schlüssel, um satanische Festungen im Leben von Christen zu zerstören. Ein weiteres Element der Fürbitte ist auch notwendig, damit Satan besiegt werden kann: Das Gebet dafür, daß Gottes Wort mit Freimut und Kraft verkündigt wird.

Wenn wir die Gebete der Apostel näher betrachten, können wir viel über Fürbitte und geistliche Kampfführung lernen. Eines der besten Beispiele ist die Geschichte von Petrus und Johannes in Apostelgeschichte 4. Nachdem sie vor dem Hohen Rat gepredigt hatten und bedroht worden waren, gingen sie zur Jerusalemer Gemeinde und berichteten, was ihnen geschehen war. Dann hielten sie eine Gebetsversammlung. Sie beteten: »Gib deinen Knechten, mit allem Freimut zu reden dein Wort; strecke deine Hand aus, daß Heilungen und Zeichen und Wunder geschehen . . . « (Apg. 4,29-30). Gott antwortete auf ihr Gebet: »Und als sie gebetet hatten, erbebte die Stätte, wo sie versammelt waren; und sie wurden alle vom heiligen Geist erfüllt und redeten das Wort Gottes mit Freimut« (Apg. 4,31). Das ist die Art von Fürbitte, die den Satan überwindet: wenn wir Gott bitten, uns Freimut zu geben und unseren Mund mit seinen Worten zu füllen und unsere Hände mit seinen Taten. Mit anderen Worten, wenn wir um vollmächtige Evangelisation beten.

Paulus betete ständig um Freimut, um die Gelegenheit zur Verkündigung und um die richtigen Worte. Er bat auch andere, für ihn um genug Gelegenheiten und um eine klare Verkündigung zu beten: »[Betet] für mich, daß mir das Wort gegeben werde, wenn ich meinen Mund auftue, freimütig das Geheimnis des Evangeliums zu verkündigen« (Eph. 6,19). Das Gebet des Paulus war im Kern auch das Gebet unseres Teams für Australien: »Herr, gib uns Gelegenheiten und Freimut, dein Wort zu verkündigen, damit wir die bösen Lügen des Geistes der Ablehnung enttarnen, entwaffnen und schadlos machen – diese Lügen, die eine Festung in den Herzen und Gedanken der Menschen aufgerichtet haben.«

Der Herr beantwortete unsere Gebete für Australien. Wir predigten das Evangelium mit einer Autorität, die ich vorher nur selten erlebt hatte. Über achtzehntausend Menschen besuchten die Veranstaltungen, Hunderte wurden errettet, geheilt, erneuert und aus den Problemen der Ablehnung und der Niederlage befreit. Gott erhört tatsächlich Gebete.

Wir demonstrieren das Reich Gottes auch dadurch, daß wir uns um die Armen und Heimatlosen kümmern. Wie wir das machen, wird im nächsten Kapitel geschildert.

Kapitel 34

Für die Armen sorgen

Soziale Gerechtigkeit ist ein zentrales Anliegen des Evangeliums. Jesus faßte seine Sendung in Lukas 4,18-19 so zusammen: »zu verkündigen das Evangelium den Armen; . . . zu predigen den Gefangenen, daß sie frei sein sollen, und den Blinden, daß sie sehen sollen, und den Zerschlagenen, daß sie frei und ledig sein sollen, zu verkündigen das Gnadenjahr des Herrn.« Im Alten Testament war das »Gnadenjahr« ein Jahr, in dem Schulden erlassen wurden, Sklaven freigelassen und Land neu verteilt wurde (3. Mose 25). Jesus kündigte also die Einsetzung eines neuen Gnadenjahres an.

Das erfüllte sich in dem Reich, das Jesus gründete. Von diesem Reich sagt Gott: »Es ströme aber das Recht wie Wasser und die Gerechtigkeit wie ein nie versiegender Bach« (Amos 5,24); es ist ein Reich, das »Recht schafft denen, die Gewalt leiden«, ein Reich, wo die Hungrigen gespeist und die Gefangenen befreit werden (Ps. 146,7).

Jesus sah die Menschen, zu denen er sprach und die er heilte, als »verschmachtet und zerstreut«, als Menschen, die unter der Ungerechtigkeit litten und nicht imstande waren, sich selbst zu helfen (Mt. 9,35-36). Er sah seinen Heilungsdienst im Zusammenhang mit dem Dienst an den Armen, weil er in beiden eine Möglichkeit sah, Gerechtigkeit zu bringen (Mt. 11,5; 12,15-21). In der Bergpredigt sprach er einen Segen über die aus, »die da hungert und dürstet nach der Gerechtigkeit« (Mt. 5,6). Er sah auch eine Verbindung zwischen dem Reich Gottes und dem Gebot: »Du sollst deinen Nächsten lieben wie dich selbst« (Mk. 12,28-34), wobei der »Nächste« jemand ist, der in Not ist, und bei dem wir manchmal auch Grenzen der Rasse oder des gesellschaftlichen Ranges überschreiten müssen (Lk. 10,25-37).

Jesus gab seinen Jüngern einen klaren Auftrag, im Sinne der sozialen Gerechtigkeit zu handeln: »Denn ich sage euch: Wenn eure Gerechtigkeit nicht besser ist als die der Schriftgelehrten und Pharisäer, so werdet ihr nicht in das Himmelreich kommen« (Mt. 5,20). Gehorsam gegen Gott erfordert persönliche Gerechtigkeit, aber auch, daß wir *in der Welt für die Gerechtigkeit eintreten* (Mt. 25,31-46).

Gerechtigkeit und Erweckung

Der Ruf zur sozialen Gerechtigkeit ist kein Zusatz, den wir dem Evangelium hinzufügen. Er kommt aus dem Herzen eines Gottes, der die Sünde haßt. Soziale Gerechtigkeit ist nicht der Kern des Evangeliums, aber sie entsteht sehr wohl aus dem Evangelium. Wer dieses Anliegen nicht teilt, hat das Evangelium nicht begriffen. Deshalb gehören Erweckung und soziale Gerechtigkeit zusammen. Viele große Persönlichkeiten in der Kirchengeschichte haben den Zusammenhang zwischen dem Evangelium und der Gerechtigkeit verstanden. Bedenken Sie folgende Beispiele:

* Johannes Chrysostomus (347–407), einer der gewaltigsten Prediger der Kirchengeschichte, widmete mehr Zeit und Energie den Armen als der Verkündigung. Er gründete viele christliche Wohltätigkeitswerke, Pflegeheime und Krankenhäuser für Menschen, die in Not und Elend lebten.
* Bernhard von Clairvaux (1090–1153) war Gründer einer großen monastischen Bewegung und führte viele Menschen zu Christus. Er gründete eine Reihe von Heimen, Pflegeanstalten und Krankenhäusern, die heute noch existieren.
* John Wyclif (1329–1384), der das Neue Testament ins Englische übersetzte, leitete eine Bewegung einfacher Laienprediger und Laienfürsorger, die den Armen halfen.
* Dwight L. Moody (1837–1899), der vor allem wegen seines evangelistischen Wirkens bekannt wurde, gründete auch über 150 Straßenmissionen, Suppenküchen, Kliniken, Schulen und »Rettungsmissionsposten«.

Das Bemühen um soziale Gerechtigkeit ist ein Kennzeichen wahrer Jüngerschaft. Aber wie sollen wir für soziale Gerechtigkeit arbeiten, während wir in politischen Systemen und sozialen Institutionen leben, die der Gerechtigkeit entgegenstehen? Hier sind einige Prinzipien, die uns leiten können.

Der Krieg des Lammes

1. *Unsere primäre Berufung ist eine geistliche und keine soziale oder politische Gerechtigkeit.* Bevor wir hinausgehen, um gegen die Ungerechtigkeit in der Welt zu kämpfen, müssen wir als einzelne und als Gemeinschaft die Gerechtigkeit in unserem Herzen haben. Der Sieg über Habgier, Lust, Stolz, Haß, Neid und Angst muß in *uns* beginnen. Petrus schreibt: »Führt ein rechtschaffenes Leben unter den Heiden, damit die, die euch verleumden als Übeltäter, eure guten Werke sehen und Gott preisen am Tag der Heimsuchung« (1. Petr. 2,12).

Jesus starb am Kreuz, um alle Formen der Ungerechtigkeit *in der Welt* zu überwinden (Joh. 3,16). Er gab spezifische Anweisungen für das Leben in einer feindlichen Umgebung: Wir sollen unsere Feinde lieben (Mt. 5,43-48), auf das Wohl anderer achten, auch jener, die uns Böses tun (Mt. 5,39-42), beten, daß Gottes Wille auf Erden geschehe (Mt. 6,10), warten auf das letzte Gericht, bei dem Gott die Gläubigen von den Ungläubigen trennen wird.

Er hat uns jedoch nicht angewiesen, einen »christlichen Staat« zu gründen (Mt. 13,24-30). Wir können darum kämpfen, Gerechtigkeit und Frieden in politischen Fragen zu bewahren – indem wir zum Beispiel gegen Armut oder Rassismus kämpfen – um die Welt zu verbessern. Aber wir dürfen die Verbesserung sozialer Mißstände nicht mit dem Bau des Reiches Gottes verwechseln.

Die Pfingstler gaben einige der größten Anstöße zur sozialen Gerechtigkeit in Süd- und Mittelamerika in diesem Jahrhundert. Aber David du Plessis, vor seinem Tod ein wichtiger Vertreter der Pfingstler, wies darauf hin, daß diese Veränderungen als *Nebenprodukte* des Evangeliums geschahen. Missionare der Pfingstgemeinden widmen sich vor allem den geistlichen Problemen, aber dabei wird auch die soziale Gerechtigkeit gefördert.

2. *Wenn wir in der Welt für Frieden und Gerechtigkeit kämpfen, bleibt die Evangelisation trotzdem unsere Hauptaufgabe.* Jesus befreite die Gefangenen dadurch, daß er die gute Nachricht des Reiches Gottes überall, wo er hinging, verkündete und demonstrierte (Lk. 4,18.43). Wenn unsere Versuche, die Ungerechtigkeit zu besiegen, von der geistlichen Verwandlung getrennt werden, dann sind wir auf dem besten Wege, die Anliegen der Welt zu übernehmen, denn nur eine geistliche Verwandlung kann die Wurzeln der Unterdrückung beseitigen. Das Niederreißen von schlechten Strukturen ist nur ein Nebenprodukt der Gegenwart des Reiches Gottes. Wenn Menschen das Evangelium der Gerechtigkeit, des Friedens und der Freude empfangen und sich von ihrer Ungerechtigkeit, ihrer Habgier und ihrem Haß abwenden, dann – und erst dann – ist unser Auftrag erfüllt, die Gefangenen freizusetzen.

Letztlich ist es die beste Methode, gegen die Abtreibung zu kämpfen, wenn wir Abtreibungsbefürworter für Christus gewinnen. Das beste Mittel gegen Drogenmißbrauch ist, Drogenhändler für Christus zu gewinnen; das beste Mittel gegen politische Korruption, Politiker zu gewinnen. Dann werden *sie* Salz und Licht in der Welt sein; sie werden das Evangelium predigen und über die geistlichen Ursachen der Abtreibung, des Drogenmißbrauchs und der Korruption Zeugnis geben. In manchen Fällen werden sie Gesetze verändern können, die die Abtreibung verharmlosen; sie werden soziale Zustände ändern, die zum Drogenmißbrauch führen, und sie werden Regierungen verwandeln, die die Armen unterdrücken und die Grundrechte verweigern.

Die Arbeit von Mark Buntain in Indien ist ein gutes Beispiel für dieses Prinzip. 1953 gründete er die »*Calcutta Mission of Mercy*« (Kalkutta Barmherzigkeits-Mission), weil die Menschen auf seine Predigt geantwortet hatten: »Versuche nicht, unsere Seelen zu füllen, bevor du unsere Bäuche gefüllt hast.« Heute ernährt diese Mission zweiundzwanzigtausend Menschen pro Tag; das Personal besteht aus tausend Indern. Die Mission unterhält auch ein Krankenhaus, eine Ausbildungsstätte für Krankenpflegepersonal, Dorfkliniken, ein Heim für mittellose Jugendliche und zwölf Schulen. Sie hat auch eine große evangelistische Ernte erlebt. Viertausend Menschen besuchen Buntains Gemeinde, die »Assembly of God«-Gemeinde in Kalkutta, und er predigt dreimal wöchentlich im Radio – mit einer potentiellen Zuhörerschaft von 145 Millionen. Seine Arbeit für die Armen ist beachtlich, aber der Mittelpunkt seiner Arbeit bleibt die Evangelisation.[1]

3. *Das Bemühen um soziale Gerechtigkeit ist geistliche Kampfführung*. Böse Mächte, Gewalten und Institutionen widmen sich dem Ziel, Ungerechtigkeit, Unterdrückung, Haß, Vorurteile, Grausamkeit, Tyrannei, Brutalität und alles andere, was dem Reich Gottes entgegensteht, zu verbreiten (Eph. 6,12). Menschen, die die Gerechtigkeit des Reiches Gottes suchen, sollten einen übernatürlichen Konflikt *erwarten*.

Der Konflikt wird heftig sein, aber wir sind mit gewaltigen Waffen ausgerüstet. Um diese Waffen zu verstehen, müssen wir begreifen, daß Jesus am Kreuz eine andere Art von Krieg möglich machte. Er starb für seine Feinde, um ein Volk zu schaffen, das sowohl den Nächsten als *auch den Feind liebt* (Röm. 3,21-26; 5,6-11).

Wir kämpfen im Krieg des Lammes, einem Krieg, den Jesus, das Lamm Gottes, am Kreuz gewann. Durch sein Opfer triumphierte er über das Böse. Das Kreuz ist die Grundlage, um den Ruf Jesu zur Gerechtigkeit zu erfüllen.

Unsere Waffen sind »mächtig im Dienste Gottes, Festungen zu zerstören« (2. Kor. 10,3-6). Sie sind aber nicht wie die modernen Waffen der militärischen Macht, der politischen Gewalt oder des gesellschaftlichen Aktivismus. Unsere Waffen heißen Wahrheit, Gerechtigkeit, Bereitschaft, Glaube, Heil, Wort Gottes, Gebet, Opfer und Liebe (Eph. 6,10-18; Mt. 16,24; Jak. 2,8).

Um starke Erscheinungsformen der Bosheit zu besiegen, sind starke Waffen nötig. Das wurde mir durch die Geschichte eines jungen Mädchens deutlich, das unsere wöchentliche Veranstaltung »*Vineyard Lamb's Lunch*« (Mittagessen des Lammes) besuchte. Das »*Lamb's Lunch*« ist ein Mittagessen mit Gebetsdienst, das unsere Gemeinde für 250 obdachlose und verarmte Menschen veranstaltet. Vor einigen Monaten kam die zwölfjährige Susan (nicht ihr richtiger Name) mit etwa zwölf weiteren Kindern dazu. Sie wohnten alle in einem heruntergekommenen Motel. Ihre Eltern waren in einer verzweifelten Lage. Susans Mutter war heroinsüchtig und verschwand oft tagelang.

Susan erzählte Monte Whitaker, dem Pastor, der für das »*Lamb's Lunch*« zuständig war, daß neun ihrer Freundinnen im vergangenen Jahr gestorben waren. »Wie?« fragte er.

»Überdosis. Selbstmord. Erschossen. Erstochen. Und . . . Sie wissen doch, was Vergewaltigung ist?«

»Ja.«

»Also, sie sind durch Vergewaltigung gestorben. Ich aber nicht. Ich habe es überlebt.«

An dem Tag erhielt Susan eine warme Mahlzeit, die Liebe Gottes und das Evangelium. Sie vertraute auf Jesus, wurde mit dem Heiligen Geist erfüllt und kommt seitdem mit anderen Kindern aus dem Motel zur Gemeinde. Susan muß noch viele Dinge verarbeiten und überwinden, aber durch die Gnade Gottes und mit Hilfe der Gemeinde hat sie eine ausgezeichnete Chance, ein produktives Leben zu führen.

Liebe und Opfer

Die größte aller Waffen, die Liebe, ist die Motivation für unser soziales Engagement (1. Kor. 13,13). Mutter Teresa ist uns allen ein Begriff. Seit fünfundvierzig Jahren lebt sie in den Slums in Kalkutta und dient den Ärmsten der Armen. Obwohl nur wenige von uns zu einem solchen Opfer berufen sind, wie Mutter Teresa, können wir viel von der Motivation lernen, die sie zum Dienst an den Armen antreibt.

Mutter Teresa erhielt ihre Berufung am 10. September 1946 während einer Zugfahrt nach Darjeeling in Indien. Es war aber nicht die Armut selbst, die sie motivierte. Es war ihre Liebe zu Jesus und ihr Gehorsam gegenüber seinem Wort. »[Ihre Berufung] war ein gewaltiges Licht auf der Straße nach Damaskus«, schreibt ihr Biograph, Edward Le Joly: »eine Begegnung mit Jesus, die ihrem apostolischen Leben einen neuen Geist und eine neue Richtung gab.«[2] Jesus ist die Quelle der Motivation von Mutter Teresa. »Sie gehorcht seinen Anstößen, seiner Führung, ohne sie in Frage zu stellen. Sie denkt nicht an sich, sie tut alles für ihn. Und sie tut es mit einem so vollständigen Vertrauen in seine Macht, daß es scheint, ihr sei nichts unmöglich. Sie tut alles für Gott.«[3]

Manchmal bedeutet unser Opfer für die Armen, daß wir tatsächlich unser Leben verlieren. Das wurde kürzlich durch den Tod einer tasmanischen Missionarin auf den Philippinen veranschaulicht. Am 1. März 1989 predigte ich im australischen Melbourne über den Dienst an den Armen. Während ich sprach, spürte ich, daß manche, die dem Ruf folgen und hinausgehen würden, als Märtyrer sterben müßten. Als ich die Menschen aufforderte, nach vorne zu kommen, erwähnte ich, daß es auch ihren Tod bedeuten könnte. Manche Beobachter sagten mir hinterher, daß fünfhundert Leute nach vorne kamen. Zwei Wochen später hörte eine junge Frau aus Tasmanien die Predigt auf Kassette und wurde vom Heiligen Geist dazu gesalbt, unter Gefangenen auf den Philippinen zu dienen. Sie war schon drei Jahre in der Vorbereitung, aber die Salbung Gottes verspürte sie erst, als sie die Kassette hörte. Später schrieb ihre Schwester, daß sie in der dreijährigen Vorbereitung den Weg des Kreuzes gelernt hatte, »den Weg der Zerbrochenheit, so daß sie sich ihrer selbst entleerte und voll war von Gott«.

»Zwei Menschen«, fügte ihre Schwester hinzu, »hatten sogar Visionen von ihrem Tod – einer in Sydney, einer in Tasmanien – aber beide wußten nicht, was die Vision bedeutete.« Im August 1989 wurde diese tasmanische Missionarin von Gefangenen in einem philippinischen Gefängnis als Geisel genommen und dann getötet. Genau wie Abel »durch den Glauben noch redet, obwohl er gestorben ist« (Hebr. 11,4), so ist auch das Leiden dieser jungen Missionarin ein gewaltiges Zeugnis der Liebe Gottes für Hungernde, Gefangene und Benachteiligte.

Es ist sehr passend, daß die Geschichte dieser jungen Missionarin am Ende des Buches *»Fundamente für geistliches Wachstum«* steht, denn in ihrem Leben wird das Ziel des geistlichen Wachstums sichtbar: Daß wir unser Leben zur Ehre Gottes verlieren. Ihr Leben war keine Verschwendung, denn schon Paulus sagte: »Christus ist mein Leben, und Sterben ist mein Gewinn« (Phil. 1,21).

Nachwort

Der Dienst in den letzten Tagen

Könnte es sein, daß wir an der Schwelle zu der Zeit stehen, die unmittelbar vor der Wiederkehr Christi kommt? Ich glaube, daß es durchaus so sein kann. Nach der Bibel kennt nur der Vater die genaue Zeit, wann Jesus wiederkommt (Mt. 24,36). Aber die Bedingungen, nach denen wir die Zeit erkennen sollen, sind alle erfüllt worden.

Aber trotz der klaren Hinweise im Neuen Testament ist ein großer Teil der westlichen Kirche nicht vorbereitet auf die Wiederkunft Jesu. Einige Christen laufen herum und rufen: »Es ist großartig! Jesus kommt wieder!« Sie verstehen aber nicht, daß sein Wiederkommen bedeutet, daß sie vor einem heiligen Vater, einem gerechten Richter stehen müssen. Ihre Herzen sind nicht bereit; sie haben keine Vorkehrungen getroffen; sie haben ihre Gelübde nicht erfüllt. Sie kennen nicht die Furcht Gottes.

Das Volk Israel war in einer ähnlichen Lage wie wir, als Amos in der Mitte des achten Jahrhunderts Christus prophezeite. Während dieser Zeit lebte Israel in großem Wohlstand und genoß militärische Siege und politischen Erfolg. Sie lebten behütet und in selbstgefälliger Sicherheit; sie waren überzeugt, daß Gott mit ihnen zufrieden war. Sie betrachteten sich als das Volk Gottes, seine Auserwählten. Aber sie täuschten sich, denn sie lebten in Götzendienst und in moralischen Verfehlungen, sie unterdrückten die Armen, waren korrupt und materialistisch. Wegen der Sünden Israels schickte Gott Amos, der sie warnen sollte vor seinem bevorstehenden Gericht; daß er die volle Wut der Assyrer vom Norden über sie hereinbrechen lassen würde, daß Israel zertreten, gefangen und zerstreut werden würde.

Amos kam und sagte: »Weh denen, die des Herrn Tag herbeiwünschen! Was soll er euch? Denn des Herrn Tag ist Finsternis und nicht Licht« (Amos 5,18). Sie waren nicht vorbereitet, also würden sie überrascht und enttäuscht werden. In der Schrift ist Licht ein Symbol für Gnade und Finsternis ein Symbol für das Gericht. Israel war so selbstsicher, so sicher, den Segen zu empfangen – aber sie würden streng und hart verurteilt werden. Ihre Gedanken waren abgestumpft, weil sie Gott nie gesucht hatten, sich seinem Wort nicht untergeordnet hatten, nicht zugelassen hatten, daß er an ihnen handelte. Sie erkannten nicht, daß

Gottes Segen aus seiner Allmacht geflossen war. Statt dessen waren sie durch den Erfolg und den Wohlstand in eine geistliche Passivität gefallen. Sie waren so blind, daß sie sich auf den Tag des Herrn freuten, ohne zu erkennen, wie furchtbar sein Gericht über ihre Sünde sein würde.

Aus dieser Perspektive ist die Herausforderung der geistlichen Reife und des Charakterwachstums besonders dringend. Heiligkeit ist das Gegenmittel Gottes gegen seinen bevorstehenden Zorn. Für diejenigen unter uns, die mit Heiligkeit und Reinheit angezogen sind, wird er als der Bräutigam kommen, der seine Braut empfangen wird (Offb. 19,7-8). Für die, die dem Wort Gottes den Rücken kehren, wird es eine Zeit der Trauer und des Gerichts.

Schließlich ist geistliche Reife die beste Vorbereitung auf harte Zeiten. Die westliche Kultur wendet sich gegen ihre jüdisch-christlichen Wurzeln, und damit auch gegen Jesus Christus . . . und gegen seine Jünger. Wenn ein reifer christlicher Charakter die beste (und vielleicht die einzige) Vorbereitung ist, um der Verfolgung zu widerstehen, dann sollte er am besten aufgebaut werden, bevor die harten Zeiten anfangen. So gesehen ist *»Fundamente für geistliches Wachstum«* ein Trainingsbuch für die letzten Tage.

Harte Zeiten sind auch Zeiten großer Chancen, denn Verfolgungszeiten sind fast immer Zeiten, in denen eine große evangelistische Ernte stattfindet. Aber wird es genug reife Arbeiter geben, die diese Ernte einbringen? Wenn Sie das ernst nehmen, was ich in diesem Buch geschrieben habe, werden Sie vielleicht zu den Arbeitern gehören. Ich möchte ihnen noch eine Herausforderung ans Herz legen – etwas, was der Herr vor langer Zeit sagte: »Tretet hin an die Wege und schauet und fragt nach den Wegen der Vorzeit, welches der gute Weg sei, und wandelt darin, so werdet ihr Ruhe finden für eure Seele« (Jer. 6,16).

Anmerkungen

Kapitel 1 • »Power points«

1 C. S. Lewis, *Mere Christianity* (London: Collins Fount, 1977), S. 180-181. Lewis schreibt: »Gott wurde Mensch, damit aus Kreaturen Söhne werden; nicht nur um bessere Menschen der alten Art zu machen, sondern um eine neue Art von Mensch zu schaffen . . . [Das] ist nicht nur eine Verbesserung, sondern eine Verwandlung.«

2 T. C. Hammond, *In Understanding Be Men*, revidiert und herausgegeben von David F. Wright (Leicester: IVP, 1968), S. 14.

3 William Barclay, *The Letters to Timothy, Titus and Philemon* (Edinburgh: St. Andrews Press, 1960) S. 100.

Kapitel 2 • Wort und Geist

1 Martyn Lloyd-Jones, *Revival* (Westchester, IL: Crossway Books, 1987), S. 68.

2 Ebd., S. 72.

3 Ebd., S. 72-73.

Kapitel 3 • Gott in der Wüste

1 Leon Morris, *I Believe in Revelation* (London: Hodder & Stoughton, 1976), S. 10.

Kapitel 5 • Besondere Offenbarungen

1 Vgl. auch Hesekiel 7,1; 12,1; Sacharja 8,1; 2. Mose 4,22; 1. Samuel 2,27.

Kapitel 6 • Warum der Bibel glauben?

1 Die Zahlen für Großbritannien stammen von einer Umfrage der Firma *Gallup,* die im August 1988 nach der Lambeth-Bischofskonferenz im Auftrag der *Daily Telegraph* durchgeführt wurde und die im Oktober 1988 in *Emerging Trends*, Bd. 10, Nr. 8 veröffentlicht wurde. Nach dieser Umfrage gehen 40 % der Katholiken und 9 % der Anglikaner in Großbritannien regelmäßig – mindestens einmal in der Woche – in die Kirche. Auf die ganze Bevölkerung bezogen beträgt der Durchschnitt 14%.

Auf ganz Europa bezogen gehen zwischen 5 % und 10 % der Bevölkerung in die Kirche (manche Experten sagen, daß 10 % weit überschätzt ist). In diesen Zahlen spiegelt sich eine abnehmende Tendenz des Christentums seit dem Ende des Zweiten Weltkriegs. Zum Beispiel berichtet der *National and International Religion Report* in

Bd. 3, Nr. 10, S. 6, daß 46 % der niederländischen Bevölkerung 1989 angab, zu keiner Kirche zu gehören (1974 waren es nur 30 %). Die Bevölkerung Europas beträgt z. Z. ca. 320 Millionen. Das bedeutet, daß mindestens 288 Millionen von der Kirche bisher nicht erreicht worden sind! (Diese Zahlen wurden von Eddie Gibbs am Institut für Weltmission am Fuller Seminary zusammengetragen.)

2 James I. Packer, *God Speaks to Man* (Philadelphia: Westminster, 1965), S. 81.

3 Clark H. Pinnock, *Biblical Revelation* (Chicago: Moody, 1971), S. 51.

Kapitel 7 • Das eingegebene Wort

1 Mit dem Wort »Schrift« meinte Paulus nicht nur das Alte, sondern auch das Neue Testament. Er wußte, daß seine eigenen Briefe zur »Schrift« gehörten (1. Kor. 14,37), und er stellt das Evangelium des Lukas auf die gleiche Stufe wie das fünfte Buch Mose (vgl. 1. Tim. 5,18, wo er sowohl 5. Mose 5,24 als auch Lukas 10,7 als »Schrift« zitiert). Auch Petrus betrachtete die Schriften des Paulus als Teil der »Schrift« (2. Petr. 3,16).

2 F. F. Bruce, *The Book of the Acts*, revidierte Ausgabe (Grand Rapids, MI: Eerdmanns, 1988), S. 338-339.

3 Charles C. Ryrie, *Basic Theology* (Wheaton, IL: Victor, 1986), S. 71.

4 Theologen, die die göttliche Inspiration der Bibel in Frage stellen, behandeln die Bibel auf eigenartige und arrogante Weise. Ihre Ansichten über die Inspiration zwingen sie dazu, über die Bibel zu richten und Entscheidungen zu treffen, was sie als »authentisch« gelten lassen und was sie als nachträglichen Zusatz ansehen. Zum Beispiel gründeten eine Gruppe von Professoren an Universitäten und theologischen Seminaren im Jahre 1985 das »Jesus-Seminar«, um die tatsächlichen Aussagen Jesu von dem zu trennen, was Christen der Urgemeinde ihm in den Mund gelegt haben könnten. Sie treffen sich zweimal jährlich und versuchen, durch Abstimmungen festzustellen, was in der Bibel bleiben soll und was gestrichen werden könnte. In der Versammlung im Oktober 1988 sprachen sie sich durch eine Abstimmung dafür aus, daß das ganze Vaterunser außer dem Wort »Vater« nicht echt sei. Hier war ihr Votum leider nicht einstimmig: Drei von ihnen hielten das Wort Vater auf jeden Fall für ein Wort Jesu, sechs sagten, daß es wahrscheinlich von Jesus kommt, zehn meinten, daß es wahrscheinlich nicht von Jesus kommt, und fünf dachten, daß es auf keinen Fall von Jesus stammt. Unklar ist dabei geblieben, ob irgend jemand von ihnen – einschließlich der drei, die das Wort für »echt« hielten – es als das Wort Gottes halten. Ich berichte deshalb über das Jesus-Seminar, weil ich damit betonen will, daß unsere Ansichten über die Inspiration der Bibel die Art beeinflußen, wie wir mit der Bibel umgehen. (Aus einem Bericht von John Dart: *»Bible Scholars Say Jesus Didn't Create or Teach Lord's Prayer«* aus der *Los Angeles Times* vom 18. Oktober, 1988, Teil I, S. 3.)

5 Clark H. Pinnock, *Biblical Revelation* (Chicago: Moody, 1971), S. 66-106. Im nachfolgenden Teil verwende ich Pinnocks Modell der Offenbarung. Ich hätte auch aus dem ausgezeichneten Schlußdokument des Lausanner Kongresses zitieren können:
»Wir glauben an die göttliche Inspiration, Wahrheit und Autorität sowohl des Alten als auch des Neuen Testamentes in ihrer Ganzheit als das einzige geschriebene Wort Gottes, ohne Fehler in allem, was es aussagt, der einzige unfehlbare Maßstab für Glauben und Praxis. Wir glauben an die Kraft in Gottes Wort, sein Ziel des Heils zu bewirken. Die Botschaft der Bibel ist an die gesamte Menschheit gerichtet, denn Gottes Offenbarung in Christus und in der Schrift ist unveränderlich. Durch sie redet der Heilige Geist noch heute. Er erleuchtet die Gedanken von Gottes Volk in jeder Kultur, damit sie ihre Wahrheit mit ihren eigenen Augen von neuem erkennen; so offenbart er der weltweiten Gemeinde immer mehr von der vielseitigen Wahrheit Gottes.«

6 Das ist die theologische Lehre von der Klarheit der Schrift.

7 Alfred Rosenberg, *Der Mythus des 20. Jahrhunderts* (München: Hoheneichen Verlag, 1934), S. 599-607.

8 1936 revidierte zum Beispiel Reichsbischof Müller den Vers Matthäus 3,4 aus der Bergpredigt. In der Lutherübersetzung steht: »Selig sind, die da Leid tragen; denn sie sollen getröstet werden.« Daraus machte Müller: »Glücklich ist der, der sein Leiden wie ein Mann trägt; er wird die Kraft finden, nie mutlos zu verzagen.« – zitiert in Donald A. Bloesch *The Battle for the Trinity* (Ann Arbor, MI: Servant Publications, 1985), S. 72; Bloesch gibt als Quelle A. R. Chandler, *Rosenberg's Nazi Myth* (Ithaca, NY: Cornell University Press, 1945), S. 111.

9 Pinnock, *Biblical Revelation,* S. 132.

Kapitel 9 • Gottes Wort auslegen

1 Gordon D. Fee und Douglas Stuart, *How to Read the Bible for All Its Worth* (London: Scripture Union, 1983), S. 16.

2 John White, *Bible Study* (Downers Grove, IL: InterVarsity, 1976), S. 29.

3 Augustinus, *Vorwort zur Abhandlung über die Dreieinigkeit.*

4 Martin Luther, *Tischreden,* entnommen aus Theodore G. Tappert (hrsg.), *Luther's Works* Bd. 54 (Philadelphia, PA: Fortress, 1967).

Kapitel 10 • Gottes Wort hören

1 David Watson, *Jüngerschaft* (Projektion J Verlag GmbH, Mainz-Kastel, 1985).

2 Vgl. auch Johannes 14,9; Hebräer 1,3; Kolosser 1,15.19.

3 Das Problem unabhängiger, umherziehender Menschen, die gewaltige seelsorgerliche Probleme in den Gemeinden provozieren, ist nicht auf den Bereich des Prophetischen beschränkt. Das Phänomen der wandernden Lehrer, Evangelisten und »Apostel«, die die Christen mißbrauchen und Kontroversen und Spaltungen verursachen, ist weit verbreitet. In dieser Beziehung sind unabhängige »Propheten« nur ein Teil eines größeren Problems in der westlichen Christenheit, des Individualismus.

Kapitel 12 • Ein Gott, drei Personen

1 Der Glaube an viele Götter heißt Polytheismus.

2 Der Glaube, daß jede Person der Gottheit ein anderer Gott ist (und nicht nur eine andere Person) ist Tritheismus, eine Form des Polytheismus.

3 Andere mögliche Anspielungen auf die Dreieinigkeit im Alten Testament sind zum Beispiel: Der Engel des Herrn (1. Mose 16,7-13; 18,1-21; 19,1-28; Mal. 3,1); das personifizierte Wort bzw. die Weisheit Gottes (Ps. 33,4.6; Spr. 8,12-31); Stellen, wo mehr als eine Person erwähnt wird (Ps. 33,6; 45,7-8; vgl. auch Hebr. 1,8-9); Hinweise auf Gott und den Messias, bzw. den Geist (Jes. 48,16; 61,1; 63,9-10); und auch die dreiteiligen liturgischen Formeln (4. Mose 6,24-26; Jes. 6,3).

4 Andere Stellen im Neuen Testament, die auf die Dreieinigkeit hindeuten, sind zum Beispiel: Ein Vergleich der Bezeichnung Gottes im Alten Testament als Erlöser und Retter (Ps. 78,35; 106,21) mit den Stellen im Neuen Testament, wo es heißt, daß Christus unter dem Volk Gottes und in ihrem Herzen wohnt (Joh. 4,42; Gal. 3,13; 4,5; Phil. 3,20; Tit. 2,13-14); ein Vergleich zwischen Jahwe im Alten Testament (Jes. 57,15; Sach. 2,14-15) und dem Heiligen Geist im Neuen Testament (Apg. 2,4; Röm. 8,9.11; Jak. 4,5); Hinweise darauf, daß Gott seinen Sohn in die Welt sandte (Joh. 3,16; Gal. 4,4; Hebr. 1,6); Belege dafür, daß Jesus vom Vater kommt (Joh. 8,42; 10,36); Hinweise, daß sowohl der Vater als auch der Sohn den Heiligen Geist senden (Joh. 14,26; 15,26; 16,7; Gal. 4,6); Beispiele, wie der Vater den Sohn anspricht (Mk. 1,11; Lk. 3,22) und wie der Sohn den Vater anspricht (Mt. 11,25-26; 26,39; Joh. 11,41-42; 12,27-28); Jesu

Behauptung seiner ewigen Einheit mit dem Vater (Joh. 8,58-59); Jesu Worte, daß er die Ewigkeit mit dem Vater teilt (Joh. 17,5); die Fälle, in denen die Juden sagten, daß Jesus sich dem Vater gleichmachte (Joh. 5,18; 10,33); die Zusage, daß der Heilige Geist im Herzen der Gläubigen betet (Röm. 8,26-27). Die Einheit der Dreieinigkeit wird in Johannes 17,20-23 und Epheser 4,2-6 bezeugt; die Dreieinigkeit wird in 1. Korinther 12,3-6 und 1. Petrus 1,2 umrissen.

Kapitel 13 • Den Segen des Vaters erleben

1 Vgl. Floyd McClung, *The Father Heart of God* (Eastbourne: Kingsway, 1985). McClung bemüht sich auch darum, dem wichtigen Einfluß der Mütter gerecht zu werden:

> ». . . es ist wichtig zu betonen, daß die Bibel sagt: ›Zum Bilde Gottes schuf er ihn; und schuf sie als Mann und Weib.‹ Mit anderen Worten sind sowohl die Männlichkeit als auch die Weiblichkeit Teil von Gottes Natur, von seinem Charakter, und eine volle Offenbarung von Gottes Liebe in der Familie ist nicht möglich, wenn nicht Vater und Mutter anwesend sind, denn beide zeigen einzigartige Aspekte von Gottes Charakter . . . die von Gott beabsichtigte Norm war, daß es beide geben sollte, Vater und Mutter, denn zusammen geben sie ein vollkommeneres Bild davon, wer Gott ist.« (S. 22-23)

Vgl. auch John White, *Parents in Pain* (Leicester: IVP, 1979).

2 Studien über die Wirkung der Abwesenheit der Eltern auf Kinder sind unter anderen: Elyce Wakerman und Holly Barrett, *Father Loss: Daughters Discuss the Man Who Got Away* (New York: Doubleday, 1984); Lenore J. Weitzman, *The Divorce Revolution: The Unexpected Social and Economic Consequences for Women and Children in America* (New York: The Free Press, 1985); sowie Judith S. Wallerstein und Sandra Blakeslee, *Second Chances* (New York: Ticknor & Fields, 1989).

3 Gary Smalley und John Trent, *The Blessing* (Nashville, TN: Thomas Nelson, 1986), S. 14.

4 Ebd., S. 24.

Kapitel 14 • Das Gleichnis von der Liebe des Vaters

1 Joachim Jeremias, *Rediscovering the Parables* (New York: Charles Scribner's Sons, 1966), S. 101.

2 Floyd McClung, *The Father Heart of God* (Eastbourne: Kingsway, 1985), S. 39.

Kapitel 16 • Für wen haltet ihr mich?

1 Hugh J. Schonfield, *The Passover Plot*, revidierte Ausgabe (Shaftesbury: Element Books, 1985).

2 Richard N. Ostling, *»Who was Jesus?«* in *Time*, 15. August 1988.

Kapitel 17 • Wahrer Gott

1 Es gibt eine überwältigende Zahl von Hinweisen auf die Gottheit Jesu in der Bibel. Hier sind einige: Matthäus 1,23; 28,19; Lukas 1,35; 5,20-21; Johannes 5,18; Römer 1,4; 2. Korinther 13,13; Philipper 2,6; Kolosser 1,15-20; 2,9; Hebräer 1,3.8; 2. Petrus 1,1; Offenbarung 1,12-18; 22,13.

2 Colin Brown, *Miracles and the Critical Mind* (Grand Rapids, MI: Eerdmans, 1988), S. 197-238.
3 Don Richardson, *Peace Child* (Ventura, CA: Regal, 1976), S. 211-213.
4 John R. W. Stott, *The Cross of Christ* (Leicester: IVP, 1986), S. 329.

Kapitel 18 • Wahrer Mensch

1 Gregor von Nazianz, *Theologische Reden* (380 n. Chr.), 20-21.

Kapitel 19 • Demut anziehen

1 Benjamin B. Warfield, *The Person and Work of Christ* (Philadelphia, PA: Presbyterian and Reformed, 1980), S. 39-40.
2 F. Kefa Sempangi mit Barbara R. Thompson, *A Distant Grief (Eine ferne Trauer)* (Ventura, CA: Regal, 1979), S. 179.

Kapitel 20 • Die aufopfernde Liebe des Vaters

1 F. Kefa Sempangi mit Barbara R. Thompson, *A Distant Grief* (Ventura, CA: Regal, 1979), S. 58.
2 Ebd., S. 149.
3 Ebd., S. 176.
4 John R. W. Stott, *The Message of Ephesians* (Leicester: IVP, 1979), S. 76.

Kapitel 22 • Verlorenen Boden zurückgewinnen

1 D. Martyn Lloyd-Jones, *The Cross*, hrsg. Christopher Catherwood (Eastbourne: Kingsway, 1986), S. 114.

Kapitel 23 • Ein opferbereites Leben

1 Viele der Ideen in diesem Abschnitt entstammen dem Artikel von Jack Deere, *»Sacrifice and Power«* aus *Equipping the Saints* (Frühjahr 1990), S. 9. Das Material wird mit freundlicher Genehmigung von Dr. Deere verwendet.
2 Berichtet von Timothy K. Jones in *»Dying for Jesus«* in *Christianity Today*, 19. März 1990.

Kapitel 24 • Der Heilige Geist

1 R. A. Torrey, *The Person and Work of the Holy Spirit* (Grand Rapids, MI: Zondervan, 1974), S. 9.
2 In Markus 3,28-30 sagt Jesus: »Wer aber den heiligen Geist lästert, der hat keine Vergebung in Ewigkeit.« Wer gegen den Heiligen Geist sündigt ist »ewiger Sünde schuldig«.

Das ist ein hartes Wort, und wir müssen es ernst nehmen. Was ist genau die »Lästerung gegen den Heiligen Geist«? Im Bericht des Matthäus (Mt. 12,22-32) richtet sich diese Warnung Jesu an eine Gruppe von Gesetzeslehrern, die die Heilung eines Taubstummen durch Jesus auf Satan (wörtlich: einen »bösen Geist«) zurückführen, statt auf den Heiligen Geist. Diese Gesetzeslehrer waren wiederholt mit der Lehre und mit den Krafterweisen des Reiches Gottes durch Jesus konfrontiert worden, sie lehnten aber ihn und das Werk des Heiligen Geistes nach wie vor ab. Schließlich, als Gipfel der Rebellion, waren sie so vermessen, die Werke Gottes dem Satan zuzuschreiben.

Jesus wollte hier sagen, daß ein Punkt kommt, an dem Menschen, die das Evangelium gesehen und gehört haben, in ihren Herzen derart abgehärtet werden, daß es kein Zurück mehr gibt. Ihr ewiges Schicksal ist somit besiegelt. Gott verläßt sie und gibt sie den Begierden des Fleisches preis. Sie sind nicht mehr in der Lage, sich von ihren Sünden abzuwenden und ihr Vertrauen auf Gott zu setzen.

Rene Pache schreibt in *The Person and Work of the Holy Spirit* (Chicago, IL: Moody, 1954): ». . . die Sünde gegen den Heiligen Geist besteht nicht nur in der Lästerung gegen ihn, sondern auch in einer bewußten und entscheidenden Weigerung, das Werk des Heils zuzulassen, das er in uns bewirken will« (S. 60). Um gegen den Heiligen Geist zu lästern, muß man einen umfassenden und gut informierten religiösen Hintergrund haben, damit man versteht, was die Abweisung des Heiligen Geistes und die Zuschreibung der Werke Gottes zum Satan bedeuten.

Kapitel 26 • Getauft im Heiligen Geist

1 John R. W. Stott, *Baptism and Fullness*, zweite Auflage (Leicester: IVP, 1975) S. 39.
2 D. Martyn Lloyd-Jones, *Joy Unspeakable* (Eastbourne: Kingsway, 1984), S. 80.

Kapitel 29 • Die Gaben in der Gemeinde freisetzen

1 John Wimber und Kevin Springer, *Vollmächtige Evangelisation* (Hochheim, Projektion J Verlag, 1986), S. 116-117, 147-171.

Kapitel 30 • Die Kraft des Evangeliums

1 Ein Beispiel einer solchen Begebenheit findet sich in: John Wimber und Kevin Springer, *Heilung in der Kraft des Geistes* (Hochheim, Projektion J Verlag, 1987), S. 37-38.
2 Besonders: George Eldon Ladd, *A Theology of the New Testament* (Grand Rapids, MI: Eerdmans, 1974); *The Presence of the Future* (Grand Rapids, MI: Eerdmans, 1974); *Jesus and the Kingdom* (Grand Rapids, MI: Eerdmans, 1964); und *Crucial Questions about the Kingdom of God* (Grand Rapids, MI: Eerdmans, 1952).
3 Vgl. John Wimber, *Vollmacht im Reich Gottes* (Hochheim, Projektion J Verlag, 1989), sowie Don Williams, *Signs, Wonders and the Kingdom of God* (Ann Arbor, MI: Servant, 1989).
4 Ich will hier nicht sagen, daß die Jünger die gleiche Natur wie Jesus hätten. Er war Gott; sie (und wir) sind eins mit ihm in dem Sinn, daß wir wiedergeboren sind, und daß wir seine menschliche Natur teilen. Die Werke, die wir tun, tun wir in der Kraft des Heiligen Geistes. Ich will auch nicht sagen, daß die Werke der Kraft, die die Jünger (oder wir) tun, das gleiche Ausmaß haben wie die Werke Jesu. Aber schon die Tatsache, daß die Jünger solche Werke taten, daß sie Kranke heilten, Tote auferweckten, Dämonen austrieben und – im Falle des Petrus – sogar auf dem Wasser gingen, zeigt, daß auch wir das tun sollen, was er tat.
5 John Wimber und Kevin Springer, *Vollmächtige Evangelisation* (Hochheim, Projektion J Verlag, 1986), Anhang A, (»Zeichen und Wunder in der Kirchengeschichte«) und Anhang B (»Zeichen und Wunder im 20. Jahrhundert«).

Kapitel 31 • Das Evangelium verkündigen und demonstrieren

1 Die folgende Aufstellung faßt die Ereignisse in der Apostelgeschichte zusammen:

Werke der Kraft	*Verkündigung*	*Gemeindewachstum*
Pfingsten (2,4)	Petrus (2,14)	3000 hinzugefügt (2,41)
Lahmer geheilt (3,1-10)	Petrus (3,12)	5000 hinzugefügt (4,4)
Übernatürliche Zeichen (8,6)	Philippus (8,6)	Männer und Frauen glauben (8,12)
Engelerscheinung (8,26)	Philippus lehrt (8,35)	Kämmerer getauft (8,38)
Engelerscheinung, Vision, Geist fällt (10,3.11.44)	Peter (10,34)	Heiden getauft (10,47)
»Hand des Herrn« mit ihnen (11,20-21)	Männer aus Zypern und Kyrene (11,20)	Eine große Zahl wird gläubig (11,21)
Gottes Gnade sichtbar (11,23-24)	Barnabas (11,23)	»Viel Volk« wird gläubig (11,24)
Heiliger Geist spricht (13,1-3)	Barnabas, Saulus (13,1)	Gemeinden in Asien und Europa
Zeichen und Wunder (14,1-7)	Paulus und Barnabas (14,3)	Menge spaltet sich (14,4)
Lahmer geheilt (14,8-10)	Paulus und Barnabas (14,14)	Viele neue Jünger (14,21)
Dämon ausgetrieben (16,16-18)	Paulus und Silas (16,14)	Christen versammeln sich (16,40)
Erdbeben; Gefängnistüren geöffnet (16,25-26)	Paulus und Silas (16,31-32)	Aufseher und Haushalt gerettet (16,34)
Kraft Gottes (18,1; vgl. 1. Kor. 2,1.4-5)	Paulus (18,5)	Viele glauben (18,8)
Außerordentliche Wunder (19,11-12)	Paulus (19,10)	Gemeinden in Asien

2 Der Ausdruck »power evangelism« kann auch mißverstanden werden; ich bin jedoch zu dem Schluß gekommen, daß das, was ich tue, auf jeden Fall angegriffen und mißverstanden werden wird, unabhängig von seinem Namen. Es ist unerheblich, wie wir sie bezeichnen – die »power evangelism« wird kontrovers bleiben. Manche vertreten zum Beispiel die falsche Ansicht, die »power evangelism« würde die programmatische Evangelisation ausschließen, die doch zu den wichtigsten Formen der Evangelisation im zwanzigsten Jahrhundert gehört. Viele aufrichtige Christen haben ihr Leben der programmatischen Evangelisation gewidmet – einer botschaftsorientierten Darstellung des Evangeliums, die sich vor allem auf rationale Argumente stützt. Es gibt viele Formen der programmatischen Evangelisation, unter anderen: Organisierte Zeltmission oder andere Massenveranstaltungen; Besuchsaktionen von Tür zu Tür, um Traktate auszuteilen; Evangelisation durch Medieneinsatz; persönliche evangelistische Kontakte und Freundschaftsevangelisation. Selbstverständlich bin ich nicht gegen programmatische Evangelisation. Im Gegenteil: Ich unterstütze sie ausdrücklich.

Kapitel 32 • Königreiche im Konflikt

1 Die Geschichte des Virgo Handojo wurde entnommen aus: C. Peter Wagner, *»Researcher's Profile«* in der *School of Mission Newsletter* des Fuller Theological Seminary, 11.3 (1988) und wird mit freundlicher Genehmigung von Dr. Wagner verwendet.

2 C. Peter Wagner, *»Church Growth«* aus *Dictionary of Pentecostal and Charismatic Movements*, hrsg. Stanley M. Burgess und Gary B. McGee (Grand Rapids, MI: Zondervan, 1988), S. 181-195.

3 Der Willowbank-Bericht *Gospel and Culture* (Lausanner Komitee für Weltevangelisation, 1978) enthielt einen Abschnitt über diesen Zusammenprall der Mächte:

> »Natürlich stellen einige heute in Frage, ob ein Glaube an Geister mit unserem modernen, wissenschaftlichen Verständnis des Universums vereinbar ist. Wir möchten deshalb bekennen, im Gegensatz zum mechanistischen Mythos, auf dem die typische westliche Weltanschauung beruht, daß es intelligente dämonische Wesen gibt, die mit allen Mitteln, ob offen oder heimlich, bemüht sind, Jesus Christus als unglaubwürdig hinzustellen und Menschen davon abzuhalten, zu ihm zu kommen. Wir halten es in allen Kulturen für unverzichtbar, die Wirklichkeit und Bosheit der dämonischen Mächte zu lehren und zu verkünden, daß Gott seinen Sohn Jesus als Herrn über alles erhoben hat, der wirklich alle Macht besitzt, ob wir dies erkennen oder nicht, und daß dieser Christus (durch unsere Verkündigung) durch jede Weltanschauung – in jedem Menschen – durchbrechen kann, um seine Herrschaft bekanntzumachen und um eine radikale Änderung des Herzens und der Weltanschauung zu bewirken.«

Kapitel 33 • Wie sollen wir kämpfen?

1 David Watson, *Jüngerschaft* (Projektion J Verlag GmbH, Mainz-Kastel, 1985)

Kapitel 34 • Für die Armen sorgen

1 Scott Shemeth, *»Daniel Mark Buntain«* aus *Dictionary of Pentecostal and Charismatic Movements*, hrsg. Stanley M. Burgess und Gary B. McGee (Grand Rapids, MI: Zondervan, 1988), S. 101-102.
2 Edward Le Joly, *Servant of Love* (San Francisco: Harper & Row, 1977), S. 17-18.
3 Ebd., S. 14.

Bücher von John Wimber, erschienen im Projektion J Verlag:

Einblicke ins Reich Gottes
Was die Bibel über die Herrschaft Gottes sagt
Tb., 48 Seiten, DM 5,80, ISBN 3-925352-15-5

Leben im Reich Gottes
Wie Gott Ihren Charakter verändern kann
Tb., 48 Seiten, DM 5,80, ISBN 3-925352-12-0

Vergebung im Reich Gottes
Wie Gottes Gnade Ihr Leben verändern kann
Tb., 48 Seiten, DM 5,80, ISBN 3-925352-11-2

Dienen im Reich Gottes
Wie Sie Gottes Plan für Ihr Leben erkennen
Tb., 48 Seiten, DM 5,80, ISBN 3-925352-13-9

Leiden im Reich Gottes
Wie Sie mit geistlichen Prüfungen umgehen können
Tb., 48 Seiten, DM 5,80, ISBN 3-925352-14-7

Vollmacht im Reich Gottes
Wie Sie das Evangelium vollmächtig verkündigen können
Tb., 48 Seiten, DM 5,80, ISBN 3-925352-28-7

Gemeinschaft im Reich Gottes
Wie Christen miteinander leben sollten
Tb., 48 Seiten, DM 5,80, ISBN 3-925352-27-9

Vollmächtige Evangelisation
Zeichen und Wunder heute
Pb., 188 Seiten, DM 16,80, ISBN 3-925352-05-8

Heilung in der Kraft des Geistes
Pb., 277 Seiten, DM 22,80, ISBN 3-925352-06-6

Heilungsdienst praktisch
Studienanleitung
Pb., 105 Seiten, DM 9,80, ISBN 3-925352-18-X

Die Dritte Welle des Heiligen Geistes
Was kommt nach der Erneuerung?
Pb., 234 Seiten, DM 16,80, ISBN 3-925352-19-8

Fundamente für geistliches Wachstum
Grundwissen des christlichen Glaubens
Pb., 215 Seiten, DM 24,80, ISBN 3-925352-45-7

Projektion J Verlag GmbH
Wiesbadener Straße 89 • D-6503 Mainz-Kastel
Telefon: 06134/69141 • Fax: 06134/23852